Vera Kálmán

Die Welt ist mein Zuhause

Mein Dank gilt meiner Freundin,
Margarete Zander, die mir
bei der Aufzeichnung meiner
Erinnerungen zur Seite stand.

Vera Kálmán

Die Welt ist mein Zuhause

Erinnerungen

Universitas / Langen Müller

Das Zitat auf Seiten 126–128 wurde mit Einverständnis der Paul List Verlag KG, München, dem Buch von Fabienne Jamet »Der nächste Herr, s'il vous plaît« (Originaltitel: One Two Two) entnommen.
Umschlagentwurf: R. Susanne Berner, München
Fotos: Privatbesitz der Autorin
Satz: VerlagsSatz Kort GmbH, München
Druck und Binden: Druck- und Buchbindereiwerkstätten May & Co, Darmstadt
Printed in Germany 1980
ISBN: 3-8004-0891-0

Inhalt

Die Vorgeschichte

Ein Kind sollte zur Welt kommen, ohne eigentlich jemand eine Freude damit zu machen. Im Gegenteil, es wurde sogar ein Ärgernis daraus; denn die junge, wunderschöne Dame, die das sogenannte freudige Ereignis erwartete, verlor dadurch den Mann ihrer Liebe, den Mann, der am Hofe der russischen Zarin Alexandra eine gewisse Rolle spielte. Die Zarin hatte seine Liebschaft geduldet, aber als der Beweis dieser Liebe allzu sichtbar wurde, durfte das betroffene junge Mädchen nicht mehr am Hofe zu sehen sein. Dahin war die Liebe, dahin die herrlichen Hofbälle – war denn nun wirklich alles vorbei, nur weil ein kleines Wesen sich zur Welt drängte? Die beiden, die es bestimmt nicht so wollten, waren junge, verwöhnte, lebensfrohe Menschen: Sonja Makinska und ihr Geliebter Konstantin Konstantinowitsch, beide aus besten Familien, weshalb der Skandal um so schlimmer war. Und nicht nur Konstantin, auch Sonjas Eltern zogen sich von ihr zurück. Sonja glaubte, das alles nicht ertragen zu können. Wie war sie verwöhnt worden, solange der Vater ein erfolgreicher Bankier gewesen war! Sie hatten ein großes Haus am Newski Prospekt in St. Petersburg bewohnt, und jeden Nachmittag Punkt fünf Uhr stand der Wagen mit dem livrierten Kutscher vor der Tür, und Sonja fuhr in Begleitung ihrer Gouvernante aus. Sie sah die beste Gesellschaft, sie besuchte die interessantesten Theatervorstellungen. Dann war alles zu Ende. Zur gleichen Zeit, da ihr das Unglück zugestoßen war, steckten die Eltern in einer finanziellen Krise.

Sonja litt entsetzlich, weil alle ihre Illusionen dahin waren. Konnte Konstantin sie überhaupt jemals geliebt haben, wenn er sie jetzt versteckte? Weit weg in Sibirien sollte sie das Kind zur Welt bringen, in Perm, einer kleinen häßlichen Provinzstadt. Konnte es ein Trost sein, daß er ihr großzügige finanzielle Hilfe angeboten hatte? Nein, damals für Sonja nicht. Sie wollte lieben und geliebt werden. Erst viel später erkannte sie, daß Kaviar und Champagner auch gute Dinge sind.

Nun saß sie in der entsetzlichen Stadt Perm und wartete. Eine Wahrsagerin legte ihr die Karten.

»Ich sehe alle guten Sterne auf das Kind zueilen! Sie werden einen Sohn haben, der die Welt regieren wird! Trösten Sie sich, Sonja Makinskaja, und danken Sie der Heiligen Mutter von Nowgorod!«

Sonja dankte, und dann kam ein Mädchen anstatt eines Sohnes, und sie fürchtete, alles, was die alte Frau ihr noch an Gutem gesagt hatte, wäre Phantasie gewesen. Sie ließ das kleine Mädchen taufen und gab ihr den Namen Vera. Leicht zu erraten, daß ich nun also da war! Mamatschka liebte mich vom ersten Augenblick an nicht allzu sehr, und so blieb es, obwohl ich mit allen Fasern meines kleinen Herzens an meiner Mutter hing.

Ich weiß heute, mein Kommen hatte ihr furchtbar zugesetzt. Was bedeutete das damals, ein »Fräulein Mutter« zu sein!? Niemand kümmerte sich um sie, niemand half ihr. Nur Geldsorgen hatte sie nicht. Da sie nicht nur wunderschön und blutjung war, sondern auch Verstand hatte, nahm sie ihr Schicksal selber in die Hand. Mama hat selten über all das mit mir gesprochen, aber aus ihrem Tagebuch, das ich nach ihrem Tode fand, konnte ich ersehen, wie ihr Leben weitergegangen war.

». . . Das Leben war für mich schwer und trostlos, bis ich eines Tages jemanden kennenlernte, der sich für mich inter-

essierte: ein Mönch aus einem nahegelegenen Kloster. Sein Name: Gregori Rasputin, der später so berüchtigte Rasputin. Das geschah alles noch vor seiner Übersiedlung nach St. Petersburg an den Zarenhof, wo er einen unheilvollen Einfluß auf die Zarenfamilie, vor allem auf die Zarin, ausübte, bis er schließlich ermordet wurde. Rasputin machte auf Frauen einen gewaltigen Eindruck. Selbst ich war Wachs in seinen Händen. Aber er half mir, wenn ich sehr verzweifelt war, über meine ungewisse Lage hinweg.
Er sagte mir immer eindringlich: Nicht aufgeben, Sonja, niemals aufgeben!
Seine Worte taten mir gut und machten mir Mut, mich niemals unterkriegen zu lassen. Ich ging nach St. Petersburg zurück, mietete eine hübsche Wohnung und verpflichtete eine Kinderfrau für meine kleine Tochter. Ich hatte mir lange überlegt, womit ich mir für uns eine Existenz aufbauen könnte. Wie oft hatte ich bei den Gesellschaften im Hause meines Vaters davon gehört, welche horrenden Gewinne die Pelzhändler machten. Sie kauften ihre Ware alle direkt von den Eskimos in Anadir. Und von Pelzen verstand ich etwas – als glückliches Überbleibsel aus meiner Jugendzeit, denn Mama hatte die schönsten und kostbarsten Pelze getragen, solange Papa reich gewesen war.
Ich war fest entschlossen, in den Pelzhandel einzusteigen, ich traute es mir zu. Da geschah etwas Überraschendes: Konstantin Konstantinowitsch hatte Sehnsucht nach mir – Heirat? Nein, das kam nicht in Frage! Er sagte mir keinen überzeugenden Grund dafür, aber ich nahm an, daß er niemals die Absicht gehabt hatte, mich zu heiraten. Er fürchtete wahrscheinlich um seine Karriere, da ich keine Aristokratin war. Diese Enttäuschung habe ich nie überwinden können.
Ich wendete mich vollkommen von ihm ab und ging auf die Reise nach Anadir. Es hatte mich geradezu eine Unterneh-

mungslust gepackt. Bevor ich mir aber den für den Pelzhandel notwendigen Frachter kaufte, wollte ich mich in Anadir erst einmal von allem selber überzeugen.
Wir fuhren mit dem Zug durch viele kleine Städte Sibiriens und kamen zunächst bis Irkutsk. Es ging sehr langsam, da sich die Strecke noch im Bau befand. In Irkutsk stiegen wir in einen anderen Zug nach Wladiwostok um. Die Wagen waren alles andere als komfortabel. Viele Chinesen fuhren mit, die entsetzlich nach Knoblauch rochen. In einzelnen Waggons wurden auch Kühe und Pferde transportiert. Der Zug hielt sehr oft auf offener Strecke. Plötzlich brach in einem Abteil Feuer aus. Ein Chinese hatte eine brennende Zigarette achtlos fortgeworfen. Wasser zum Löschen gab es nicht, dafür draußen genügend Schnee, womit unter großem Geschrei das Löschen gelang.
Endlich kamen wir nach Wladiwostok. Es gab keine Träger, nur Rikschakulis. Ich stieg im besten Hotel ab und engagierte mir einen chinesischen Diener, der, wie die meisten Chinesen, einen langen Zopf hatte, auf den er sehr stolz war. Ich blieb einige Tage dort, und mein Chinese führte mich in die nahegelegene, von Menschen wimmelnde Chinesenstadt Charbin.
Dann ging es per Schiff nach Kamtschatka. Es hatte einen schwedischen Kapitän und russische Offiziere. Sie trugen alle goldbetreßte Uniformen. Die Mannschaft bestand aus Japanern. Ich hatte nur eine Kiste zum Schlafen, die als Bett hergerichtet war. Alles erschien mir sehr abenteuerlich und oftmals sank mir der Mut. Niemals aufgeben, sagte ich mir, niemals! In einer großen Kajüte speisten wir mit dem Kapitän und den Offizieren gemeinsam, japanische Matrosen servierten. Es gab ein Klavier an Bord, auf dem ich spielte, was mich nur noch sentimentaler machte. Wie schön war mein Flügel gewesen, auf dem ich zu Hause spielen gelernt hatte.

Eines Nachts kam ein furchtbarer Sturm auf, und man brachte mir Riemen, mit denen ich mich an meiner Bettkiste festschnallen mußte. Die Mannschaft bewunderte mich sehr, denn ich war die einzige Frau an Bord und zeigte mich mutig. Sieben Tage sahen wir nichts anderes als das Meer. Am achten Tag kamen wir im Hafen von Petropawlowsk an. Zwei Tage danach ging es weiter mit dem Schiff. Wieder waren wir sieben Tage unterwegs und gelangten dann endlich in das von Eskimos bewohnte Anadir. Ihre selbstgebauten, bescheidenen Hütten waren mit Stroh gedeckt und die Fußböden dick mit Stroh bestreut.
Die Eskimos hatten die Aufkäufer schon erwartet. Sie gaben sich äußerst freundlich und hatten schon die Felle für uns ausgebreitet. Es gab viele Blaufüchse, Weißfüchse, große Biber, auch Zobel und Hermelin. Ich machte die Augen auf und beobachtete, wie der Einkauf vor sich ging, denn obwohl endlich am Ziel dieser Reise, mußte ich noch sehr viel lernen. Die Aufkäufer, die mit mir auf dem Schiff gewesen waren, kannten meine Absicht, ebenfalls einen Pelzhandel zu beginnen. Sie nahmen mich bestimmt nicht ernst und hielten mich eher für eine Verrückte. Eine Frau in diesem Geschäft schien ihnen ganz unmöglich zu sein, zumal es damals außergewöhnlich war, wenn eine Frau überhaupt in irgendeiner Form Geschäfte betrieb. Ich ließ sie sich über mich mokieren und dachte mir: eines Tages werde ich tüchtiger sein als ihr alle zusammen und werde euch Konkurrenz machen.
Während des Aufenthalts in Anadir konnte ich im Hause des Gouverneurs und seiner Eskimofrau schlafen. Sie hatten drei reizende Kinder und waren eine überaus glückliche Familie, mir gegenüber von rührender Aufmerksamkeit. Sie hatten Besuch von einem Freund, einem Petersburger Millionär, der in der Nähe von Anadir einen großangelegten Fischhandel betrieb. In seinen Fabriken wurde hauptsächlich roter Kaviar

Somon verarbeitet. Seine Männer fingen bis zu 100000 Fische an einem Tag.
Er hieß Prosorow und war ein angenehmer, verständiger Mann. Ich erfuhr, daß er gerade einen französischen Ingenieur, Monsieur Mono, verpflichtet hatte, der ihm ein Elektrizitätswerk für seine Fabrik aufbauen sollte.
Man wollte mit dem kleinen Schiff, das uns an Land gebracht hatte, einen Ausflug unternehmen. Ich sollte mitfahren, war aber zu müde von all den Anstrengungen. Madame Mono hatte auch keine Lust, und so standen wir mit dem Kapitän unseres großen Schiffes zusammen am Ufer und beobachteten mit dem Fernrohr den kleinen Dampfer. Sturm kam auf und das kleine Schiff schlingerte stark. Wir hatten Angst um die Menschen auf ihm, und der Gouverneur schickte eiligst einige Matrosen auf einer Barke hinaus. Sie kamen nach Stunden zurück. Der Sturm hatte sich gelegt. Die Matrosen bekreuzigten sich, als sie uns an Land sahen. Wir waren entsetzt. Alle auf dem Dampfer waren ertrunken.
Als ich nach Wochen wieder in St. Petersburg ankam, fragte ich mich, ob ich es wirklich auf mich nehmen könnte, den Handel mit Pelzen zu beginnen. Wieder klang es in meiner Seele: »Nicht aufgeben, du kannst es, Sonja Makinska!«
Soviel aus dem Tagebuch meiner Mutter.
Sie hatte sich tatsächlich einen für damalige Verhältnisse riesigen Frachter gekauft und fuhr selber mit zu den Einkäufen bei den Eskimos. Nun sah das Leben für sie wieder anders, hoffnungsvoll, aus. Auf den langen Reisen wurden von ihren Matrosen Störe gefangen, deren Leiber aufgeschnitten, der Kaviar herausgerissen und gleich frisch verzehrt. Dazu floß der Champagner. Das alles war nach ihrem Geschmack.
Ihr Geschäft florierte, und sie verdiente viel Geld damit. Aber sie war nicht ein Mensch, der Geld halten oder ein Geschäft über längere Zeit führen konnte.

Dann kam die Revolution, die alles zerstören sollte. Der Zar und seine Familie wurden in ihrem Winterpalais gefangengesetzt, einige Minister in Gefängnisse gesteckt. Trotz dieser ungeheuerlichen Ereignisse – für das damalige Rußland war es eine gemäßigte Revolution, die Alexander Fjedorowitsch Kerenski, den man eher als einen liberalen Sozialdemokraten bezeichnen könnte, im Februar 1917 entfachte.
Uns geschah überhaupt nichts, um so weniger als Kerenski ein guter Freund meiner Mutter war. Aber eines Tages mußte er abtreten, und dann kam Lenin und mit ihm die wirkliche, blutige Revolution.
Meine Mutter hatte bereits auf den Rat Kerenskis hin den Kutscher, den Diener, die Köchin und meine Gouvernante entlassen. Jetzt packte sie hastig ein paar Koffer. Wir flohen vor der Revolution. Wir flohen um unser Leben – mit Hilfe von Pässen, die meine Mutter von einem Freund, einem österreichischen Offizier, erhalten hatte: Diplomatenpässe, die es ein wenig leichter machten. Ja, meine schöne Mutter hatte viele gute Freunde, wie sich in der nächsten Zeit immer wieder herausstellen sollte.
Wir verließen St. Petersburg und Rußland in den letzten Tagen des eisigen Winters im Jahr 1917. Rund fünf Jahre reisten wir umher. Wo waren wir in dieser Zeit geblieben? Überall und nirgends. In zahllosen Ländern, in denen zahllose Sprachen gesprochen wurden. Wir waren eigentlich immer auf der Flucht, und dies war alles andere als komfortabel.
Ich begriff das damals alles nicht, aber vor allem begriff ich nicht, warum wir nicht in St. Petersburg geblieben waren, wo es doch so schön gewesen war. Wir hatten eine große Wohnung gehabt und jeden Tag ging ich mit meiner Gouvernante spazieren, durch die Parks, über die Brücken und die breiten Boulevards, natürlich nur französisch sprechend, etwas anderes hätte sich für Leute unseres Standes nicht geschickt. Ich

verstand lange nicht, warum es dann plötzlich weniger und weniger zu essen gab. Die meisten Menschen hatten überhaupt nichts mehr zu essen, es brach eine Hungersnot in St. Petersburg aus, es war der Preis des Krieges, von dem ich auch nichts wußte.

Ich sah eigentlich nichts anderes von der Hungersnot als herumwildernde Hunde in den Straßen, die irgendwo etwas zu fressen suchten, und sich sogar auf Katzen stürzten und sie zerfleischten. Ich sah auch einmal, daß ein völlig abgemagertes Pferd umfiel, offenbar vor Erschöpfung, und Menschen mit Messern und Kübeln herbeieilten, um Stücke Fleisch aus dem noch zuckenden Leib herauszuschneiden.

Meine Mutter sah es auch und sagte: »Ich esse nie wieder Fleisch!« Was sie bis zu ihrem Tode auch nicht mehr tat.

Nach jahrelangem Herumziehen landeten wir eines Tages an der deutschen Grenze. Ein Mann, der mir riesengroß vorkam und eine Uniform trug, die mir unbekannt war, kam in unser Zugabteil. Er fragte in einer Sprache, die ich nicht verstand, aber die meine Mutter beherrschte:

»Zoll! Öffnen Sie ihre Koffer!«

Meine Mutter antwortete: »Wir haben nichts zu verzollen, wir sind Flüchtlinge. Russische Flüchtlinge.«

Der riesengroße Mann: »Alle Russen schmuggeln Schmuck aus Rußland!«

Und meine Mutter: »Mag sein. Aber was mich angeht, da kommen Sie zu spät. Mir haben schon die Bolschewiki alles abgenommen!«

Der riesengroße Mann, – vielleicht war er gar nicht so groß, wie mir das damals vorkam, denn ich war noch so klein, gab sich zufrieden. Der Zug fuhr an, und meine Mutter seufzte und sagte mehr zu sich selbst als zu mir:

»Ja, es geht uns schlecht, aber eines Tages wird es uns wieder besser gehen, und besonders dir wird es später besser gehen,

wenn du groß bist, denn du wirst dich reich verheiraten können!«
Sie sagte es damals, als hätte sie das Wahrsagen gelernt.
Der Zug hatte sich wieder in Bewegung gesetzt, und ich fragte Mamatschka:
»Wohin fahren wir denn jetzt?«
»Nach Berlin – und da bleiben wir!« sagte sie sehr zuversichtlich.

Jugend

Berlin war in den zwanziger Jahren eine aufregende Stadt. Kokain, Morphium, Lokale, in denen nur Lesbierinnen verkehrten und andere für Homos. Die Inflation war in vollem Gange. Man hielt durch – oder man hängte sich auf.

Was die Inflation anrichtete, war furchtbar. Pensionäre verloren ihr gesamtes Vermögen. Beamte und Angestellte konnten sich von dem, was sie ausbezahlt bekamen, kaum das Notwendigste kaufen. Links und rechts brachen große Firmen zusammen. Ein trauriger Witz kursierte: Es gibt nur noch zwei Sorten Kaufleute – die einen, die pleite sind, und die anderen, die es bloß noch nicht wissen.

Aber auch neue Unternehmen wuchsen in jenen Tagen aus dem Boden, insbesondere Kabaretts und Nachtlokale. Schieber konnten sich alles leisten, auch Mädchen, die bis dahin kaum käuflich gewesen waren. Für ein paar Dollars konnte man halb Berlin haben.

Wir wechselten die möblierten Zimmer wie ordentliche Leute die Hemden. Immer derselbe Grund: die Miete konnte nicht bezahlt werden. Und immer spielte sich dasselbe ab – wir wurden rausgesetzt, ganz einfach. Wer konnte es den Leuten verdenken, die damals vermieten mußten, um das tägliche Brot aufzubessern? Man mußte froh sein, daß sie einen nur rausschmissen und nichts Ärgeres taten – sehr lautlos ging es dabei natürlich nicht zu. Ich nahm es nicht tragisch und ich glaube, Mama eigentlich auch nicht. Nitschewo!

Vier Millionen Russen sind damals emigriert. Der Sohn des

einst so gefürchteten Generalgouverneurs von Kiew, der frühere Flügeladjutant des Zaren, war froh, als Portier in einem kleinen Hotel in Nizza angestellt zu werden. Mehrere Offiziere des ehemaligen Leibregiments des Zaren wurden Schaffner bei der Internationalen Schlafwagengesellschaft. Viele russische Offiziere ließen sich von der Fremdenlegion anwerben und gingen in die Mandschurei. Ein hervorragender Moskauer Rechtsanwalt namens Kalmykow wurde Fensterputzer in Chikago. Er verlor bei dieser ungewohnten Tätigkeit eines Tages das Gleichgewicht und stürzte vom 6. Stock hinunter und blieb tot liegen. Der Divisionsgeneral Seliwanow lebte in Belgrad armselig und kümmerlich als Zeitungsverkäufer. Er hielt mit den Nerven nicht durch und sprang eines Tages vom siebten Stock in die Tiefe.
Der berühmte Theaterkritiker Michail Jarzew verkaufte Zeitungen in Konstantinopel. Tolstois älteste Tochter Tatjana pachtete in Paris eine kleine Pension. Die Fürstin Schachowskaja aus einer der angesehensten Adelsfamilien wurde Dienstmädchen in New York.
Aber es gab auch »Kinder des Glücks«, zu denen gehörte Olga Tschechowa, die Nichte des Dichters Anton Tschechow. Sie machte eine große Filmkarriere in Deutschland. Chmara, ein bekannter Schauspieler des Stanislawski Theaters heiratete Asta Nielsen. Viele andere konnten sich erfolgreich durchsetzen. Wir gehörten nicht zu den Glückskindern. Immerhin hatte Mama in der russischen Konditorei »Ruscho«, nur wenige Meter vom Wittenbergplatz entfernt, eine Stelle als Kellnerin gefunden. Sie wurde jeden zweiten oder dritten Tag ausbezahlt, aber dann war das, was sie bekam, schon wieder nichts mehr wert. Sie bekam auch Trinkgelder, sogar gute, denn sie war wirklich sehr hübsch: groß, schlank, blond mit kohlrabenschwarzen Augen. Sie hatte herrliche Beine, die sie auch zeigte, denn sie trug kürzere Röcke als die

anderen Kellnerinnen, die darüber immer schimpften. Die Berliner sonst aber waren besonders nett zu den russischen Emigranten. Was wäre wohl aus uns geworden, wenn sie weniger Verständnis für unser Schicksal gehabt hätten?
Eines Abends wartete ich sehr auf Mama. Die Direktorin der Privatschule, auf der ich war, hatte mir mitgeteilt, daß ich keinen Unterricht mehr erhalten könnte, bevor nicht das Schulgeld, das seit drei Monaten fällig war – beglichen würde. Ich hatte ein sehr trauriges Gesicht gemacht, als ich mich von meiner Lehrerin und den Mitschülerinnen verabschiedete, aber im stillen jubelte ich: keine Schularbeiten mehr, kein Pauken, was mir durch mein kümmerliches Deutsch schwer gefallen war. Ich hielt überhaupt nicht viel vom Lernen, es war nur langweilig und anstrengend. Erst viel später wurde ich geradezu lernbegierig und bin es bis auf den heutigen Tag geblieben.
Ich hoffte, daß es Mamatschka auch ganz gleichgültig sein würde, ob Schule oder nicht. Sie sparte ja viel Geld. Daß es einen Schulzwang gab, war mir gar nicht bewußt.
Sie kam in dieser Nacht besonders spät. Mit russischen Kollegen und einigen Berliner Herren hatte sie noch gefeiert. Obwohl sie still in das Zimmer trat, war ich aufgewacht und riß die Augen auf. Sie trug einen himmlischen roten Hut mit herrlichen wippenden roten Pleureusen, die bis auf die Schulter fielen. Wie schön sie war! Ich bewunderte meine geliebte Mamatschka und wünschte mir mit heißem Herzen, auch einmal so schön zu werden wie sie. Mama war in Hochstimmung – war es wohl allein der Hut?
Für meine Jahre war ich sehr hellhörig. Während der Flucht hatte ich schon zu viel mitbekommen. Aber mein glücklich gelagertes Naturell war wie ein Schutzengel, so daß meine kindliche Seele nicht verletzt worden war. Ich hielt alles für selbstverständlich – auch, daß Mama schön sein wollte und

sich einen teuren Hut kaufte, anstatt die Miete zu bezahlen. Geld hatte man schließlich zum Ausgeben für schöne Sachen! Mama dachte wohl so . . .
Wir schliefen lange. Ich mußte ja nicht mehr zur Schule, und Mama war müde von der Nacht. Da klopfte unsere Wirtin heftig an die Türe. Verschlafen hing sich Mama ihren purpurroten Samtmorgenrock um die Schultern. Er war wie der Krönungsmantel einer Königin und das einzige Stück, auf das sie um nichts in der Welt hätte verzichten wollen. Sie ging hinaus auf den Korridor, wohl ahnend, was sie erwarten würde.
Als sie in unser Zimmer zurückkam, weckte sie mich barsch.
»Wir müssen packen, steh auf.«
Ich begriff: Wieder einmal Kofferpacken – unsere zwei Koffer, wieder einmal »Wohnungswechsel«, wie es Mama vornehm nannte. Vielleicht, dachte ich, finden wir jetzt ein Zimmer, wo ich ein richtiges Bett haben würde. Hier waren am Abend einfach zwei zerlumpte Fauteuils zusammengeschoben worden, was Mama dann mein Bett nannte.
»Wohin gehen wir?« fragte ich naiv.
Die Wirtin stand dabei, sie konnte nichts verstehen, denn wir sprachen natürlich russisch. Da lachte Mama plötzlich schallend auf.
»In eine Villa natürlich, in ein Palais!«
Es war kein heiteres Lachen. Ich fühlte, was es bedeutete. Aber warum hat sie gestern diesen teuren Hut gekauft? überlegte ich.
Mama bittet die Wirtin, daß wir unser Gepäck noch dalassen dürfen, bis wir eine neue Bleibe haben. Sie ist einverstanden – welch ein Entgegenkommen . . . Dann laufen wir durch die anliegenden Straßen. Es hängen viele Zettel mit den zwei Worten »zu vermieten« an den Haustüren. Die Berliner sind durch die fortschreitende Inflation arm geworden und müs-

sen oft bis auf die Küche, in der sie selber schlafen, alle Räume vermieten.
Wir sehen uns viele Zimmer an, aber die Leute sind mißtrauisch. Russen, Flüchtlinge haben kein Geld. Sie weisen uns ab. In der Grolmannstraße, 3. Etage bei Lehmann, finden wir ein schönes Zimmer, groß, mit zwei richtigen Betten, für uns geradezu komfortabel. Wir sind überglücklich, daß Frau Lehmann uns nehmen will. Ein alter Mann packt gerade seine Sachen zusammen. Es war sein Zimmer gewesen, aber nach dem Tode seiner Frau kann er es nicht mehr bezahlen, denn sie hatte mitverdient. Er zieht in eine Kammer neben dem Klo. Frau Lehmann ist überhaupt eine Seele von Mensch, eine echte Berliner Seele. Sie ist Kriegerwitwe und hat eine Tochter von 14 und einen Sohn von 18 Jahren. Sie windet sich, wie alle, durch die Zeit. Mit ihren beiden Kindern bewohnt sie einen Raum, zwei weitere hat sie ebenso vermietet. Es wird viel berlinerisch geredet und lange, bevor ich hochdeutsch sprechen konnte, habe ich bei den netten und lustigen Lehmanns ein perfektes Berlinerisch gelernt.
Wir sind also eingezogen. Mama hat unsere Nansenpässe gezeigt, – Frau Lehmann ist nicht mißtrauisch. Irgendwie gefallen wir uns auf Anhieb. Mausi und Freddy amüsieren sich über mein Kauderwelsch. Der Anfang ist gemacht – ein glücklicher, wie es scheint, und ich wünsche mir sehr, daß Mama immer die Miete bezahlen würde. Ich schlafe in einem herrlichen großen Bett, kann richtig die Beine ausstrecken. Es ist himmlisch!
Frau Lehmann will die Miete im voraus haben. Mama hat plötzlich Geld und bezahlt.
»Wie gut«, denke ich. Wir können also wirklich hier bleiben, wo es so schön hell und sonnig ist und auch das Fräulein Pischke vom Nebenzimmer und der Herr Schulze von gegenüber immer so freundlich sind.

Ich bin wieder auf einer neuen Privatschule. »Sicher nicht lange«, so hoffe ich. Ich bin längst dahinter gekommen, daß Mamatschka weiß, was eine Million in Gold ist, aber keine Ahnung hat, was eine papierne Million in dieser Zeit bedeutet.

Der Hunger hat es mich gelehrt . . . Im Nebenhaus von unserer vorigen Bleibe war ein kleiner Gemüseladen. Ich wartete auf Mama, daß sie uns etwas zu essen kaufte. Sie kam aber erst spät nachts nach Hause. Mich plagte der Hunger. Qualvoll gierig stand ich vor den ausgelegten Äpfeln. Nur ein paar Äpfel essen können, dachte ich – dann dachte ich gar nichts mehr und hatte einige Äpfel in meiner Manteltasche. Die Frau hatte gerade noch gesehen, wie ich fortlief. Sie schimpfte heftig hinter mir her, berlinerisch, aber ich verstand natürlich nicht viel.

Dann ging ich auf eine entfernt gelegene Bank und aß die rotbackigen Früchte mit einem etwas schlechten Gewissen. Ich hatte »geklaut«, wie das die Spielgefährten nannten.

Schickte sich das für eine »Konstantinowna«? Denn das war ich, wie Mama mir immer wieder predigte, besonders, wenn es uns sehr schlecht ging.

Ich schämte mich, aber ich begriff: Wenn ich die Äpfel hätte bezahlen können, wäre ich stolz in den Laden gegangen und wie eine Dame bedient worden. Aber so? Ohne einen Schein in der Tasche?

Ich habe mir damals verziehen und war fest überzeugt davon, daß auch der liebe Gott mir spätestens beim Nachtgebet verzeihen würde.

Der Glaube an Gott und seine Gerechtigkeit war mir von meiner französischen Gouvernante schon als kleines Kind in St. Petersburg eingeimpft worden. Mama betete nie.

Die hübsche Tochter von Frau Lehmann, Mausi, wurde bald meine beste Freundin. Sie war einige Jahre älter als ich und hatte schon Kinderrollen im Theater gespielt. Von der Gage durfte sie immer einen kleinen Teil für sich behalten. Das fand ich phantastisch. Geld zu besitzen, selbstverdientes Geld! Warum sollte ich das nicht auch können? Als ich meiner Mutter begeistert davon erzählte, schrie sie mich empört an. Wieder war ich die »Konstantinowna«, die nichts mit den Gauklern zu tun hatte. Während sie mir Vorhaltungen machte, knurrte mein Magen. Wir hatten nichts zu essen – und auch keine Scheine mehr. Sie versprach, mir aus dem »Ruscho« etwas mitzubringen. Als sie fortgegangen war, gab mir die gute Frau Lehmann einen Teller von ihrer Kartoffelsuppe.

Wir wohnten kaum zwei Monate in der Grolmannstraße, da haperte es schon wieder mit der Miete. Meine Mutter verließ sich auf die Gutmütigkeit von Frau Lehmann. Die konnte es sich aber nicht leisten, gutmütig zu sein. Sie brauchte die Millionenscheine fürs tägliche Brot und ohne Zögern erklärte sie meiner Mutter:

»Der Mieter neben dem Klo muß raus, er geht zu seiner Schwester. Das Zimmer könnten Sie haben, das große kann ich besser vermieten.«

Mama stockte der Atem. Das war deutlich gesprochen. In dieses Loch sollte sie ziehen und mit mir zusammen leben. Stolz bäumte sich in ihr auf. Doch was half alles. Sie besprach sich mit mir in ihrer Hilflosigkeit. Ich wollte so gern bei Lehmanns bleiben – und sei es neben dem Klo. Hier waren die Menschen wenigstens nett, und wir mußten uns unserer Not nicht schämen. Sie hatten selber nicht viel mehr als wir. Wir blieben und trugen unser Zeug in das kleine Loch, das ein Bett hatte und ein ausgeleiertes Sofa. Ich war es schon gewohnt, daß meine Beine länger waren als mein sogenanntes Bett.

Meine Mutter mühte sich weiter ab im »Ruscho«. Täglich wurde sie nervöser und empfindlicher. Da hörte ich, wie sie mit Frau Lehmann in der Küche sprach. Ich verstand soviel, daß ich Bescheid wußte: Mamatschka bat Frau Lehmann, daß sie mich bei sich behielte, daß sie mich mit Essen und Trinken versorgte und sich um mich kümmerte. Sie selbst könne dieses Leben nicht mehr ertragen und sähe auch keine Möglichkeit, hier jemals aus dem Elend herauszukommen. Sie wolle nach Paris gehen und dort ihr Glück versuchen.

Es dauerte lange, bis Mama aus der Küche kam. Sie ging mit mir in unser »Zimmer« und erklärte mir alles. Ich heulte dicke Tränen und bat sie, mich mitzunehmen. Ein Leben ohne meine geliebte Mamatschka konnte ich mir nicht vorstellen. Mein Deutsch war so kläglich. Wie konnte ich mich zurechtfinden? Ich hatte einfach Angst unter lauter fremden Menschen allein zu sein. Immer wieder schluchzte ich:

»Nimm mich doch mit!«

Wenn Mama keinen Ausweg wußte, wurde sie grob. Sie schimpfte mich aus, daß ich noch so dumm wäre in meinem Alter und daß mich niemand auffressen würde. Schließlich hätte ich die Familie Lehmann, die sich um mich kümmerte.

Eines Tages war sie abgereist. Das war schrecklich, aber auch schön. Frau Lehmann hatte viel Arbeit und wenig Zeit für mich. Ich konnte tun und lassen, was ich wollte. Ich mußte auch nicht mehr die »Konstantinowna« sein, ich war ganz einfach die Verotschka, wie mich alle nannten.

Was war das eigentlich, die »Konstantinowna«, die mir Mama so oft in fast feierlichem Ton vorhielt? Ich hieß doch Makinska genau wie sie. Wenn ich dann fragte: Warum denn »Konstantinowna?«, wich sie aus. Sie wollte nicht darüber sprechen. Erst viel später sollte ich alles erfahren. Es war die Sache mit ihrem ersten Geliebten, den sie wohl niemals vergessen konnte, und der mein Vater war ...

Mama hatte Frau Lehmann versprochen, für mich, das heißt für Kost und Logis, Geld zu schicken. Statt dessen schrieb sie lange Briefe, daß sie in der größten Not sei, aber hoffe, bald

alles zahlen zu können. Sie hatte in Paris einen Kosmetikkursus besucht und wartete in ihrem Zimmer im Quartier Latin auf Kundinnen.
Frau Lehmann schüttelte über diese Briefe nur den Kopf. Das Leben wurde täglich schwerer, wie sollte sie da auch mich noch mit durchbringen? Sie hatte das mickrige Sofa in ihr Zimmer gestellt, und da schlief ich nun mit ihr und Mausi. Freddy war auf einem zusammenklappbaren Eisengestell in der Küche untergebracht. Das Loch neben dem Klo brachte neues Geld.
Mausi bewunderte ich. Von der Gage, die sie zuletzt verdient hatte, – sie spielte im Staatlichen Schauspielhaus den Knaben in »Wilhelm Tell« –, hatte ihr Frau Lehmann ein hübsches Kleid genäht. Die Schuhe dazu platzten aber bald an den Seiten auf. Sie waren auch billig gewesen: 150 Millionen hatten sie nur gekostet, dafür konnte man nichts besseres verlangen. Ich schmeichelte Mausi und wußte, was ich wollte: Sie sollte mich einmal mitnehmen ins Theater. Vielleicht könnte auch ich dort Geld verdienen. Mausi tat sehr überlegen, versprach aber, wenn einmal Kinder gebraucht würden, mich vorzustellen. Allein die Aussicht darauf machte mich rasend glücklich.
Nicht lange danach ein Lichtblick! Im Metropoltheater sollte »Gräfin Mariza« von Emmerich Kálmán herauskommen und für den Kinderchor im 1. Akt wurden Jugendliche gesucht. Mausi nahm mich mit. Vielleicht gab es für uns beide eine Möglichkeit. Zitternd vor Angst, daß man mich nach Hause schicken könnte, stand ich vor dem Chorleiter. Meine roten Haare strich ich voller Verlegenheit nach hinten und hoffte, daß sie ihm nicht auffielen.
»Kieck mal die mit den roten Haaren!« schrien mir die Jungs auf der Straße oft nach . . . Mausi hatte Glück. Sie war schon bekannt im Metropoltheater und wurde sofort engagiert.

Endlich, nachdem mich der Chorleiter ungeniert betrachtet hatte, sagte er:
»Also du kannst auch mitmachen, wenn du singen kannst. Singe mir was vor!«
Ich wurde feuerrot und verlegen. In der Schule lachten die Mädels immer über mich, wenn wir Singstunde hatten.
Er drängte:
»Na, nun sing schon irgendwas, ich habe nicht soviel Zeit.«
Ich würgte und begann keß und selbstverständlich zu singen: »Es war in Schöneberg, im Monat Mai...« Weiter kam ich nicht. Schallendes Gelächter unterbrach mich. Mich traf es wie ein Donnerschlag. Ich hatte doch genau überlegt, daß ein Schlager für ein Theater das Richtige zum Vorsingen wäre. Ich hätte auch ein russisches Volkslied singen können, aber das paßte doch nicht in ein Theater.
Ich war total verwirrt.
»Na, wenn du so singen könntest, wie du hübsch bist, dann würde ich dich ja nehmen; aber du hast doch überhaupt nichts in der Kehle!«
Zutiefst gekränkt wollte ich weglaufen. Er hielt mich aber zurück und sagte nett:
»Na, na, nicht so empfindlich sein, Kleine, wisch dir die Tränen ab, du bist engagiert. Ein bißchen tanzen wirst du ja können?«
Meine Augen blitzten ihn an. Es war der glücklichste Augenblick meines Lebens. Welch ein Gefühl – nun war ich Schauspielerin geworden!
Mama zahlte von Paris aus »stotternd« das Schulgeld. Was ich lernte, war im Grunde für die Katz, und ich war selig, als das Theater mich wegen der Proben für einige Zeit von der Schule befreite. Es war eine Privatschule, die von zwei Schwestern geführt wurde. Die Direktorin der »Goetheschule« im Berliner Goethepark war das ältliche, aber sehr vornehme Fräulein

von Manteuffel. Sie willigte schnell ein, mich zu beurlauben. Viel Freude hatte sie ohnehin nicht an mir.
Vor dem Spiegel betrachtete ich mich. Würde ich so schön sein wie Henny Porten, deren Filme ich schon gesehen hatte? Unser netter Untermieter, der Herr Schulze, nahm mich und Mausi öfter mit ins Kino. Er saß dann zwischen uns, legte seine Arme um uns, und am Schluß mußten wir uns beide mit einem Küßchen bei ihm bedanken. Wir taten es gern, schließlich war es billiger als eine Kinokarte, die wir uns gar nicht hätten leisten können.
Die Proben im Theater waren irrsinnig aufregend. Ich gab mir die größte Mühe, alles so zu machen, wie es vom Ballettmeister verlangt wurde. Man war auch mit meinem Singen zufrieden. Beim ersten Vorsingen war mir nur vor Angst die Kehle wie zugeschnürt gewesen. Jetzt ging es sehr gut. Ich war sehr stolz und sagte mir immer: Jetzt bist du eine Künstlerin und wirst eine große Schauspielerin werden.
Das Schönste waren die Proben mit den wunderhübschen ungarischen Kostümen. Endlich war ich aus meinem verwaschenen Kleid, das ich nach Anleitung von Frau Lehmann überall gestopft und ausgebessert hatte, heraus. Ich stellte mich, obwohl ich für mein Alter ziemlich groß war, auf Zehenspitzen vor den Garderobenspiegel.
»Eigentlich bin ich der Pola Negri viel ähnlicher als der Henny Porten«, sagte ich zu meiner allerliebsten Freundin Mausi. »Findest du mich schön?«
Wehe, sie hätte etwas anderes als Ja gesagt, mein Mut wäre dann in der Versenkung verschwunden.
Große Aufregung herrschte im Theater. Der Komponist, der berühmte Emmerich Kálmán, würde sich mit seiner Frau die Generalprobe ansehen. Ich sah sie beide in der Kulisse stehen, wo sich Kálmán mit dem Kapellmeister besprach. Die Dame neben Kálmán war nicht mehr ganz jung, blaß und zart, und

alle wußten, daß sie seit sechzehn Jahren seine Lebensgefährtin war, aber nicht seine Frau. Kálmán selber sah eigentlich nicht aus, wie ich mir einen Komponisten vorgestellt hatte. Ich verglich ihn in Gedanken mit der Büste von Beethoven. Er war mittelgroß, ein bißchen dicklich, und man hätte ihn eher für einen vornehmen Kaufmann halten können. Für mich aber trug er einen Glorienschein. Ich fand ihn wunderbar, wie ich alles wunderbar fand, was ich hier im Theater sah und beobachtete. Ich bat den Inspizienten schnell um einen Zettel und einen Bleistift und ging, zögernd zwar, doch voller Entschlossenheit auf Kálmán zu und bat um ein Autogramm. Der Kapellmeister ärgerte sich, daß ich sie störte, aber Kálmán sah mich freundlich an, zog genüßlich an seiner Zigarre und fragte mich:
»Bist du Ungarin?«
»Nein, ich bin Russin, ein Flüchtling . . .« Seine Freundlichkeit machte mir Mut und ich sagte ihm, daß ich im Kinderchor tanzen und singen würde. Er hörte mir schmunzelnd zu. Meine Begeisterung steigerte sich, und ich tat so, als würde ich die ganze Operette allein bestreiten. Er gab mir das erwünschte Autogramm. Damit renommierte ich bei den anderen, am meisten zu Hause bei Herrn Schulze und Fräulein Pischke. Meine Phantasie ging mit mir durch, und ich erlebte, was ich ihnen vormachte.
Gibt es Ahnungen, die Wirklichkeit werden?
Frau Lehmann hatte sehr zu knabbern, uns alle durchzubringen. Wie stolz war ich, daß ich etwas Geld dazu geben konnte. Sie bekam nur eine kleine Kriegerwitwenrente und die geringen Mieten. Obwohl mir die Kartoffel- und Kohlsuppe schon zum Hals heraushing, war ich dankbar, daß sie mich mit durchschleppte.
Mit Ach und Krach zahlte Mama mein Schulgeld, bis auch das aufhörte, und ich wieder einmal »schulfrei« wurde. Fräulein

von Manteuffel war froh, mich los zu werden. Daß Mama aber an Frau Lehmann nichts mehr schickte, war mir peinlich und bedrückte mich. Die paar Mark, die ich vom Theater bekam, machten den Kohl wahrlich nicht fett.
Mamatschka hatte in letzter Zeit seltener geschrieben, worüber ich oft heimlich weinte. Um so größer war der Jubel, als ein Eilbrief von ihr ankam. Und nicht nur den langersehnten Brief hatte ich in Händen, auch einige französische Francs fand ich darin. Ein Silberstreifen am Horizont sei aufgetaucht, in Form eines Liebhabers, schrieb Mama, eines reichen natürlich, und ich solle sofort nach Paris kommen. Er wolle für uns beide sorgen.
Meine Glückseligkeit war grenzenlos. Voller Freude umschlang ich alle – die Lehmanns, die Pischke, den Schulze und den Neuen aus der Kammer neben dem Klo. Ich konnte nach Paris und Mama hatte Geld!
Weitere Briefe kamen. Mama versprach Frau Lehmann, daß sie alles für mich nachzahlen würde, sobald sie verheiratet wäre, aber daß sie nicht schon jetzt für mich von ihrem Zukünftigen Geld verlangen könne. Er solle mich erst einmal kennenlernen. Das leuchtete Frau Lehmann ein. Ich packte meinen Koffer zehnmal um. Wozu sollte ich die alten Fetzen eigentlich noch mitnehmen? In Paris würde mich Mama bestimmt neu einkleiden.
Die ganze Familie Lehmann fuhr mit mir zum Anhalter Bahnhof und winkte mir nach, als der Zug sich endlich in Bewegung setzte.

Ausflug nach Paris

Da saß ich nun, eingeklemmt in einem Abteil 3. Klasse auf einer, wie mir schien, ungewöhnlich harten Holzbank, und die Zeit wollte nicht vergehen. Die Leute im Abteil unterhielten sich lebhaft, aber für mich redeten sie dummes Zeug.

Ich entschloß mich, einzugreifen, denn anders kann man es gar nicht nennen. Ich begann, ohne daß man mich gefragt hätte, zu erzählen. Von mir natürlich, und wenn man mir zuhörte – und das taten die Leute im Abteil sehr bald –, mußte man glauben, ich sei seit Jahren der Star des Berliner Metropoltheaters. Als ich herausfordernd fragte, ob man meinen Namen nicht kenne, beeilte man sich, zu nicken: natürlich kannten sie meinen Namen, sie hatten schon viel von mir gehört und waren beglückt, mich jetzt persönlich kennenzulernen.

Das war eigentlich mein erster Auftritt. Nicht der im Metropoltheater in einer Schar von Jugendlichen, mit denen ich im Chor sang, sondern hier in diesem Abteil 3. Klasse des D-Zugs Berlin – Paris.

Die Abenddämmerung war schon hereingebrochen, als der Zug in Gare du Nord einlief. Ein großes Gedränge auf dem Bahnsteig!

Würde ich meine Mutter überhaupt finden? Was sollte ich tun, wenn wir uns verfehlten?

Aber sie war da! Ich sah sie zwar zunächst nicht, denn ihr Gesicht wurde von anderen Menschen verdeckt, doch ich entdeckte ihren roten Hut mit den Pleureusen. Der war nicht zu übersehen. Wir lagen uns in den Armen. Wir weinten vor Glück. Ich hatte meine Mamatschka wieder.

Paris begann mit einer Enttäuschung. Vielleicht muß man richtiger sagen, meine Mutter war enttäuscht. Ihr Freund, von dem sie erwartet hatte, daß er sie heiratete, war ein Schwindler. Er hatte bei meiner Mutter als Flüchtling aus Rußland reichen Schmuck vermutet, was ihm ein sorgenfreies Leben schaffen könnte.

Ich mochte diesen französischen Freund vom ersten Augenblick an nicht und begriff ebensowenig, wie sie auf ihn hereinfallen konnte. Ich war auch die Ursache, daß diese Beziehung platzte. Meine Mutter hatte erwartet, daß er für mich sorgen würde, denn sie verdiente nicht genug, um uns beide durchzubringen.

Er war daraufhin wütend geworden.

»Ich kann mein Geld besser ausgeben als für fremde Gören!« erklärte er.

Endlich verstand meine Mutter mit dem ihr eigenen Stoizismus die verfahrene Situation:

»Wir haben uns beide geirrt. Ich rechnete damit, daß du mich liebst, und du rechnetest mit meinen Juwelen.«

Sie hatte sich seit Berlin sehr verändert. Offenbar war dieser Franzose nicht der erste Freund, den sie in Paris gehabt hatte, und sicher nicht der erste, von dem sie hoffte, daß er sie heiraten würde. Und geheiratet wollte sie werden, koste es, was es wolle. Das war wohl die Folge ihrer Jugendenttäuschung mit Konstantin Konstantinowitsch. Aber diese psychologischen Zusammenhänge begriff ich erst viel später. Damals war ich noch zu jung dafür.

Meine Mutter arbeitete bei der großen Modefirma Paquin. Sie hatte diese Stellung erhalten, weil die Direktrice auch eine russische Emigrantin war, eine Baronin Sacomelskaja, und natürlich auch wegen ihrer vollkommenen Figur. Aber da-

mals wurden Mannequins nicht so hoch bezahlt wie heute. Deshalb waren wir knapp bei Kasse, und ich mußte Geld verdienen. Irgendwo, irgendwie . . .
Mannequin könnte ich doch sicher auch werden, glaubte ich. Meine Mutter nahm mich zur Baronin mit, und die musterte mich amüsiert.
»Lange Beine hat sie ja, Ihre Verotschka, und das rote Haar ist attraktiv, und hübsch ist sie außerdem!« meinte sie.
Aber alle Modelle, die vorgeführt wurden, waren zwar hochelegant, aber nichts für Halbwüchsige. Ich hatte also keine Chance, denn damals gab es noch keine Teenager-Moden. Meine Mutter jedoch bettelte:
»Die Modelle werden doch auch von sehr jungen Damen gekauft!«
Die Baronin, die Mamatschka gern hatte, engagierte mich schließlich doch. Ich war glücklich. Also wieder eine Stellung! Mannequin sogar! Und ich durfte die schönsten Kleider der Welt tragen!
Es ging aufwärts.
Die erste Modenschau. Die Crème de la Crème hatte sich eingefunden. Als ich durch den Türspalt blickte, wurde es mir doch seltsam in der Magengrube. Die routiniert sich gebenden Mannequins schauten mich eher verächtlich an. Ich zwang mich, zu lächeln, und dann rief ich in einem fröhlicheren Ton, als mir zumute war:
»Wartet nur! Es wird sich ja zeigen, wer Erfolg hat!«
Plötzlich bekam ich einen Stoß: »Raus! Raus!« Ich marschierte hinter fünf sich in den Hüften wiegenden Kolleginnen her. Hatte ich nicht das zauberhafteste Kleid an? War ich nicht schöner als die anderen? Ich bemerkte, daß die Begleiter der Damen mehr die hübschen Mannequins als die Kleider musterten. Und ich hatte auch Erfolg. Jedenfalls schien es mir so, denn die Damen und Herren zeigten sich höchst amü-

siert, wenn ich an ihnen vorbeikam. Ein paarmal mußten wir hin und her schreiten. So waren wir von der Baronin instruiert worden. Jedesmal, wenn ich dran war, lachten mir alle freundlich zu. Das machte mich eher unsicher, denn ich dachte, irgend etwas stimmt an mir nicht.
Als die Vorführung zu Ende war und das Publikum den Salon verlassen hatte, wurde ich von Meister Paquin angezischt:
»Du bist ausgelacht worden, du bist wirklich unmöglich. Du stakst mit deinen viel zu langen Beinen durch die Gegend wie ein Storch! Und dazu deine roten Haare!«
Und zu Madame Sacomelskaja gewandt:
»Wie konnten Sie zulassen, daß dieses Mädchen unsere kostbaren Modelle vorführt?«
Die Baronin verteidigte mich:
»Das Mädchen ist doch hübsch, und wenn sie auch nicht nach Ihrem Geschmack ist, Monsieur, so hat sie doch einen großen Erfolg gehabt. Die Negri, ja, Pola Negri, war da und hat mich beim Abschied gebeten, ihr morgen noch einmal die Modelle zu zeigen, und zwar nur die Kleider, die von der jungen Rotblonden vorgeführt worden sind. Ich solle sie zu ihr schicken. Was sagen Sie nun, Meister?«
In Wahrheit war die Negri gar nicht so sehr von meinen Modellen beeindruckt als von mir. Und auch nicht eigentlich beeindruckt. Sie fand es nur lustig, wie ich vergeblich versuchte, das gelernte Mannequin zu spielen und mit meinen für eine Modenschau noch ungelenken langen Beinen herumstakste. Sie mußte darüber lachen und gleichzeitig tat ich ihr ein bißchen leid. Deshalb wohl wollte sie mich noch einmal sehen. Sie wohnte damals mit ihrem Mann, dem Playboy Prinz Mdivani, in einem Schloß, das sie sich von ihren Hollywood-Gagen gekauft hatte, nahe bei Fontainebleau. Der Prinz war übrigens auch ein russischer Emigrant, aus Georgien, und ob er wirklich ein Prinz war, hat sich später auch nicht als sicher

erwiesen. Ohne Zweifel hatte er die Negri geheiratet, weil sie so viel Geld hatte. Wenigstens damals noch.
Nach Fontainebleau fuhr ich also am nächsten Nachmittag, begleitet von der sogenannten Première und der Seconde, sowie einer Couturière, die die Vorführung der Modelle überwachen sollten. Ich war glücklich. Pola Negri war meine Rettung gewesen – die Negri, die ich über alles liebte. Auch Mama war stolz, daß meine Premiere so gut abgelaufen war. In Fontainebleau gab es nun eine zweite Modenschau. Pola Negri hatte mit ihrem Prinzen im Salon Platz genommen. Ich schaute mich in dem prachtvollen Raum um, und war überwältigt von der stilvollen Eleganz. Dann führte ich die Modelle vor. Mit welch sicherem Geschmack traf der von mir so bewunderte Filmstar seine Wahl aus diesen herrlichen Kleidern und Stoffen.
Als wir uns verabschieden wollten, reichte Pola Negri meinen Begleiterinnen die Hand, während sie sich freundlich zu mir wandte: »Bleiben Sie doch noch ein wenig. Ich möchte Sie näher kennenlernen!«
Ich stand benommen da. Pola Negri aber plauderte munter drauf los. Sie sprach russisch, so daß ich meine Hemmungen schnell verlor. Es war inzwischen Abend geworden. Ich wußte, daß Mama auf mich wartete und daß sie immer nervös wurde, wenn ich nicht rechtzeitig nach Hause kam. Pola Negri lachte nur und meinte:
»Bleiben Sie und schlafen Sie hier! Die Mama wird schon nichts dagegen haben, schließlich weiß sie ja, wo Sie sind!«
Das Abendessen wurde aufgetragen. Der Diener servierte in weißen Handschuhen, Kerzen leuchteten auf dem Mahagonitisch – alles war für mich wie im Märchen. Die Negri legte Musikplatten auf, und wir unterhielten uns.
Sie wollte wissen, ob ich Mannequin bleiben wolle.
»Ich möchte natürlich auch Filmschauspielerin werden!«

»Das ist nicht so einfach ...«, meinte die Negri. »Haben Sie denn Beziehungen?«
»Beziehungen?«
»Nun ja, einen Freund vielleicht?« Sie sah mich forschend an.
»Nein ... Einen richtigen Freund habe ich noch nicht.«
Pola Negri lächelte. »Wird schon noch kommen ...«
Später zeigte sie mir eines der Gästezimmer. Welch ein Bett! Ein Bett mit einem Baldachin aus himmelblauer Seide, breit genug für zwei. Und ein Nachthemd aus Crêpe de Chine lag darauf, im gleichen Himmelblau wie der Baldachin. Eine Seitentür führte in ein Badezimmer aus hellem Marmor. Alles lag dort bereit, was man zur Toilette brauchte. Mein Gott, dachte ich, so lebt also ein Filmstar, und plötzlich wurde ich traurig. Mir wurde zum erstenmal bewußt, wie unser eigenes Leben war: immer voller Sorgen und Kummer um das Notwendigste, das tägliche Brot. Wie oft war ich hungrig zu Bett gegangen. Dieser Gedanke lähmte mich, ich stand vor dem verlockend schönen Bett, aber ich zog mich nicht einmal aus. Da kam die Negri ins Zimmer. Ich nahm mich zusammen und beteuerte:
»Madame, ich verehre Sie seit langem, ich habe alle Ihre Filme gesehen!«
Sie wehrte ab, sie schien gerührt.
»Nicht doch ... nicht doch ... Für dich bin ich nicht der Filmstar, liebes Kind. Wir sind ja beide Emigrantinnen! Nenne mich Polita! Wenn ich irgendwas für dich tun kann, jetzt oder später ...«
Die Tür öffnete sich und der Prinz schaute herein. Er schien ärgerlich zu sein, aber die Negri nahm keine Notiz davon.
»Schlaf gut, mein Kind!« sagte sie. »Morgen früh fährt dich der Chauffeur nach Hause.«
Als ich am nächsten Vormittag bei meiner Mutter aufkreuzte, empfing sie mich mit Ohrfeigen. Das war noch nie geschehen.

Ich heulte. Sie blieb davon unbeeindruckt. Wo ich gewesen sei? Sie glaubte nicht, daß Pola Negri mich bei sich behalten hatte. Für sie steckte ein Mann dahinter. Als ich sie schließlich überzeugte, ich sei wirklich in Fontainebleau geblieben, war sie keineswegs besänftigt.
»Ein Filmstar! Eine Diva! Das sind doch schreckliche Leute!«
So war Mamatschka eben. Sie kam später immer wieder auf diese Nacht zurück. Was denn die Negri von mir gewollt habe? Was sollte ich ihr sagen?
Diese Episode mit meinem Idol, das ich so vergöttert hatte, machte mich neugierig auf das große, elegante Leben und auf etwas, das mir noch fremder war – auf Liebe! Auf eine ganz andere Liebe, als die zu der Mutter oder zu meiner Freundin Mausi. Ich war bereit, mehr zu erleben.
Pola Negri wurde viele Jahre später, als ich bereits Frau Kálmán war, eine meiner liebsten Freundinnen. Sie war eine unglaublich reizvolle Erscheinung und sehr kapriziös. Über mein Jugenderlebnis mit ihr wurde niemals mehr gesprochen. Ich war ihr eine echte Freundin geworden, gerade als sie einen Menschen brauchte.

Wir hatten in Paris eine sehr liebe russische Familie kennengelernt, die Smirnows. Iwan Smirnow betrieb auf dem Flohmarkt einen Handel mit russischen Souvenirs. Er freute sich, daß Sonja Makinskaja ihm an den Wochenenden half, denn das Geschäft ging recht gut. Ich lief dann mit seiner achtzehnjährigen Tochter Tamara zwischen den anderen Ständen umher und wir alberten und waren lustig.
Tamara beneidete ich sehr – sie war Tänzerin an den Folies Bergère, dem großen Revuetheater. Ich bat sie, mich einmal mitzunehmen und dem Direktor vorzustellen. Ich wollte doch auch Geld verdienen, um Mamatschka zu unterstützen. Unsere Stellungen bei Paquin hatten wir beide nicht lange hal-

ten können. Tamara brachte mich zu M. Derval, und der engagierte mich auf der Stelle als Figurantin.
Ich hatte nichts weiter zu tun, als mit einem schweren vergoldeten Leuchter voller brennender Kerzen dazustehen. Jeden Abend ging die Revue vor völlig ausverkauftem Haus über die Bühne, mit der tollsten Ausstattung, den waghalsigsten Akrobaten, großartigen Solotänzern, einem Ballett und Figurantinnen, von denen jede hätte einen Schönheitspreis erringen können.
Ich avancierte bald im ersten Teil der Revue zum Blumenmädchen, im zweiten zur Weintrauben-Schönheit. Die Weintrauben bedeckten diskret das Notwendigste. Der Vertrag war von mir unterschrieben worden, aber da ich noch minderjährig war, sollte meine Mutter ebenfalls unterzeichnen.
Wie aber das zustandebringen, ohne daß Mama einen Tobsuchtsanfall bekam? Der liebe Iwan brachte es fertig. Schließlich war ja auch seine Tochter bei der Revue, und er garantierte dafür, daß dort nichts »passieren« würde. Da Mamas »Kosmetiksalon« – sie hatte ihn in unserem möblierten Zimmer im Quartier Latin eingerichtet – vor der Pleite stand und Iwan Smirnow ein makelloser Familienvater war, erleichterte es die Situation. Sie unterschrieb – und sogar ohne ihr ständiges Diktum, daß »so etwas« einer Konstantinowna nicht würdig sei. Die Not entschied. Die paar Francs, die ich verdiente, bedeuteten viel für uns. Mama hat das Theater aber niemals betreten.
Tamara hatte schon einen Freund: einen reichen Schweizer. Sie erzählte mir alles, wirklich alles – und ich tat, als sei mir so etwas nichts Neues. Im Grunde aber konnte ich nur über Tamaras Erlebnisse staunen. Eines Tages wurde sie von russischen Bekannten mit dem Schweizer in einer Bar gesehen. Am nächsten Tag hinterbrachten sie es Tamaras Eltern.

Wir waren bei Smirnows zum Kaffee eingeladen. Unsere Mütter tauschten Erinnerungen an Rußland aus, und Iwan Smirnow sprach über die politische Entwicklung im Sowjetrußland, über Europa und besonders über die reiche Schweiz. Die Schweiz – das war das Stichwort. Aus heiterem Himmel brüllte er Tamara an:
»Ich weiß alles! Leugne nicht!« Er drohte ihr mit der Faust. »Du solltest dich schämen, deine Eltern so zu hintergehen! Du bist das verkommenste und verlogenste Geschöpf auf der Welt! Eine Hure! Wir werden dich auf die Straße setzen!«
Seine Frau stieß einen markerschütternden Schrei aus. Tamara verteidigte sich:
»Nun gut, er ist kein Russe, er ist nur ein Schweizer. Aber ich liebe ihn trotzdem und er liebt mich. Und nichts Schlimmes ist geschehen!«
Aber Iwan war nicht zu bändigen – und keiner kann so fluchen wie ein wütender Russe. Iwan quollen die Adern an der Stirn, er schlug mit beiden Fäusten auf den Tisch, daß die Kaffeetassen und die Wodkagläser wackelten. Die gute Natascha schlug ein Kreuz und keuchte:
»Heiliges Mütterchen von Nowgorod, hilf, er schlägt sie tot!«
Meine Mutter fauchte mich an:
»Das habe ich kommen sehen, aber Iwan ist selber schuld, wenn ihr unter die Räder kommt. Er hat ja für das Schmierentheater plädiert. Ich hätte das nie und nimmer erlaubt. Alles ist deine Schuld, Iwan!« Sie machte dramatische Gesten.
Iwan Smirnow lachte sein dröhnendes, befreiendes Lachen:
»Sonja, Duschka, du bist ein richtiges Weib! Ich bin schuld? Nun, vielleicht bin ich schuld! Geh nur mal hin in die Folies Bergère und schau, wie schön unsere Mädels aussehen! Da wirst du neidisch sein und dich auch gern gleich dazustellen wollen!«

Jetzt lachten sie alle, Iwan hielt sich geradezu den Bauch, hob sein Wodkaglas und rief:
»Duschinka, Nastrowje!« Dann umarmte er Tamara zärtlich und fragte sanft: »Ist er ein schöner Mann, dein Schweizer? So schön wie der Papa?«
Der Friede war wieder hergestellt, und Tamara berichtete:
»Er hat sogar von Heirat gesprochen, aber er ist noch nicht frei; er hat nämlich eine Frau und fünf Kinder!«
»Soll er dir ein sechstes Kind machen, aber erst nach der Heirat!«
Der Abend endete heiter und sehr feucht.
Das russische Silvesterfest stand bevor, der 13. Januar. Wir waren zum Ball der Emigranten eingeladen worden. Iwan hatte bei den Kollegen vom Flohmarkt billigste Stoffe gekauft, und unsere liebe Natascha nähte uns zwei Abendkleider. Tamara und ich mußten zuerst zur Vorstellung in die Folies Bergère. Wir hatten unsere Abendkleider mitgenommen, um uns dort umzuziehen und dann auf den Ball zu gehen. Als die Vorstellung zu Ende war, betrachtete ich mein Ballkleid, ein zusammengefummelter Fetzen. Wieviel schöner war doch das winzige Weintraubenkostüm, das ich noch anhatte!
»So werde ich auf den Ball gehen«, entschloß ich mich. »Das wird eine Sensation.«
Auf dem Ball traf sich alles, was russisch in Paris war. Der Saal war mit den Fahnen der Zarenzeit reich geschmückt, und die Kapelle spielte zwischen modernen Tänzen für die Jugend immer wieder altrussische Weisen. Vornehme alte Damen trugen mit großer Würde ihre ehemals kostbaren Toiletten, Herren ihre schon blankgewetzten Fräcke und Generäle ihre verblaßten Uniformen, die keine Epauletten mehr hatten, denn die waren längst auf dem Flohmarkt zu Geld gemacht worden.
Man war glücklich, wieder einmal ganz unter sich zu sein. Es

wurde viel von Mütterchen Rußland gesprochen und bei jedem Trunk auf die ehemalige Heimat angestoßen. »Rodina« – Vaterland – hörte man von allen Seiten. Es wurde gesungen und getanzt, gelacht und geweint – vor Glück!
Ich betrat zusammen mit Tamara den Saal und fühlte mich hinreißend in meinem Weintraubenkostüm, unbekümmert der vielen Stellen nackter Haut, die es preisgab. Ich ging durch die Tischreihen und war verwundert, daß mir niemand zujubelte. Sah ich denn nicht viel schöner aus als alle Mädchen hier? Ich landete an dem Tisch, wo meine Mutter mit vornehmen Damen und Herren saß. Sie stierten mich entsetzt an. Meine Mutter sprang auf und flüsterte mir ins Ohr:
»Du verläßt sofort den Ball! Hinaus mit dir!«
Sie war einer Explosion nahe. Iwan nahm mich bei der Hand, und schneller als ich es begreifen konnte, hatte er mich in die Taxe eines Freundes gesetzt und den »befrackten« Fahrer, der gerade noch mit Tamara getanzt hatte, gebeten, mich nach Hause zu befördern.
Alles ging so unglaublich schnell, daß ich erst zu mir kam, als ich von meiner Mutter, die plötzlich neben mir im Auto saß, ein paar Ohrfeigen bekam. Mein etwas gewagtes Weintraubenkostüm hatte offensichtlich nicht den von mir gewünschten Erfolg gehabt.
Die schlimmste Niederlage brachte mir der nächste Morgen. Mama schrieb einen Brief an M. Derval, daß ihre Tochter nie mehr sein Theater betreten dürfe, sie sei zu jung und unerfahren »für dergleichen«. Ich mußte das schöne Weintraubenkleid mit dem Schreiben von Mama bei M. Derval abliefern. Natürlich wollte er die Zusammenhänge wissen. Er hätte mich gerne weiter behalten, aber mit Mama war nicht mehr zu reden.
Ich war recht unglücklich. Es gab für mich keine glitzernde Welt, keine berauschende Musik mehr, kein heimliches Flir-

ten mit den großen und kleinen Kollegen, statt dessen nur noch die Vorwürfe von Mama und das ewige:
»Merke dir, du bist eine Konstantinowna!«
Was hätte mir gleichgültiger sein können als das? In jenen Tagen begriff ich immer noch nicht die Zusammenhänge, allenfalls, daß ich keinen Vater hatte, und daß andere junge Mädchen einen Vater hatten.
Mir war jetzt oft nach Weinen zumute. Meine Mutter, die sehr zärtlich sein konnte, nahm mich dann in die Arme. Sie wußte, ich dachte immer noch an die Folies Bergère. Sie tröstete mich:
»Glaub mir, es ist so das Beste!«
»Aber das Geld, Mamatschka! Das Geld! Das fehlt uns doch jetzt!«
»Wir werden bald Geld genug haben, mehr als genug!« sagte sie und öffnete die wacklige Tür ihres Kleiderkastens und zog ein schönes Kleid nach dem anderen heraus, dazu einen neuen Mantel und einen neuen Hut mit einem Reiher. Den roten mit den Pleureusen, der ihr in die Hände fiel, und der nicht mehr besonders ansehnlich war, warf sie in den Abfallkorb. Ich riß Mund und Augen auf. Was war geschehen? Woher hatte sie das Geld für alle diese schicken Sachen? Ich schrie auf:
»Mamatschka, hast du das große Los gewonnen?«
Sie nahm mich bei der Hand und wir setzten uns auf ihr Bett. Dann erzählte sie mir, daß wir bald sehr reich sein würden. Natürlich wieder ein Mann, diesmal ein Rumäne, den sie auf dem Flohmarkt kennengelernt hatte, als er ihr ein paar goldene Bestecke abkaufte, die ihr kurz vorher ein vornehmer alter Russe zum Verkauf überlassen hatte. Vielleicht war es das letzte, was der alte Herr zu Geld machen konnte?
Mama glühte, denn sie war irrsinnig verliebt.
»Wie schön er ist, wie elegant, wie großzügig!«
Ich mußte es glauben nach dem, was sie mir gezeigt hatte.

»Kohlrabenschwarze Haare hat er, – und was für Zähne!«
Ich wurde albern:
»Zähne hat er auch? Ach, Mamatschka, wie freue ich mich an deinem Glück!«
»Du wirst ihn bald kennenlernen. Nimm dich zusammen und zeige dich von deiner besten Seite. Wir wollen heiraten, aber nur, wenn er dich mag.«
Das russische Osterfest, das vor der Tür stand, sollte Gelegenheit geben, im kleinen Bekanntenkreis die Verlobung zu feiern. Mama nahm es so ernst, daß sie sogar bereit war, mit mir am Ostertag in die Kirche zu gehen.
Dimitri hieß er; als wir uns das erste Mal gegenüberstanden, gab er sich betont kühl und nahm sich nicht die geringste Mühe, mir näherzukommen. Mama beobachtete es voller Sorge. Ich wurde auch bald der Anlaß zu einem Streit zwischen ihr und ihrem Zukünftigen. Ich hörte vom Korridor aus:
»Deine Tochter mit in die Ehe schleppen, das kommt überhaupt nicht in Frage. Sie ist erwachsen genug, um für sich selbst zu sorgen. Ich könnte sie ja schon fast heiraten! Und *der* soll ich ein Vater sein?«
Mama geriet wieder einmal außer sich.
»Wenn du mein Kind nicht willst, dann kannst du auch mich vergessen!«
Dimitri lachte schallend.
»Ich dachte, du liebst mich? Und kannst ohne mich nicht mehr leben? Aber wenn du willst, hänge dir deine Tochter an den Hals und laß mich in Ruhe!«
Mama versuchte es mit Zärtlichkeit:
»Chéri, Liebling, ich liebe dich, nur dich, das weißt du doch!« Stille, lange Stille.
Dann riß Mama die Tür auf. Sie wirkte aufgewühlt, Dimitri schaute mich überlegen an. Er wußte, daß sie ihm hörig war,

daß sie alles tun würde, was er von ihr verlangte. Sie war eben eine sehr leidenschaftliche Frau.

Zu dem schönen russischen Osterfest hatte Dimitri uns herausgeputzt. Großzügig war er also doch, und das imponierte mir wohl sehr; aber dafür, daß er mich von meiner Mutter trennen wollte, haßte ich ihn. Lieber mit Mama arm sein, als mit diesem Rumänen im Reichtum schwimmen. Würden wir denn überhaupt reich sein? War er so wohlhabend, wie Mama annahm? Gewiß, er hatte ihr ein paar Kleider geschenkt. Aber das hatte vielleicht damit zu tun, daß er eitel war und wollte, daß seine Braut nach etwas aussah. Sonst hatte sich nichts an unserem Leben geändert.

In der russischen Kirche in der Rue Daru trafen wir unsere wenigen Freunde. Es war alles wunderschön: der russische Chor, die alten ehrwürdigen Popen. Ich betete für die Mamatschka, daß sie doch endlich wieder ein glücklicher Mensch werden sollte, und ich betete ganz innig, daß wir zusammenbleiben dürften. Der liebe Gott würde das schon so einrichten, hoffte ich sehnlichst.

Mama hatte uns zwei Kerzen gekauft, wir stellten sie zu den anderen, Weihrauch schwängerte die Luft. Um uns herum die betenden alten und jungen Russen. Auch wir knieten nieder. Ich schaute auf Mama; sie bemerkte es nicht einmal. War sie zu Gott zurückgekehrt?

Als die Andacht zu Ende war, küßten wir uns alle, reichten die Hände jedem, der gerade neben uns stand, und wiederholten, was der Pope verkündet hatte: »Christus ist auferstanden!« Natürlich sagten wir es auf Russisch.

Vor der Kirche kauften wir frische grüne Zweige, die wir den Freunden und Bekannten in die Hand drückten. Gegenüber der Kirche, in einem kleinen russischen Lokal, gab es alle Osterspezialitäten zu kaufen. Pasha, das ist eine Art Quark mit Crème und kandierten Früchten; dann gab es den herrlich

schmeckenden Kulitsch, eine Art Gugelhupf, und viele bunte Ostereier.
Wir saßen dort lange und vergnügt, laut und lebhaft mit unseren Freunden beisammen und immer wieder wünschten wir uns: »Fröhliche Ostern! Denn Christus ist auferstanden!«
Mama machte Dimitri mit allen bekannt. Sie war sehr stolz auf ihn, und sie teilte jedem, der es wissen oder nicht wissen wollte, mit, daß sie bald mit ihm, ihrem zukünftigen Mann, nach Rumänien reisen würde, um dort zu heiraten.
Von Natascha Smirnowa wurde ich einer nicht mehr jungen, aber immer noch wunderschönen Dame vorgestellt. Sie beeindruckte mich so, daß ich einen tiefen Knicks vor ihr machte. Sie hieß Baronin Genia Waranzowa. Sie hatte einen unbeschreiblichen Charme und nahm mich völlig gefangen.
Wie Natascha uns erzählte, lebte die Baronin von ihrem märchenhaften Schmuck. Man munkelte, daß sie früher die Geliebte des Zaren gewesen sei. Daher die sagenhaften Perlen! Wahrheit? Gerüchte?
Zwanzig Jahre nach diesem ersten Bekanntwerden mit der Baronin sollte ich sie wiedersehen – abermals in Paris. Sie war arm geworden und lebte davon, daß sie Damen der Gesellschaft in ihrem rosa Boudoir zu Zusammenkünften besonderer Art verhalf.
Dimitri hatte darauf bestanden, daß mich Mama vorerst nach Berlin zurückschickte. Dafür verpflichtete er sich, bei Frau Lehmann meinen Unterhalt zu bezahlen. Mama gab nach. Sie war so rasend in ihn verliebt und so stolz darauf, seine Frau zu werden, daß sie in alles einwilligte.
Mit vielen Tränen und Küssen nahmen wir Abschied voneinander. Mama schrie immer wieder:
»Es bricht mir das Herz!«
Aber ihr Herz hing, wenigstens vorläufig, mehr an Dimitri als an mir.

Und dann war ich wieder in Berlin. Frau Lehmann freute sich sehr über meine Rückkehr, alle freuten sich, Mausi, ihr Bruder, das Fräulein Pischke, alle in den Nachbarhäusern der Grolmannstraße. Frau Lehmann zweifelte nicht einen Augenblick, daß der Zukünftige meiner Mutter, der Herr Generaldirektor der Adriatic Versicherungsgesellschaft, wirklich zahlen würde, was sie für mich auslegte.
Das war das einzige, was auch ich mir von Dimitri erhoffte. Sonst? Er hatte hart in mein Leben eingegriffen, denn ich liebte meine Mutter sehr! Das Weihnachtsfest stand bevor, und es war für mich doppelt schwer, von ihr getrennt zu sein.

Statistin

Die Inflation war vorüber. Berlin und ganz Deutschland war gründlich verwandelt. Eine Mark, jetzt Rentenmark genannt, war wieder eine Mark. Man konnte wieder für zehn Pfennige Straßenbahn fahren und für dreißig Pfennige bei Aschinger einen Teller Erbsensuppe bekommen mit soviel Brötchen, wie man wollte. Man konnte wieder für fünfzig Pfennige ins Kino gehen oder, wenn man den Kintopp um die Ecke bevorzugte, für dreißig Pfennige. Gerade zu dieser Zeit war das sehr wichtig für mich. Es war die große Zeit des Stummfilms. Ernst Lubitsch war zwar schon nach Hollywood gegangen, meine geliebte Pola Negri bereits sogar vor ihm, aber ihre Filme liefen noch und noch, und auch die Filme mit Henny Porten, die ich maßlos verehrte und ... und ... und ...

Die Theater waren ausverkauft, das wußte ich, ohne es selbst feststellen zu können, denn zu einem Theaterbesuch reichte es bei mir nicht.

Dimitri hatte sich verpflichtet, für mein Logis und für meine Kost zu sorgen. Er tat es auch, wenigstens vorläufig. Frau Lehmann gab mir die kleine Kammer neben dem Klo, die gerade frei geworden war. Ich fühlte mich wie eine Königin. Zum ersten Mal in meinem Leben durfte ich allein schlafen, zwar in einem alten, ausgeleierten Bett, aber es war doch ein Bett für mich allein. Ich war glücklich.

Überhaupt war es schön, wieder bei den lieben Lehmanns zu sein und bei meiner geliebten Freundin Mausi. Wir hatten einander nicht vergessen. Sie war wunderschön geworden

und hatte einen festen Freund. Mausi kam gerade von ihm und war voller Glückseligkeit. Wir hockten zusammen in der Küche, die Mutter, Mausi und ich, und ihre Wangen glühten, als sie uns vorschwärmte, wie sie sich liebten: sie ihn, er sie, freilich, Geld hätte er keines, aber sie seien auch so wahnsinnig glücklich. Ich bewunderte und bestaunte sie. Das war eben die wirklich große Liebe. Mutter Lehmann hatte ruhig zugehört und sagte dann in ihrer trockenen Art:
»Ja, ja, ick höre immer Liebe!«
Er hieß Billy Wilder. Genau genommen hieß er nicht Billy, sondern Sam. Aber er hatte seinen Vornamen geändert, als er aus dem gebürtigen Krakau über Wien, wo er aufgewachsen war, in Berlin landete. Übrigens wirklich ohne einen Penny. Er war Journalist und, wie er selbst behauptete und wie sich auch herausstellen sollte, ein vorzüglicher Journalist. Er kam an kleinen Zeitungen an und dann bei der großen »B. Z. am Mittag«, er war einer der besten Reporter Berlins.
Billy hatte viele gute Ideen, darunter eine vorzügliche. Er wollte nämlich als Eintänzer arbeiten. Tanzen konnte er gut, sah auch gut genug aus, und darüber wollte er eine Serie für die B. Z. schreiben: »Aus dem Leben eines Eintänzers« oder so ähnlich.
Die Bar des Hotels Eden engagierte ihn, aber ob die Leute wußten, was dahinter stand oder nicht, habe ich weder damals noch heute erfahren. Damals wußte ich nicht einmal, daß er Journalist war und den Eintänzer nur spielte, sondern glaubte, daß er von dem, was ein Eintänzer verdiente – und das war nicht gerade überwältigend – leben mußte.
Wann würde mich Mausi in die Eden-Bar mitnehmen? Ich hatte alle Zeit der Welt, denn in die Schule wollte ich nicht mehr gehen und um an einen Freund denken zu können, war ich wohl zu jung.
Mausi spielte keine Rollen von Halbwüchsigen mehr im

Theater. Aber sie hatte schon des öfteren als Komparsin in einem Film mitspielen dürfen. Das fand ich noch viel phantastischer als das Theater. Film! Wer wollte denn damals nicht zum Film?

Unser Kintopp nebenan veranstaltete »Je–ka–fi–!« Es bedeutete: Jeder kann filmen! Ich malte mich an, Mausi besorgte mir die Utensilien dazu, und wir gingen hin. Es wimmelte von jungen Mädchen, die alle so naiv waren wie ich und hofften, aufzufallen und sofort eine große Karriere zu machen. Wir wurden gefilmt, eine jede vielleicht einige Sekunden lang, und anderentags wurden uns die Filme vorgeführt. Jedesmal kostete es zwanzig Pfennige Eintritt. Nun, soviel mußte man schon für eine Karriere riskieren. Mausi fand, daß ich »fabelhaft« aussähe und versprach mir, mich zur Filmbörse mitzunehmen.

Die Filmbörse, das war das überfüllte Café Wintergarten, im Gebäude des bekannten Varietés. Wir tranken eine Limonade und warteten, was nun geschehen würde. Dort saßen junge und alte Frauen, elegante und schlecht angezogene, Berlinerinnen und Ausländerinnen, darunter viele Russinnen. Und natürlich auch Männer jeden Alters. Man wartete auf den Aufnahmeleiter, der sich dann einige aussuchte und sie oder ihn für den nächsten Tag ins Atelier im Abendkleid oder im Frack, im einfachen Kostüm oder in einem Straßenanzug bestellte.

Die Glücklichen, die Auserwählten, erhielten einen Schein, und darauf war vermerkt, daß man pro Aufnahmetag zwanzig Mark erhält; für die Nacht gab es fünfzig Mark. Wer das verdienen, wer also Tag und Nacht arbeiten und damit siebzig Mark verdienen konnte, der kam sich wie ein Millionär vor. Mausi kannte das alles schon. Für mich war es neu. Ich hoffte stets, in den nächsten zehn Minuten von einem bekannten Regisseur entdeckt zu werden. Nach Stunden zahlten wir und gingen nach Hause; es war überhaupt nichts geschehen. Mausi tröstete mich: das wäre halt so, man müsse eben Geduld haben.

Geduld hatte ich am allerwenigsten und kaum noch Geld. Das Taschengeld, das mir Mama mit auf die Reise gegeben hatte, war schon stark zusammengeschmolzen.

Wieder einmal Weihnachten. Ich bummelte mit Mausi den Kurfürstendamm entlang. Es war ziemlich kalt. Wir blieben vor einem eleganten Modegeschäft stehen. Wir waren schon dreimal daran vorbeigekommen. Denn ein märchenhaftes Kleid faszinierte uns. Es war aus schwarzem Satin und rosa plissiertem Chiffon. Einfach herrlich schön! Auf einem kleinen Schild stand die Zahl: 380,–. Wie schade, daß Mama mich so knapp mit Geld hielt, wo sie doch inzwischen mit dem reichen Dimitri verheiratet war! Eine Dame betrat das Geschäft. Wir beobachteten, wie »unser« Kleid aus dem Schaufenster genommen wurde. Uns kamen fast die Tränen.

»Gehen wir weiter«, sagte Mausi, »ich ertrage es einfach nicht, daß diese Ziege das Kleid bekommt.«

Wir liefen den Kudamm weiter hinunter, dann machten wir kehrt. Mausi wollte nochmals zu dem Laden gehen, um festzustellen, ob das märchenhafte Kleid weg war. Es war nicht mehr im Schaufenster, aber vor dem Laden stand ein Karton. Es war für uns beide sofort klar, daß dieser Karton nur »unser« Kleid enthalten konnte. Wir starrten sekundenlang auf den Karton und dachten wohl beide dasselbe: die Dame hatte es vermutlich gekauft und der Chauffeur ihres Wagens oder vielleicht auch eines Taxis, das herangewinkt worden war, hatte den Karton übersehen. Wir brachten kein Wort heraus. Mausi schaute sich hastig um, riß den Karton an sich, und wir liefen atemlos davon.

Wenn ich mir das heute überlege, verstehe ich gar nicht, warum wir annahmen, daß sich »unser« Kleid in dem Karton

befand. Jedenfalls rannten wir mit ihm los, so schnell wir konnten – wie ertappte Diebe. Nun, Diebe waren wir auf jeden Fall, wenn auch nicht ertappt.
Zuhause öffneten wir den Karton, und was wir für selbstverständlich gehalten hatten, stellte sich auch als wahr heraus. Da lag das schwarze Kleid mit dem rosa Chiffon! Ich zitterte.
»Das ist uns vom Himmel geschickt!« rief ich auf russisch. In Rußland entschuldigt man vieles damit. Im Herzen war ich nicht sehr überzeugt davon, daß der Himmel etwas damit zu tun hatte. Erst später nistete sich die Überzeugung bei mir ein, daß die Dame das Kleid vergessen mußte, damit wir es bekamen.
Aber wem sollte es nun gehören? Es gab Streit und fast wäre unsere Freundschaft dabei zu Bruch gegangen.
Frau Lehmann wurde zum Schiedsrichter ernannt. Erstaunlicherweise – aus der heutigen Sicht wahrhaft erstaunlich – befahl sie uns nicht, das Kleid zurückzubringen. Sie sagte vielmehr salomonisch:
»Mal wird es Mausi tragen, mal Vera!«
War das so weise? Waren wir beide denn nicht immer zusammen, wenn es Sinn hatte, so ein elegantes Kleid zu tragen? Premiere mit dem Kleid hatte natürlich Mausi. Wir gingen am selben Nachmittag in die Eden-Bar, wo ich Mausis Freund kennenlernen sollte. Billy war wirklich reizend, allerdings beachtete er mich kaum. Er war anscheinend rasend in die bildschöne Mausi verliebt. Immer nur kurze Zeit kam er an unseren Tisch, dann »mußte« er wieder seines Amtes walten und mehr oder weniger ältere Damen zum Tanz auffordern. Zwischendurch tanzte er auch mal mit uns, obwohl er behauptete, daß die Direktion das gar nicht so gerne sähe. Er tanzte wundervoll, und mit ihm den aufkommenden Tango »Jalousie« tanzen zu dürfen, ließen sich die Damen schon etwas kosten.

Als der Fünf-Uhr-Tee vorbei war, lud er Mausi und mich zu Aschinger ein. Wir aßen schrecklich viel, besonders ich, und er sagte scherzend zu mir:
»Du frißt mein schwer verdientes Geld auf!«
Damals wußte ich noch nicht, daß Billy Wilder in seiner freien Zeit bereits Drehbücher zu Filmen schrieb. Denn seine sagenhafte Karriere als Filmregisseur begann er erst in Frankreich und setzte sie in Hollywood fort.
Bald nach Weihnachten gingen wir wieder ins Café Wintergarten, wieder in der Hoffnung auf ein Engagement. Unsere Taschen waren leer, denn unsere bescheidenen Geschenke hatten alles verschlungen, was wir besaßen. Bei Brauselimonade warteten wir auf die Entdeckung, auf das große Wunder. Und – es kam. Der Aufnahmeleiter eines neuen Films »Die versunkene Flotte« nahm uns für mehrere Drehtage als Statistinnen. Schon am nächsten Morgen sollte es losgehen. Agnes Esterhazy, sie war übrigens eine echte Gräfin, spielte die Hauptrolle. Sie war eine wunderschöne Frau und eine der damals beliebtesten Stummfilmstars. Alle ihre Filme machten Kasse.
Ich betrachtete sie genau – das Haar war kohlrabenschwarz und glänzte wunderbar. Ob sie wohl Pomade benutzte? Sollte ich das vielleicht auch einmal versuchen? Sie war wunderbar angezogen. Mausi hatte natürlich »unser« Kleid an, wofür sie fünf Mark pro Tag mehr erhielt als ich. Mir gaben sie ein schönes Kleid aus dem Fundus, aber ich fand, daß ich viel zu damenhaft aussah.
Der Regisseur war ein noch junger Mann. Er hieß Manfred Noa. Ich fühlte, wie er mich ansah, anders als die anderen Mädchen von der Statisterie, und er holte mich auch immer wieder nach vorn. In mir kam etwas auf, das mein Herz bewegte. War es Dankbarkeit, daß er mich so bevorzugte? Wollte ich ihm gefallen, damit ich Karriere machte?

Manfred Noa sah gut aus und hatte Charme. Er hatte wohl einen Narren an mir gefressen. Immer wieder sagte er zu mir: »Hör mal, Mädel, du bist sehr photogen. Als nächsten Film drehe ich wahrscheinlich »Das süße Mädel«, das ist ein Wiener Film, und da möchte ich dich drin haben!«

Ich bekam auch die Rolle. Sie war nicht gerade überwältigend, aber es war immerhin eine Rolle. Aber das hatte mit meinen Gefühlen nicht viel zu tun. Noa wurde meine erste große und heiße Liebe. Wir trafen uns, wenn er spät abends mit den Aufnahmen fertig war und er etwas Luft schnappen wollte. Wir gingen im Tiergarten spazieren. Das Atelier lag ganz in der Nähe, und wenn es dunkel genug war, küßte er mich auch. Ich liebte ihn, davon war ich überzeugt, und hielt auch nicht damit hinter dem Berg, sondern machte ihm eine zärtliche Liebeserklärung; sie war so süß und so sauber, weil ich ihn wirklich von ganzem Herzen liebte und sonst an nichts dachte. Es war die einzige Liebeserklärung, die ich je einem Mann machte. In der Zukunft überließ ich das, erfahrener geworden, dem jeweiligen Mann.

Aber es kam zu nichts. Als Manfred erfuhr, daß ich noch Jungfrau war und er der erste Mann sein sollte, schüttelte er den Kopf. Ich war ihm wohl zu schade für ein flüchtiges Abenteuer.

Der Film ging zu Ende. Manfred Noa sah ich nie wieder. Aber wie merkwürdig war doch das Leben. Agnes Esterhazy wurde meine große Rivalin bei Emmerich Kálmán, viele, viele Jahre später in Wien.

Mama schickte wieder einmal kein Geld. Hatte sie mich über ihre stürmische Liebe vergessen? War Dimitri jetzt ihr einziger Lebensinhalt? Frau Lehmann wartete geduldig, und ich gab ihr natürlich alles, was ich verdiente.

Tapfer ging ich wieder zur Filmbörse. Da schien sich eine unglaubliche Chance aufzutun: für den großen Fritz Lang-Film

»Metropolis« wurde viel Komparserie gebraucht. Wir bekamen zehn Nachtaufnahmen zu 50 Reichsmark. Eine ungeheure Summe für uns. Wir waren Frauen aus dem Volke und mußten irgendwas erstürmen, eine Szene, in der Brigitte Helm schließlich verbrannt wurde – in ihrer Rolle, versteht sich.

Brigitte Helm war die neueste Filmentdeckung damals. Aus einer großen Schar Anfängerinnen hatte sie Fritz Lang, der charmante Regisseur mit dem Monokel, der für Entdeckungen schon berühmt war, herausgeholt. Sie war erst sechzehn Jahre alt und hatte ein klassisch schönes Gesicht. Fritz Lang hatte ihr mit dieser Rolle, in der er sie dank seiner großen Regiekunst und Erfahrung brillant führte, eine weltweite Karriere eröffnet. Sie spielte aber danach, trotz ihres außergewöhnlichen Erfolges, nur noch wenige Male und verheiratete sich bald mit einem reichen Bankier.

Hatte er die sechzehnjährige Helm entdeckt, so konnte er auch mich entdecken, dachte ich. Fritz Lang sollte es sein, mußte es sein, durch den ich berühmt werden würde.

Er saß in der Kantine und las in dem Drehbuch. Ich näherte mich ihm vorsichtig und bat um ein Autogramm. Er blickte nicht einmal auf und sagte nur:

»Legen Sie das Bild hin!«

Ich legte ihm einen Zettel hin, und auf dem Zettel stand:

»Bitte, Herr Lang, entdecken Sie mich!«

Er las den Zettel, sah mich interessiert an und bestellte mich in sein Büro. Nachdem ich drei Stunden gewartet hatte, erschien er, schaute mich noch einmal an, diesmal von oben bis unten, und sagte scherzhaft:

»Ich habe dich schon entdeckt!«

Meine Augen brannten wie Feuer. Dieses Lied kannte ich schon. Es war nicht die Art von Entdeckung, die ich mir gewünscht hatte, und ich machte auf der Stelle kehrt.

Wie lachten wir über diese kleine Begebenheit, als ich Fritz Lang als unseren Gast in Hollywood begrüßte. Es wurde ein amüsantes Wiedersehen. Mein Mann drohte ihm lachend, daß er, der große Frauenverehrer, wohl Appetit auf seine Veruschka gehabt hätte.
»Was heißt gehabt hätte, mein lieber Kalman«, sagte Lang und wurde wieder so jung wie damals vor zwanzig Jahren.
Nun war ich aber erstmal – in »Metropolis« – eine Frau aus dem Volk, sie hatten mich auf alt geschminkt, und ich mußte ein fürchterliches Kostüm anziehen, das bestimmt schon von vielen Komparsen getragen worden war. Es roch nach allem, nur nicht nach Seife.
Aber es gab 500 Mark für 10 Nächte. Welch ein Vermögen! Wir fühlten uns reich. Ich tröstete mich damit, auch wenn mich Fritz Lang nicht entdeckt hatte. Ein anderer schien sich für mich brennend zu interessieren. Auch gut, dachte ich. Es war der bekannte, unmäßig dicke Kameramann Karl Freund. Wohl dem Mädchen, das ihm gefiel, – eine Karriere war ihm sicher. Karl wollte auch gleich aufs Ganze gehen. Er glaubte mir, daß ich noch unschuldig war. Das störte ihn aber nicht sehr, er liebte es, der Erste zu sein, was ihm beim Film und seinen Entdeckungen oft genug gelang. Ich aber war standhaft. Mama hatte mir das oft genug eingebläut:
»Verliebe dich, so oft du willst, aber vergiß nie, das einzige, was ein armes Mädchen reich machen kann, ist, daß es unberührt in die Ehe geht!«
Und sie hatte ja ihre Erfahrungen ...
Karl Freund ging also leer aus, obwohl er mir das erste Geschenk machte, das ich bis dahin von einem Verehrer erhalten hatte: einen Fehmantel. Ich fühlte mich wie im Himmel, als ich ihn vom Kürschner abholte. Er war nach Maß gemacht, und ich hatte mir das teuerste Futter ausgesucht. Karlchen erblaßte, als er den Preis hörte. Das Futter nahm mir die liebe

Frau Lehmann bald heraus, machte daraus ein schönes Kleid und fütterte den Mantel mit einem billigeren Stoff. Karlchen war stolz, wenn er mit mir ausging, aber »sonst« war er schwer enttäuscht von mir.

Er fuhr bald zu Filmaufnahmen nach Paris und schrieb mir von dort – auf einer Karte mit der Jungfrau von Orleans: »Sie ist die einzige Jungfrau, die ich in Paris gefunden habe!« Das arme Karlchen! Doch er blieb mein Freund bis zu seinem Tode.

Lange Zeit gab es an der Filmbörse nichts mehr zu tun. Mausi hatte mitunter Chancen, aber ich war den meisten einfach noch zu jung. Als Mausi bei der Harry Piel-Produktion – Piel war ein bekannter Stummfilmstar, Spezialist in Abenteuerfilmen – eine kleine Rolle erhielt, aber der Produktionsleiter Rudi Siebert, der spätere Mann von Marlene Dietrich, für mich keine Verwendung hatte, weinte ich. Ich war maßlos enttäuscht. Da gab mir Siebert, wohl aus reinem Mitleid, drei Tage als Komparsin. Es war in dem zauberhaften Film »Madame wünscht keine Kinder« mit Maria Korda in der Hauptrolle. Regisseur war ihr Mann Alexander Korda. Er machte bald eine Weltkarriere, und in London sollte ich ihn später wiedertreffen.

Wenn in der Filmbörse gar nichts los war, stand ich vor dem Schaufenster des »Berliner Lokal-Anzeigers« am Savignyplatz und las die Annoncen.

Da! Gesucht wurden »schöne Beine« für die Revue »Tausend süße Beinchen« in der Komischen Oper. Nichts wie hin mit Mausi. Der Inspizient Plüschke, ein waschechter Berliner, begutachtete die Beinchen von Mausi und mir. Schön waren sie von oben bis unten. Ob wir auch tanzen könnten? Natürlich konnten wir immer alles.

Wir wurden engagiert. Bei den Proben stellte sich heraus, daß unsere Tanzkünste nicht ausreichten. Wir wurden für »le-

bende Bilder« hergerichtet und durften dann noch hinter den anderen Tänzerinnen herhopsen.
Wir fühlten uns nun schon als versierte Künstlerinnen und verdienten für unsere Verhältnisse nicht schlecht. Jeden Abend durften wir den Applaus mit in Empfang nehmen. Ich fühlte mich endlich vollkommen erwachsen, etwas, wonach ich mich so lange gesehnt hatte.
Ohne jede Vorwarnung erschien Mama in Berlin und überraschte mich in unserer Garderobe, als ich gerade dabei war, mich zu schminken. Sie war mal wieder ganz außer sich und machte dem herbeigerufenen Inspizienten Plüschke einen Riesenkrach.
»Sie ist noch minderjährig!« schrie sie.
Plüschke erschrak, denn ich hatte mich als achtzehn ausgegeben, damit ich den Vertrag allein unterschreiben konnte.
Paul Heidemann, ein beliebter Komiker und der männliche Star der Revue, hörte unseren Krach in seiner Garderobe und kam herein. Er versuchte, meine Mutter zu beruhigen und meinte, dies könne der Anfang einer großen Karriere sein.
»Einer Karriere nach unten!« fauchte Mama verächtlich. In großer Hast packte sie meine Utensilien zusammen und befahl mir, mich anzuziehen. Währenddessen holte sie die von mir verdienten hundert Mark aus dem Direktionsbüro ab. Ich heulte, was das Zeug hielt, aber sie ließ mich gar nicht zu Wort kommen. Sie redete selbst wie ein Wasserfall.
»Du wirst mit mir nach Rumänien gehen und dort eine anständige Arbeit bekommen. Dimitri, mein Mann, wird dir helfen!«
So mußte ich also sehr plötzlich mein geliebtes Berlin wieder verlassen und fuhr mit ihr in die rumänische Stadt Oradea Mare, wo Mama mit ihrem Mann lebte.
Schnell war ich dahinter gekommen, daß Dimitri nicht der Direktor der Versicherungsgesellschaft Adriatic war, son-

dern nur ein Versicherungsagent. Ich sollte nun dasselbe tun wie er, täglich die Häuser abklappern, Tür für Tür, Abschlüsse tätigen, die Anzahlungen kassieren und die Provision behalten. Ich mühte mich redlich ab, treppauf, treppab ging es. Ich war nicht ungeschickt und hatte einen gewissen Erfolg. Bald hatte ich eine ganz schöne Summe beisammen. Aber als ich sie suchte, war sie weg. Dabei hatte ich sie in meinem Koffer versteckt, und eigentlich konnte niemand das wissen.

Merkwürdigerweise erriet meine Mutter sehr schnell, daß Dimitri mein Geld gestohlen hatte. Es kam zu einem höllischen Zusammenstoß zwischen uns dreien. Mir langte es nun, und auch Mama war das zuviel. Mit ihrer so grenzenlosen Leidenschaft für Dimitri war es sowieso lange vorbei. Sicher, seitdem sie herausbekommen hatte, daß er nicht Direktor war, sondern nur ein kleiner Agent.

Wir packten wieder einmal, wie so oft in unserem Leben, und ich fragte: »Und wohin jetzt?«

Ich war aber nicht mehr so naiv wie früher. Ich hatte zuviel sehen und hören müssen, und ich wollte mich nun um jeden Preis selbständig machen.

Mama schnitt mir, wie so oft, das Wort ab.

»Wir gehen nach Wien«, sagte sie erstaunlich freundlich. »Da kenne ich einen lieben alten Herrn, der mich schon oft eingeladen hat. Er wohnt in einer Villa in Schönbrunn.«

»Eine Villa?« fragte ich verwundert.

Sie bestätigte es.

»Also gut, fahren wir nach Wien«, erwiderte ich.

Trotzdem blieb ich mißtrauisch. Ich kannte nun schon die großen Worte von Mama und war nie ganz sicher, ob auch alles stimmte, was sie mir so felsenfest versicherte. Doch Wien, der alte Herr mit der Villa – da konnte eigentlich nichts schiefgehen.

Der nette alte Herr holte uns vom Westbahnhof ab. Mama bat ihn, für unsere vielen Koffer und Schachteln einen Wagen zu besorgen. Er meinte:
»Das ist nicht notwendig, meine Damen, ich habe ja einen Wagen!«
Er meinte einen Schubkarren! Den fuhr er zur Straßenbahnhaltestelle, und dann kletterten wir mit all unserem Zeug in die Straßenbahn nach Schönbrunn.
Unser neuer Freund, Franz Joseph nannten wir ihn, erzählte uns während der langen Fahrt, daß er selbst nicht in der »Villa« wohnen würde, die er geerbt hatte, wir aber dort bleiben könnten, solange es uns beliebe. Er hatte eine Wohnung in der Nähe.
Wie schön! dachte ich, in Schönbrunn ein Zuhause zu haben, allein in einer Villa zu wohnen!
Als wir vor der Villa standen, blieb Mama der Atem weg. Es war ein Zwei-Zimmer Häuschen, eine Art Gartenhaus, in dem vielleicht vor ein paar hundert Jahren ein Vorfahre des Alten, vielleicht ein Gärtner, gewohnt hatte. Es war dort eisig kalt, aber Franz Joseph hatte vorsorglich Kohlen für den eisernen Ofen besorgt. Wir waren von der langen Reise müde und wollten zu Bett. Betten waren auch vorhanden, und das war schon etwas. Franz Joseph verabschiedete sich, wünschte uns eine angenehme Nacht und versprach, am anderen Morgen nach uns zu sehen.
Während wir uns für die Nacht zurechtmachten, stopften wir Kohlen in den Ofen und brachten ihn mit Hilfe eines Pappkartons zum Brennen. Es wurde angenehm warm. Mitten in der Nacht wachte ich auf. Der Ofen rauchte fürchterlich, und wir waren nahe daran, an einer Oxydvergiftung zu krepieren. Ich riß Türen und Fenster auf und weckte Mutter. Und nun schrie ich meine Mutter an, was sie mir alles zumute und was ich schon alles habe mitmachen müssen!

»Genug!« Sie brüllte nun ebenfalls, empört darüber, daß ich es wagte, mich gegen sie aufzulehnen. Aber das tat ich gründlich. Zu viel hatte sich in mir angestaut.

»Du behandelst mich immer, als ob ich noch ein Kind wäre! Aber ich bin kein Kind mehr! Glaubst du denn, man kann mitmachen, was ich alles mitmachen mußte, was ich alles durch dich erleben mußte, ohne erwachsen zu werden? Ich lasse mir nichts mehr sagen! Ich lasse mich nicht mehr bevormunden!«

»Du bist noch ein Kind! Ich könnte dich gesetzlich zwingen!«

Und das stimmte. Aber der Gedanke besänftigte mich nicht gerade, sondern bewirkte, daß sie mir plötzlich leid tat. Sie hatte gerade erst erleben müssen, daß Dimitri ein Schwindler war und ihn verlassen. Zweifellos würde es zur Scheidung kommen. Doch würde das noch Wochen dauern, Monate, vielleicht ein Jahr. Wo konnte sie überhaupt auf Scheidung klagen? Das bedeutete doch, daß sie nach Bukarest zurück mußte, einen Anwalt nehmen mußte ...

Sie war ratlos. Sie weinte wie ein Kind.

Am Morgen erschien Franz Joseph, nett wie immer. Er meinte, der Ofen könne ja repariert werden. Das sei eine Kleinigkeit.

»Aber vielleicht wollen wir gar nicht in Schönbrunn bleiben?«

»Ich wüßte wirklich nicht, wohin wir gehen könnten!« warf meine Mutter kleinlaut ein.

»Nach Budapest.«

»Nach Budapest?«

»Aber ja. Ich habe ein Angebot. Da ist ein Haus. Ein ehemaliges Hotel. Wir könnten es übernehmen. Eine besonders günstige Gelegenheit ...«

Ich weiß nicht mehr, was er uns alles erzählte, aber ein paar

Tage später fuhren wir zusammen nach Budapest. In der Tat, er hatte ein Angebot. Aber das Haus, das einmal ein Hotel gewesen war, wirkte nicht gerade einladend. Es würde sehr viel Geld und Zeit kosten, es renovieren zu lassen.
»Ja, haben Sie denn kein Geld?« fragte der alte Herr mit naivem Erstaunen.
»Nein... Eigentlich nicht...« Und dann machte meine Mutter einen sehr großen Fehler. »Ich habe noch ein paar Juwelen.«
»Aber die können wir doch verkaufen«, erklärte Franz Joseph, als sei dies die selbstverständlichste Sache der Welt. Und wirklich, meine Mutter tat es. Und beging damit die größte Dummheit, die sie noch begehen konnte. Sie wurde ihre letzten Schmuckstücke los, die sie hatte, damit wir eine Anzahlung auf das Haus leisten konnten. Freilich lief alles auf den Namen des Franz Joseph.
Es wurde uns sehr schnell klar, daß wir das Hotel nicht renovieren konnten. Aber im Erdgeschoß, das sich noch in einem relativ guten Zustand befand, ließe sich vielleicht ein Restaurant einrichten. Das jedenfalls meinte Franz Joseph. Meine Mutter stimmte begeistert zu. Was dann herauskam, war ein Café. Und es blieb Tag und Nacht geöffnet. Und das bedeutete, daß ich von frühmorgens bis abends um acht in dem Café sein und bedienen oder Kaffee kochen oder ein paar Brötchen machen mußte. Gegen Abend kam dann meine Mutter und blieb die Nacht über dort. Und am nächsten Morgen um sechs erschien wieder ich und machte das Frühstück für zeitige Gäste, währenddessen sich meine Mutter in mein Bett legte.
Der alte Franz Joseph kam auch gelegentlich, tagsüber oder am Abend, aber er tat eigentlich überhaupt nichts. Er beschäftigte nur uns. Schließlich war es ja »sein« Café.
Eines Tages fragte ihn meine Mutter, ich war dabei, wieviel

wir denn eigentlich verdient hätten. Es stellte sich heraus, daß überhaupt nichts verdient worden war. Es gab nur Schulden. Meine Mutter begann dem Alten eine Szene zu machen. Ich wollte mir das gar nicht erst anhören, sondern lief in unser möbliertes Zimmer zurück, das war nur zwei Straßen entfernt, packte meinen Koffer und nahm die erste Straßenbahn, die des Weges kam. Irgendwie gelangte ich zum Bahnhof und von dort nach Wien.

Ich kochte vor Wut. Auf der Bahnfahrt beruhigte ich mich etwas. Aber ich war entschlossen, ich würde nicht wieder zurückgehen. Nicht nur meine Mutter, sondern auch ich hatte einen russischen Dickkopf. Ich kam in der Nacht in Wien an, ging aufs Bahnpostamt und sandte ein Telegramm an die Lehmanns. Dann machte ich es mir im Wartesaal II. Klasse bequem, obwohl ich nur eine Fahrkarte III. Klasse nach Berlin gelöst hatte.

Die Fahrt nach Berlin dauerte endlos. Ich war doch recht traurig, um nicht zu sagen unglücklich. Ich hatte mit meiner Mutter gebrochen. Ob sie überhaupt begriff, warum ich sie verließ? Ich, die doch bisher immer so fügsam und still gewesen war und alles getan hatte, was sie wollte? Aber das war jetzt aus. Ich war erwachsen.

Jedenfalls fühlte ich mich erwachsen. Erwachsener als ich war.

Es war längst Abend, als der Zug sich Berlin näherte. Die Vororte, dann die ersten Häuser Berlins, nicht gerade besonders sauber, aber irgendwie anheimelnd.

Auf dem Bahnsteig stand Mausi. Ich war daheim – und konnte mich endlich ausweinen. Mausi versuchte mich zu trösten.

»Komm, wir fahren in den Lunapark ...«

»In den Lunapark?«

»Ja. Ein neuer Vergnügungspark. Da gibt es Luftschaukeln

und Karussells. – Man kann sich auch ein Pferd mieten. Wir werden uns amüsieren wie Bolle!«
»Jetzt gleich wollen wir in den Luna-Park?«
»Nun, nicht gleich. Sagen wir, zum Wochenende. Du mußt erst auspacken. Und wenn wir Mutti recht schön bitten, näht sie uns neue Kleider...«
Der Besuch im Luna-Park machte uns einen Riesenspaß. Frau Lehmann hatte uns hübsche Kleider aus einem lila Stoff genäht, und wir sahen aus wie die Puppen.
Der Luna-Park war ein Riesengelände am Ende des Kurfürstendamms, am Halensee. Es gab einfach alles dort, um sich zu amüsieren. Schaubuden, Schießstände, Riesenluftschaukeln, große und kleine Restaurants, einen herrlichen Ballsaal, Tanzlokale mit großen oder kleinen Orchestern, einen Reitstall mit Pferden, die man für einen Ritt mieten konnte. Es war ein Riesenrummelplatz und die Berliner liebten ihren Luna-Park und zogen mit Kind und Kegel hin. Es war immer proppenvoll.
Wenn man erst einmal das Eintrittsgeld bezahlt hatte, brauchte man drinnen nicht mehr viel Geld. Man konnte einfach umherspazieren und alles betrachten, vor allem die sensationelle Völkerschau, Exoten aus allen Ländern der Welt. Damals war es eine Seltenheit einen Schwarzen in den Straßen Berlins zu Gesicht zu bekommen. Die männliche Welt schaute uns an, man kokettierte, flirtete – wir fühlten uns wie die Grandes Dames!
Plötzlich kam ein ungeheures Gewitter auf. Man rannte schutzsuchend in die Restaurants und den großen Ballsaal, wo auch wir uns unterstellten. Alle Kapellen waren verstummt. Die Situation war beängstigend – das Gewitter direkt über unseren Köpfen. Lautlose Stille herrschte im Saal, wo Hunderte beieinander waren. Da krachte es über uns, als wäre das Ende der Welt gekommen. Ein Blitz hatte direkt ne-

ben dem Saal in eine Mauer eingeschlagen, die mit furchtbarem Getöse zusammenstürzte. Die Menschen im Saal atmeten kaum noch, so entsetzlich war der Augenblick. Dann ließ das Gewitter nach. Wir holten tief Luft. Einer begann zu singen: »Nun danket alle Gott –«. Nach und nach sangen alle mit. Es war ergreifend.

Über die Geschichte in Wien, in Bukarest, in Budapest war ich bald hinweg, auch darüber, daß Mamatschka mich so gekränkt hatte. Aber daß man kein Geld hatte, darüber kann man nicht so schnell wegkommen. Ich mußte Arbeit suchen. Mausi sagte, daß an der Filmbörse jetzt nichts los sei. Als letzte Hoffnung, wie so oft, blieben die Inserate im Lokal-Anzeiger. Und ich las: »Gut gewachsene Tänzerinnen werden für eine Tournee gesucht!«

In der »Fiametta«, einem Lokal in der Friedrichstraße, sollten die Mädchen ausgewählt werden. Wir mogelten uns mit unseren Tanzkünsten wieder einmal durch und wurden engagiert. Zwei Herren, die bei der Auswahl dabei waren, luden Mausi und mich in das bekannte Kabarett »Der schwarze Kater« in der Friedrichstraße ein. Es gab das damals sehr zugkräftige Programm mit der berühmt berüchtigten, aber wunderschönen Anita Berber zu sehen. Sie tanzte, das heißt, sie tat mehr oder weniger ausprobierte Schritte, wobei ihr bodenlanger reizvoller Rock, der vorn von oben bis unten geschlitzt war, sich jeweils raffiniert öffnete und alles freigab – sie hatte nichts darunter – gar nichts. Wir rissen die Augen auf, es war toll, und wir taten sehr selbstverständlich, was war schon dabei. In der Tat aber schämten wir uns etwas. Doch noch mehr sollte sich ereignen. Das Celly de Reith Ballett trat gleich ohne jede Bekleidung oder Kostümierung völlig nackt auf. Es waren eine Anzahl hübsch gewachsener junger Mädchen, und Celly de Reith, als Star in der Mitte, natürlich ebenfalls nackt. Wie man hörte, war sie die Frau eines ehemals aktiven Offiziers,

der nach dem Krieg brotlos geworden war. Unsere beiden Herren, die uns dahin geführt hatten, unterhielten sich sehr animiert:
»Wer denn wen von uns nachher bekommen würde?«
Mausi und ich taten, als hörten wir das nicht.
Der eine meinte mich!
»Die?«, sagte der andere, »an der verbrennst du dir die Finger!«
»Was du nicht sagst. Dies Kind, kein Engel ist so rein, meinst du wohl! Na, ich werde es dir beweisen!«
Mausi mußte dringend mal, und ich begleitete sie hinaus – auf die Toilette. Dann verschwanden wir. Die beiden lüsternen Herren dürften heute noch auf uns warten, aber sicher sind sie längst in frommer Einfalt verstorben.

In Dortmund startete unsere Revue-Tournee, die ausgerechnet »Wien, wie es weint und lacht« hieß. Die beiden Brüder Schwarz, die sie ins Leben gerufen hatten, versprachen sich viel von ihr. Aber als die Premiere ein Mißerfolg war, verschwanden sie. Wir fuhren von Dortmund nach Königsberg, doch sie ließen sich gar nicht mehr blicken. Der Agent, der uns verpflichtet hatte, auch nicht. Da saßen wir nun, wir und andere Mädchen.
Im renomierten Varieté »Münz-Palast« wurde weitergespielt, auf Teilung der Einnahmen. Uns wurde gesagt, es wäre wichtig, daß wir nach der Vorstellung »interessierten Herren« Gesellschaft leisteten. Und als Entgelt: Ein Bon für Essen, den der Direktor des Unternehmens ausstellen wollte. Mausi, eine neue Kollegin namens Elfie und ich machten gute Miene zum bösen Spiel, setzten uns zum Trinken mit den sogenannten interessierten Herren, tranken aber selbst keinen Tropfen, sondern kippten alles, was die Herren uns einschenkten, wieder in den Sektkübel. Sie bedankten sich bei uns zumeist

mit großen Konfektschachteln, von denen wir dann tagsüber lebten.
Daß wir dieses Leben nicht lange durchhalten konnten, wurde mir schnell klar. Da ermunterte Direktor Arndt mich und Elfie, ein kleines Duo einzustudieren mit ein bißchen Gesang, ein bißchen Tanz. Kostüm: kurze Höschen, Frack und Zylinder. Das wollte er uns besorgen.
Mausi hatte Sehnsucht nach Billy und reiste nach Berlin zurück.
Unsere Nummer gefiel, denn durch unsere Kostüme sahen wir »sündig und süß« aus, so wie es damals Mode war. Wir hatten Erfolg, waren recht glücklich, aber die Hungerei ging weiter, denn unsere Gage war ein Witz. Wir aßen täglich im selben Lokal zu Mittag. Meistens bestellten wir uns zusammen ein Eisbein. Der Kellner sagte uns nach einigen Tagen ganz offen, daß wir einträglicheren Gästen nur den Platz wegnähmen. Wir blieben also fort und wurstelten uns so durch.
Allabendlicher Gast im Varieté war ein fescher, junger Mann, Rudi. Er war in mich verliebt und schenkte mir einen kleinen Rehpinscher. Die arme Elfie, die ihn vergötterte – den Hund, nicht den Mann – mußte nun jeden Morgen um sechs Uhr mit dem kleinen Kerlchen runtergehen, obwohl wir selten vor zwei Uhr ins Bett kamen. Elfie war lieb und tat es für mich, oder genauer, für meinen Hund. Aber jetzt hatten wir auch zu essen. Rudi sorgte für uns, und er kaufte mir sogar ein paar hübsche Kleider. Er versprach sich wohl etwas davon. Er hätte vielleicht auch noch tiefer in seine Tasche gegriffen, denn ich war ein bißchen verliebt in ihn, was ihn seinerseits nur noch verliebter machte. Aber wenn ich ihm dann sagte, daß ich nicht wollte, schüttelte er nur traurig den Kopf.
Ich wollte etwas anderes. Ich war mir schon seit langem darüber klar, daß das Leben, wie ich es jetzt führte, sinnlos war.

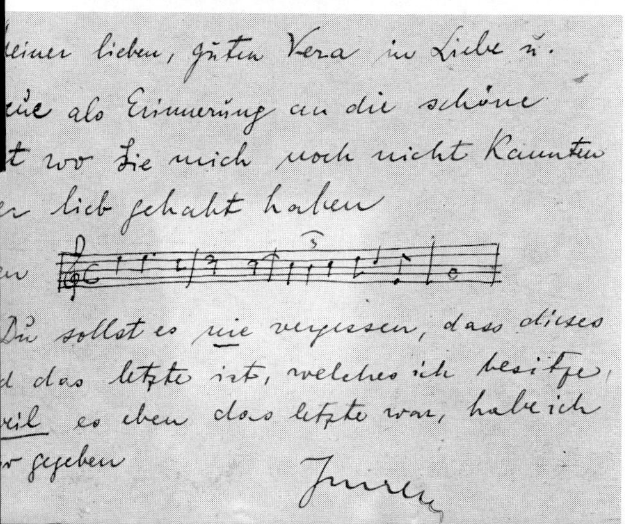
einer lieben, guten Vera in Liebe u.
eue als Erinnerung an die schöne
t wo Sie mich noch nicht kannten
er lieb gehabt haben
en
Du sollst es nie vergessen, dass dieses
d das letzte ist, welches ich besitze,
weil es eben das letzte war, habe ich
r gegeben

Emmerich Kálmán
- von mir Imre
genannt

Diese Zeilen schrieb mir Imre auf die Rückseite des Fotos

So hat mein Mann mich kennengelernt

Mein Auftritt als Nummerngirl im Wiener Ronacher Varieté

im Bankett zum
. Geburtstag erhielt
nmerich Kálmán den
hen österreichischen
rden, das Krucken-
euz. Franz Lehár, Li-
n Karczag-Marisch-
, Imre, Vera, Hubert
arischka, Frau Lehár,
nister Hainisch *(v.l.)*

iste in Wien: Imre,
ans Albers, Reinhold
hünzel, Pressburger

Bad Ischl: Produzent
essburger, Hans Al-
rs mit seiner Frau
ansi Burg, Reinhold
nünzel und seine
au Mimi mit Charly
f dem Arm, Vera und
re *(v.l.)*

Gräfin Agnes Esterhazy, eine der schönsten Schauspielerinnen aus der ersten Filmzeit

Ausritt in Beverly Hills mit meiner Tochter Yvonka

Polita, meine große Freundin Pola Negri

Auf einer Bühne stehen, warum nicht? Aber dann als Schauspielerin, nicht als Tingel-Tangel-Töse.
Ich sprach mit Rudi darüber. Der kannte jemanden an der Max Reinhardt-Schauspielschule in Berlin, der hieß Berthold Held, und der würde ihm sicher den Gefallen tun, mich zu Max Reinhardt persönlich zu bringen, um ihm vorzusprechen.
Phantastisch! Rudi schaffte es tatsächlich, daß ich eines Tages dem großen Max gegenübertreten und ihm vorsprechen durfte. Ich hatte einen Monolog aus der »Jüdin von Toledo« bei einer Schauspielerin in Königsberg einstudiert und wollte loslegen.
»Warum haben Sie gerade diese Rolle zum Vorsprechen gewählt?« fragte mich Arthur Kahane, Reinhardts Dramaturg.
»Ich fand sie so schön traurig«, antwortete ich.
Dann begann ich. Sie hörten mich ruhig an –, ich war mir meiner Wirkung sehr sicher.
Als Reinhardt mich fragte: »Was tun Sie denn jetzt? Sind Sie an einem Theater?« antwortete ich voller Stolz:
»Ich bin am Varieté ›Münzpalast‹ in Königsberg und mache dort eine Gesang- und Tanznummer!«
Reinhardt schaute mich mit seinen forschenden Augen groß an, lächelte fein und meinte schließlich: »Bleiben Sie dort, mein Kind. Sie sprechen viel zu schlecht Deutsch, um auf einer Schauspielbühne auftreten zu können.«
Ich war völlig fertig, als ich den Raum verließ. In einem nahen Café traf ich Rudi, der auf mich gewartet hatte. Ich hätte natürlich um nichts in der Welt zugegeben, was Reinhardt wirklich zu mir gesagt hatte. Ich beschwindelte ihn ganz schön, wie begeistert Reinhardt von meinem Talent gewesen sei. Ich sollte nur eifrig studieren und eine gute Ausbildung bekommen, hätte er mir geraten, dann würde ich alle Chancen haben, eine zweite Elisabeth Bergner oder Käthe Dorsch zu

werden. Beide waren damals Berlins größte Schauspielerinnen.
Rudi glaubte mir und versprach, alles für mich zu tun – einfach alles; er liebte mich ja.
Wir fuhren zurück nach Königsberg. Erster Klasse, versteht sich. Als wir ankamen und auf den Ausgang zugingen, gesellten sich zwei Herren zu uns. Kriminalpolizei! Wir mußten aufs Revier. Es stellte sich heraus, daß mein verliebter Rudi ein problematischer Bursche war, der gesuchte sogenannte Generaldirektor einer Schwindler-Vereinigung, dem Barmat-Konzern.
Der Prozeß wurde zur Sensation. Rudi mußte für einige Jährchen ins Gefängnis. Ich war schon vorher, direkt nach unserer Ankunft vernommen worden, und mußte alle seine Geschenke zurückgeben. Mein Traum, mit seiner Hilfe eine Dorsch oder eine Bergner zu werden, war ausgeträumt.
Direktor Arndt wollte unseren Vertrag nicht verlängern. Es geschah von einer Minute auf die andere. Schon abends sollten wir nicht mehr auftreten. Wir waren wie betäubt. Plötzlich wurde mir klar, daß ich überhaupt kein Geld mehr hatte. Ich stammelte:
»Aber Herr Direktor, ich habe doch noch Gage zu bekommen ...«
»Die können Sie morgen vormittag im Büro abholen ...«
Und so waren wir draußen.
Elfie fuhr zurück nach Berlin, lernte einen jungen Mann kennen, heiratete und wurde eine brave Hausfrau.
Ich weiß nicht, warum ich nicht auch nach Berlin fuhr. Aber plötzlich übermannte mich die Sehnsucht nach meiner Mutter. Frau Lehmann hatte mir vor einigen Tagen einen Brief von ihr nachgeschickt. Als ich ihn las, war ich mehr erstaunt als erschreckt. Ja, sie lebte wieder mit Dimitri. Sie hatte sich nicht von ihm scheiden lassen, im Gegenteil, sich mit ihm

ausgesöhnt. Ihre Begründung: Er ist schließlich mein Mann! Sollte ich ...? Nein, in dieses rumänische Nest würde ich auf keinen Fall fahren. Dimitri wollte ich nicht sehen. Ich rechnete. Das Geld, das ich jetzt hatte, würde für eine Fahrt nach Wien reichen, und auch für ein paar Tage dort. Warum nicht Wien? Ich schrieb also meiner Mutter und schlug vor, uns in Wien zu treffen. Ich rechnete damit, daß der Brief ein paar Tage unterwegs sein würde, aber die Antwort meiner Mutter kam schon am übernächsten Tag. Auf dem Postamt wartete auf mich – poste restante – ein Telegramm. Sie würde furchtbar gerne nach Wien kommen. Zwischen den Zeilen konnte ich lesen, daß sie wohl nicht so glücklich mit Dimitri war und froh darüber, mich wiederzutreffen. Wie konnte es bei mir anders sein. Ich liebte sie doch! Auch wenn sie nicht viel für mich getan hatte, – wie konnte ich ihr böse sein. Sie war doch hilflos und ein so leicht verwundbares Geschöpf! Wieviele Keulenschläge des Schicksals hatte sie schon hinnehmen müssen.

Ich fuhr sofort los. Mit vielen guten Hoffnungen und vielen Päckchen Konfekt verließ ich Königsberg, wo ich trotz aller Bescheidenheit, ein kleines bißchen Glück gefunden hatte.

Die Reise nach Wien war sehr lang und umständlich, und ich hatte viel Zeit, um über meine Zukunft nachzudenken. Ein merkwürdiges Gefühl stieg in mir auf, als wir an der deutsch-österreichischen Grenze waren. Ich verließ ein Land, zu dem ich viel innere Beziehungen hatte. Die Kindheit und ersten Jugendjahre hatte ich hier verlebt. Was würde mich in Wien erwarten? Die Erinnerung an den komischen Franz Joseph mit seiner »Villa« in Schönbrunn, war nicht die angenehmste. Die Trennung von meiner Mutter danach ein schmerzlicher Gedanke. Möge alles gut werden mit ihr und mir, das war mein sehnlichster Wunsch.

Der Mann meines Lebens

Die Pension Zentral in der Innenstadt, unser vereinbarter Treffpunkt – Mama kannte sie von früher – war eine primitive Unterkunft für Mädchen, die sich Tänzerinnen nannten oder es auch waren, und für Mädchen, die durch langsames Gehen schneller vorwärts kommen, – wie man das damals nannte. Aber es war billig, und das war für mich im Augenblick das Entscheidende, denn meine Reserven waren schmal.
Ich wartete auf meine Mutter. Vergebens! Ich schickte ein Telegramm. Keine Antwort! Ich fühlte mich verlassener denn je. War es denn möglich, daß sie mich vollends aufsitzen ließ? In einer mir so fremden Stadt? Plötzlich denke ich, »vielleicht fehlt ihr das Reisegeld«, und schicke von meinen wenigen Mitteln das Geld für die Fahrkarte. Ich warte, aber höre und sehe nichts von ihr. Ich war der Verzweiflung nahe, denn ich brauchte Geld und Arbeit.
Die Mädchen, mit denen ich mich ein wenig angefreundet hatte, sagten mir:
»Die Alte hier kennt keine Gnade. Wenn du nicht bezahlen kannst, setzt sie dich raus!«
Wie ich diese schrecklichen Worte kannte. Die Mädchen konnten mir keinen Rat geben, sie lebten ja selber alle von der Hand in den Mund. Nach einigen trostlosen Tagen kaufte ich mir Zeitungen und studierte die Inserate. Nichts fand sich, wo ich hätte nachfragen können. Keine Statistinnen wurden verlangt und keine »schönen Beinchen«. Da erblickte ich zufällig die Annonce: »Haustochter für sofort gesucht«!

Die Angst trieb mich zu der angebotenen Stelle, denn meine Wirtin hatte mich morgens sanft rausgesetzt, weil ich schon Schulden bei ihr hatte. Ich bekam die Stelle, am anderen Tag sollte ich anfangen. Meinen Koffer durfte ich schon da lassen.

Ab morgen war mein Problem zunächst gelöst, dachte ich. Aber wo bleibe ich diese Nacht?

Ich ging für meine letzten Schillinge in das nächste Kino, sah mir die sechs Uhr Vorstellung an und verkroch mich, als sie zu Ende war, und blieb auch die nächste Vorstellung sitzen. Dann mußte ich hinaus, denn es war Schluß.

Die Kinobesitzerin hatte mich bemerkt und sagte nett:

»Nun, Sie müssen ja schon Schwielen am Po haben.«

Sie war eine ältliche, herzliche Wienerin, und ich fand den Mut, ihr zu sagen, daß ich meinen Hausschlüssel vergessen hätte.

»Nun, so telefonieren Sie doch nach Hause, daß man Sie reinläßt!«

Ich tat als ob – angeblich antwortete niemand. Dann bat ich sie, ob ich nicht im Kino bleiben könnte? Bis zum anderen Morgen? Sie lachte freundlich und meinte:

»Wenn Sie wollen, können Sie heute Nacht bei mir schlafen, mein Mann wird nichts dagegen haben.«

Ich trottete mit ihr die paar Straßen hinunter, bekam ein gutes Abendessen und ein Bett. Meine Dankbarkeit war grenzenlos.

Viele Jahre danach habe ich meinem Mann alles erzählt, und ich besuchte diese hilfsbereiten Menschen und machte ihnen ein schönes Geschenk.

Die »Haustochter« hatte die Arbeit eines Dienstmädchens zu verrichten. Drei ewig schreiende, vernachlässigte Kinder zu versorgen, Wäsche zu waschen und samstags die Treppe zu scheuern. Jeden Mittag, gleich nach dem Abwaschen des Ge-

schirrs, ging ich mit den Kindern in den Volksgarten und tobte mit ihnen herum. Eines Tages trat ein Mann auf mich zu: Er wäre Aufnahmeleiter bei der ›Sascha-Film‹, und man besetze gerade den Film »Kaiserjäger«. Wenn ich wollte, könnte ich mitmachen. Er gab mir eine Visitenkarte und sagte noch:
»Wenn Sie wollen, fragen Sie bloß nach Otto! Das bin ich!«
Dann verschwand er. Ich besah mir die Karte und steckte sie in die Tasche. Ich hatte ziemlich genug von der ganzen Branche und traute auch diesem Mann nicht.
Als ich mit den Kindern in die Wohnung kam, schickte der junge Vater sie in ihr Zimmer, verwickelte mich in ein Gespräch und plötzlich überfiel er mich regelrecht. Ich brüllte ihn auf Russisch an, trat ihn kräftig mit den Füßen und wehrte mich. Er schimpfte und lachte zu gleicher Zeit. Durch den Lärm, den wir machten, stürzten die Kinder herein und schrien. Im gleichen Augenblick kam seine Frau vom Einkaufen zurück. Ich schrie, daß ich sofort ihre Wohnung verlasse, da ihr Mann mich vergewaltigen wollte und verlangte meinen bisher verdienten Lohn. Sie brüllte mich darauf in ordinärster Weise an, daß ich mich wohl an ihren Mann herangemacht hätte und daß sie mir keinen Schilling zahlen würde. Ich sollte nur so schnell als möglich verschwinden!
Ich packte meinen Koffer. Noch auf der Treppe zog ich die Visitenkarte von Otto heraus und dann lief ich – Fahrgeld für die Straßenbahn besaß ich nicht – zur Sascha-Film. Ich fragte nach Herrn Otto. Es stimmte alles, was er gesagt hatte. Er war ein wichtiger Mann bei der Sascha-Film. Ich beschloß, ihm offen zu sagen, wie es um mich stand. Er nickte. Zehn Minuten später saß ich vor Graf Kolowrat, dem Chef der Sascha-Film. Er ließ sich noch einmal meine Geschichte erzählen.
Und dann gab er mir einen Vertrag für die »Kaiserjäger«. Es

war kein großer Vertrag, aber für mich war er ungeheuer. Ich habe mir natürlich den Vertrag aufgehoben:
»Wir verpflichten Sie für unseren Film ›Kaiserjäger‹ für die Rolle der Ilse von Sendler zu einem Gesamthonorar von S. 1.500.–, zahlbar in gleichen, monatlichen Raten bis zur Beendigung des Films.« Viele Paragraphen folgten.
Fast wichtiger als dieser fabelhafte Vertrag war mir in diesem Augenblick, daß Otto mir ein paar Schillinge Vorschuß verschaffte, damit ich in der Pension Central meine Rechnung bezahlen konnte, um dort in Gnaden wieder aufgenommen zu werden.
Man machte mit mir bei der Sascha Probeaufnahmen und war begeistert. Jedenfalls erklärten mir das die Filmleute. Sie glaubten, in mir einen großen Star entdeckt zu haben. Doch vorweggenommen: der Graf, der mich »entdeckt« hatte, starb wenig später; seine Nachfolger schienen an mir wenig interessiert, wie überhaupt an keinem der Leute, die er engagiert hatte. Ich bekam aber doch eine kleine Rolle in dem Film. Und dann schloß die Sascha-Film für immer ihre Tore, und ich war brotlos.
Aber bevor es soweit war, hatte die Sascha etwas für mich getan, was eigentlich unbezahlbar war. Sie hatte mich zu einer Großfürstin und Operettensängerin gemacht. Die Presse, oder zumindest eine gewisse Presse, wurde mit Nachrichten über mich gefüttert. Ich war also plötzlich eine Großfürstin und hieß Natascha. In Berlin wollte man wissen, daß ich demnächst zur Bühne gehen würde, in New York, daß ich dort gastiere.
Auch meine Mutter wurde, ohne daß sie es ahnte, in den Rummel einbezogen. Zum Beispiel: »Vor mehr als zehn Jahren ließ sich eine auffallend schöne blonde Russin in Großwardein nieder. Bald verbreitete sich in der kleinen Stadt das Gerücht, die vornehme fremde junge Dame sei eine vor den

Bolschewiken geflohene Großfürstin. Sie war in Wirklichkeit eine russische Aristokratin. Vernünftiger als viele andere, lebte sie nicht auf großem Fuß, sondern schlicht und unauffällig in einem Hotel zweiten Ranges. Man sah sie gewöhnlich in Begleitung eines etwa achtjährigen reizenden Mädchens. Es war ihr Töchterchen Wjera. Als das kleine Kapital, das sie auf der Flucht hatte mitnehmen können, bedrohlich zusammenschmolz, wandte sie sich um Rat an einen Rechtsanwalt, der ihr empfahl, sich an der Gründung einer Mühle zu beteiligen. Dieser Rat erwies sich als schlecht, und bald war auch der Rest des Vermögens verloren. Von ihrem früheren großen Reichtum blieben nur noch einige wertvolle Schmuckgegenstände übrig, und sie war gezwungen, auch diesen letzten Rest ihrer Habe zu veräußern.«

Davon stimmte so gut wie nichts, aber die Sascha-Film glaubte, mit dieser Propaganda für ihren Film zu werben. Ein bißchen Wahrheit und viel Schwindel.

Und noch etwas hatte Otto für mich getan. Er brachte mich zum Direktor des größten Varietés in Wien, dem »Ronacher«, der mich sofort als Nummerngirl verpflichtete. Ich war wie berauscht: am Tage filmen, abends im »Ronacher«! Ging mein guter Stern endlich auf? Es wäre wohl zu viel des Glücks gewesen. Die Sascha-Film ging, noch bevor der Film herauskam, pleite, und so begann das Suchen nach einer neuen Chance wieder von vorne.

Zunächst hatte ich eine kleine Reserve, die aber täglich mehr und mehr zusammenschmolz. In der Pension hatte ich mich mit einem wunderschönen Mädchen befreundet. Nina hieß sie. Sie kam aus einer sehr guten Familie, aber die Eltern hatten sich getrennt, und sie war sich selbst überlassen, genau so wie ich. Sie hatte mir allerdings voraus, daß sie eine ausgebildete Tänzerin war.

Wir gingen täglich ins Café Sacher. Es war das Artisten Café

von Wien, wo neben sehr zweideutigem Publikum auch Prominenz verkehrte. Kálmán, Lehar und Oscar Straus kamen fast täglich, und wir sahen sie mit bekannten Librettisten an ihrem Stammtisch sitzen.
Das Warten auf eine Chance war grenzenlos ermüdend. Wir nippten hungrig an unserer Tasse Kaffee, die wir in der letzten Zeit bei dem unfreundlichen Kellner immer anschreiben lassen mußten. Wir versicherten ihm, alles zu bezahlen, sogar mit einem Aufgeld, sobald wir etwas verdienen würden.
Ich hatte viel zu dem Stammtisch mit den Berühmtheiten hinübergesehen. Man nahm keine Notiz von uns. Nur einer schaute auch mich immer wieder an – Kálmán! Ich wußte nichts von ihm, nur, daß er der viel gespielte Komponist verschiedener Operetten war und daß ich als Kind im Metropoltheater einige Worte mit ihm sprechen durfte. Doch wenn er mich anschaute, hatte ich immer das Gefühl – wir kennen uns ja schon! Ich fühlte, hier ist ein Mensch, ein Freund! Er strahlte soviel Güte und Herzenswärme aus, – unsere Blicke zogen sich wie magnetisch an, und wir mochten uns, obwohl wir kein einziges Wort miteinander gewechselt hatten.
Das ging viele Monate so, bis ich eines Tages in der Garderobe meinen Mantel holen wollte. Da stand Kálmán neben mir. Die Garderobenfrau fragte ergeben:
»Meister, wünschen Sie Ihren Paletot?«
Kálmán blickte mich an und sagte:
»Bedienen Sie nur erst die junge Dame, die war ja vor mir hier!«
»Na, die hat's nicht eilig, die kann warten«, sagte die Frau.
Ich war beschämt. Wie wurde man behandelt, wenn man ein Nichts war wie ich. Da wandte sich Kálmán mir zu, blickte mich mit seinen großen, blauen Augen freundlich an und fragte mich:
»Was kann ich für Sie tun?«

Diese Frage fiel wie ein warmer Sonnenstrahl in mein gequältes Gemüt – und sie wurde der Auftakt zu einem neuen Leben für mich, – zu dem Beginn der tiefsten Bindung zwischen zwei Menschen, die über dreißig Jahre anhalten sollte und noch heute, viele Jahre nach seinem Tode für mich besteht, als wären wir noch immer beieinander.
Es war keine Liebe auf den ersten Blick. Es war ein schicksalhaftes Zusammentreffen von zwei Menschen, die jeder auf seine Weise, unsagbar einsam waren. Kálmán hatte seine langjährige Lebensgefährtin durch den Tod verloren, – ich war seelisch und körperlich vollkommen am Ende.
Meine Mutter hatte ich, immer wieder folgsame Tochter, davon unterrichtet, als aus unserer Freundschaft Liebe geworden war, – auch daß Kálmán der Mann war, dem ich mich ganz hingegeben hatte.
Ihre Reaktion war typisch für sie:
Sie wollte sofort zu mir nach Wien kommen, um Ordnung zu schaffen!
»Du hast dir nun alle Chancen für eine gute Partie verbaut!«, schrieb sie mir empört.
Ich brach in Tränen aus.
Imre, so nannte ich ihn, fragte mich aus. Ich erzählte ihm, daß meine Mutter geschrieben hatte, und er setzte sich dann hin, um einen unendlich langen und liebevollen Brief an sie zu schreiben.
Ich kannte den Brief damals nicht. Ich habe ihn erst gelesen, als ich ihn viele, viele Jahre später, nach dem Tod meiner Mutter, in ihrem Nachlaß fand. In diesem Brief steht vieles, was ich eigentlich hätte erzählen sollen. Aber ehrlich gesagt, ich hatte so vieles vergessen. Imres Brief sagt mehr über meine damalige Situation, als ich selber noch in Erinnerung hatte. Sein Deutsch ist kein makelloses Deutsch –, Imre war ja Ungar, aber der Brief zeigt sein Herz.

Sehr geehrte gnädige Frau!
Ich muß nunmehr in einer sehr wichtigen Angelegenheit nach Berlin fahren und so kann ich Sie leider bei Ihrer Ankunft nicht persönlich begrüßen. Ich heiße Sie daher schriftlich willkommen, und da ich der Meinung bin, daß ich Ihnen eine Erklärung schuldig bin, will ich Ihnen alles erzählen, was sich in den letzten Monaten zugetragen hat.
Im Laufe dieses Winters ist mir im Café Sacher Ihre Tochter aufgefallen. Ich habe das sympathische, frisch und anständig aussehende Mädchen gesehen, habe etwas gestaunt, wie sich dieses junge Mädchen in dieses Kaffeehaus verirrt hat, in ein Lokal, welches eine mehr als zweideutige Damengesellschaft zu beherbergen pflegt. Man hat mir erzählt, sie sei eine junge russische Emigrantin, Filmschauspielerin, die nun gerne ein Engagement in einem Operettentheater annehmen möchte.
Ich war damals von tiefstem Schmerze gedrückt und niedergebrochen, habe mich um niemanden gekümmert, stand unter der drückenden Last einer schweren, und noch unfertigen Arbeit. Der Anblick des sympathischen jungen Mädchens war für mich erfrischend, wie ein Trost. So haben wir uns monatelang von weitem angesehen und sind eigentlich gute, liebe Freunde gewesen, bevor wir uns persönlich gekannt haben.
Oft war ich etwas besorgt, da ihre Tischgesellschaft aus nicht besonders erstklassigen Leuten bestand. So vergingen Wochen und Wochen, ich habe sie noch immer nicht gekannt. Zum Schluß habe ich bemerkt, daß der Blick des jungen Mädchens wie Hilferuf und fortwährend auf mich gerichtet war, und ich sagte mir:
Du mußt ihr helfen. Ich habe mit ihr gesprochen, sie sagte, sie sei beschäftigungslos und hat mich gebeten, sie im Theater an der Wien unterzubringen. Ich habe ihr versprochen, daß ich alles tun will, um ihren Wunsch zu erfüllen, habe sie am näch-

sten Tag dem Direktor vorgestellt. Sie wurde angenommen mit einer Monatsgage von 165 Schilling. Wir haben uns täglich im Theater bei den Proben und am Nachmittag im Kaffeehaus gesehen und gesprochen, wir wurden gute Freunde. Ich habe mich um sie gekümmert, bald gesehen, daß ich es mit einem sehr verschämten, sehr noblen und sehr armen Menschen zu tun habe. Von den grauenhaften, schrecklichen Sorgen, in denen sie damals gelebt hat, habe ich nur nach und nach den richtigen Begriff erhalten. Der gute brave Löbl hat mir einiges erzählt. Bald habe ich gesehen, daß das arme Mädchen hungert, und sie wollte von mir keine Hilfe annehmen. Mit heiligen, frommen Lügen konnte ich es nur erreichen, daß sie kleine Beträge von mir – als Anleihe angenommen hat, nur so viel, daß es eben gereicht hat, ihre Pensionsrechnung zu bezahlen, damit man sie nicht auf die Straße herauswirft. Ich wollte alles für sie tun, aus Menschlichkeit, aus dem Bedürfnis, etwas Gutes zu tun. Habe auch immer betont, daß ich für meine Freundschaft *nichts* haben will und nichts haben darf. Ich wollte das Mädchen retten. Sie war leider in jeder Beziehung in einer Verfassung, bei der man von »Rettung« sprechen muß. Sie hat in einer fragwürdigen, verrufenen Pension gewohnt. In ihrer Gesellschaft waren Frauen übelster Sorte. Und sie mußte noch froh sein, wenn eine dieser Frauen sie in ihrer Gesellschaft mitgenommen hat. Da gab es Essen, Tanz, ein Glas Wein – zum Schluß ein Weglaufen, und eine Enttäuschung der Herren, die eben – nachdem man ihre Einladung angenommen hat, *alles* haben wollten. Und immer schwerer wurde das Weglaufen, und immer größer die Gefahr, daß das arme, verhungerte, zermürbte, ganz auf sich angewiesene Mädchen eines Tages vom ewigen Kampfe ermüdet, die einzige Waffe, die sie noch besessen hat, die Waffe der Anständigkeit strecken wird. Sie war für ein Nachtlokal als Attraktion engagiert. Ich habe alles aufgeboten, um dieses

Auftreten zu verhindern, leider vergebens. Sie hat nun in mich den Mann erblickt, der sie aus diesem Sumpf herausbringen wird, und hat ihr Schicksal mir anvertraut, sie wollte zu mir gehören. Vielleicht aus Liebe, vielleicht aus Verehrung, vielleicht aus Dankbarkeit, vielleicht aus dem natürlichen Triebe der Selbsterhaltung, da sie auch annehmen konnte, daß die Bande einer Freundschaft doch nicht so fest sein können, als die Bande der Liebe.

Ich war von ihrer Zuneigung einerseits sehr beglückt, andererseits tief erschrocken. Ich war glücklich, weil ich sie geliebt habe, und war erschrocken, weil ich noch nie in meinem Leben in das Schicksal eines anderen Menschen so tief eingegriffen habe, und der Gedanke, daß ich im Grunde genommen ebenso bin, oder sein könnte, wie die vielen anderen Männer, die sie begehrt haben, war mir geradezu schrecklich.

Der Altersunterschied zwischen uns war auch so groß, daß ich mir sagen mußte, es darf an unseren bisherigen Beziehungen nichts geändert werden.

Ich habe nun eine sehr schwere Aufgabe mir gestellt: ich wollte für sie sorgen, auf sie achtgeben, sie vor dem schrecklichen Leben, welches auf sie gewartet hat, beschützen, aber auf der anderen Seite alles verbergen, was ihr den Beweis geliefert hätte, daß ich sie liebe – ohne daß das nervöse, überaus empfindliche junge Mädchen gekränkt geworden wäre.

Nun kam sie eines Tages im Kaffeehaus mit einem blutigen Taschentuch. Sie hat Blut gespuckt. Ich war auf das tiefste betroffen und bestürzt, habe ich doch meinen einzigen Bruder in dieser schrecklichen Krankheit verloren, dessen wichtigste Symptome eben dieses Blutspucken war.

Ich bin mit ihr sofort zu einem Arzt gefahren, habe sie untersuchen lassen, wollte sie auf einige Wochen, vielleicht auch Monate wegschicken, damit in einem Sanatorium das Leiden vollständig kuriert wird, – und daß sie mich vergißt. Sie hat

mir nicht gefolgt. Sie ist in Wien geblieben, sie wollte unbedingt in der ›Femina‹ auftreten, und auch meine Premiere mitmachen.
Mit Gewalt konnte ich sie nicht wegschicken. Und so hat sie den ganzen Tag geprobt, gearbeitet, weiter gelitten, bis dann ihre kräftige Jugend die Krankheit überwunden hat, die eigentlich von selbst gut geworden ist.
Diese Zeit der Sorgen, die Stunden der Gefahr, haben uns natürlich noch mehr zueinander gebracht. Sie war mir für alles, was ich für sie getan habe, sehr dankbar, und damals hat sie sich schon als eine heilige Pflicht gestellt, ihre Jugend, sich selbst mir zu schenken.
Ich habe fortwährend gegen diesen Gedanken gekämpft, leider vergebens, denn es kamen solche Ereignisse, die uns immer mehr und mehr zueinander getrieben haben.
Ich erwähne Ihnen nur zwei solche Ereignisse. Das erste war folgendes: Sie hat darunter sehr gelitten, daß ich ihr Geld gegeben habe, und wollte um jeden Preis das Geld mir zurückzahlen. Um Geld zu bekommen, hat sie sich – verkaufen wollen, und hat über dieses »Geschäft« mit einem fremden Menschen verhandelt. Als sie mir dies erzählt hat, war ich so tief beleidigt und so böse, daß ich unsere Freundschaft für beendigt erklärt habe. Worüber sie so außer Rand und Band war, daß ich für ihr Leben zittern mußte, und schließlich nach einigen Stunden waren wir wieder gut, und viel näher zueinander, als vorher.
Die zweite Sache war folgendes: Derselbe Mann, mit dem sie »unterhandelt« hat, hat täglich Reklameartikel in seiner Zeitung über die junge russische Fürstin, auch Großherzogin Vera Natascha gebracht. Sie werden sagen, sie hat die Chance einer guten Partie verloren!
Vielleicht hatte sie diese Chancen, als ich sie noch nicht kannte. Als ich sie kennenlernte, hatte sie nur zwei Chancen: Ko-

kotte zu werden oder zu sterben! Aus diesen schrecklichen Lebenskampf, was die Arme damals gekämpft hat, von Stunde zu Stunde, von Tag zu Tag, von einer unbezahlten Rechnung zur anderen, gab es keine andere Möglichkeit. Das Tempo, das rasende Tempo ihres Schicksals hat die Möglichkeit einer anderen Kombination ausgeschlossen. Nun will ich aber ihre Zukunft nicht illiminieren und will ihr für alles, was sie mir gegeben hat, ihr ein Äquivalent geben – allerdings ist das ein kleines Äquivalent, aber doch genügend, um meinen guten Willen zu zeigen.
Ich habe Ihrer Tochter folgendes Angebot gemacht – ein Angebot der Freundschaft und der resignierenden Liebe! Ich will ihre Zukunft nicht verbauen. Ich will für sie weiter sorgen, alles tun, damit sie ihr Studium ohne Kämpfe, ohne materielle Not beendigen kann. Ich will weiter ihr guter Freund sein – der sie vor allem Bösen beschützt, und nichts weiter!
Es soll so sein, wie ich es einmal wollte in dem Anfang unserer Bekanntschaft. Sie verehrte gnädige Frau sollen ihr helfen, bei ihr bleiben, sie beschützen, und mit ihr zusammen ihr zukünftiges Glück aufbauen.
Auf mich sollen Sie keine Rücksicht nehmen, ich habe in meinem privaten Leben eigentlich nie Glück gehabt, ich werde eben meinen bisherigen Weg, den Weg des einsamen Menschen gehen, und werde so wie bisher in meiner Musik, in meiner Kunst, meinen Lebensinhalt finden.
Und wenn Ihre Tochter einmal eine große Künstlerin, eine glückliche Frau, oder mit Gottes Hilfe wieder die Aristokratin sein wird, eines weiß ich: sie wird sich nie schämen und wird sich auch nie zu schämen brauchen, daß sie mit mir verbunden war. Ich habe alles getan, um in ihr nur die guten, edlen menschlichen Eigenschaften zu erziehen – es war nicht schwer, denn sie ist ein anständiger, guter und edler Mensch. Ihre schönste Eigenschaft ist die grenzenlose, überwältigende

Liebe zu Ihnen sehr geehrte gnädige Frau! Wenn Sie wüßten, wie sie sich jeden Heller, den sie Ihnen geschickt hat, abgespart hat. In welcher heiligen Armut sie gelebt hat, wie sie gedarbt hat, um Ihnen helfen zu können. Das war edel und schön.
Und ich bitte Sie, würdigen Sie diese überirdische Liebe Ihres Kindes, so wie sie es verdient.
Und nun bitte ich Sie, sind Sie mir nicht böse, daß ich Sie so lange mit meinem Brief in Anspruch genommen habe, ich hätte Ihnen alles doch nicht so zusammenhängend erzählen können.
Nun hoffe ich, Sie bald zu sehen, und es ist mir doch eine Beruhigung, daß ich mich mit Ihnen schon ausgesprochen habe, bevor ich die Ehre gehabt habe, Sie persönlich zu sehen. Es küßt Ihre Hände

Ihr sehr ergebener
Emmerich Kálmán

Wien, 1928 2/IX

Ich habe nie erfahren, was meine Mutter sich eigentlich gedacht hat, als sie ihren bösen Brief schrieb. Daß ich nun wirklich die Beziehungen zu Imre abbrechen würde? Er wäre bereit zu einer Trennung gewesen – mir war der Gedanke daran unmöglich. Schon liebte ich ihn, und es war mir mehr als gleichgültig, daß ich mir damit irgendwelche Chancen verbaut hatte. Und meine Mutter war auch nicht die Frau, die bewiesen hatte, wie man es anstellt, eine »Partie« zu machen. Mein Vater hat sie nicht geheiratet, konnte es auch nicht, was ich erst viel später erfuhr, als ich längst verheiratet war und Kinder hatte. Und Dimitri, der Rumäne? Konnte sie auf diesen Schwindler stolz sein?
Ich weiß nicht mehr, warum Imre vorschlug, meine Mutter anzurufen. Vielleicht weil er sich eine Antwort auf seinen

wirklich sehr liebevollen und langen Brief erwartet hatte. Meine Mutter gab sich ungnädig.

»Wir sind arm, aber wir sind Russen, und können von Ihrer Gnade nicht weiterleben, Herr Kálmán!« erklärte sie und fuhr noch in der gleichen Nacht von Bukarest nach Wien. Am frühen Morgen tauchte sie in meinem Zimmer in der Pension Central auf. Nina alarmierte Kálmán telefonisch, der eine halbe Stunde später ebenfalls erschien.

Meine Mutter: »Was wollen Sie von meiner Tochter?«

»Ich will sie sicherstellen. Sie soll keine materiellen Sorgen mehr haben. Das geht doch eigentlich alles aus meinem Brief hervor.«

»Ihren Brief? Sie haben nichts in Ihrem Brief darüber geschrieben!«

Er zog einen Brief aus der Tasche.

»Ich habe in der Nacht noch einen zweiten Brief geschrieben. Hier ist er.«

Sie nahm ihn und zerriß ihn und warf ihn ihm vor die Füße. Es war alles sehr theatralisch.

»Wir brauchen von Ihnen keine Versorgung. Meine Tochter wird ihren Weg ohne Sie machen! Vera, pack sofort deinen Koffer, du kommst mit mir nach Bukarest. Und von dort aus geht es nach Paris!«

Imre wandte sich an mich.

»Du wirst mich nicht so verlassen, Veruschka. Du weißt ja nicht einmal, was ich in diesem Brief geschrieben habe.«

»Adieu, Herr Kálmán!«

Er wartete einen Augenblick, dann küßte er mich und verließ das Zimmer.

Meine Mutter war wieder einmal sehr aktiv. Sie ließ sich Kartons geben, um meine Sachen einzupacken. Sie schlug im Kursbuch nach. Der nächste Zug nach Bukarest fuhr erst am Abend.

Die Pensionswirtin war mißtrauisch.
»Sie sind mir noch eine volle Woche Miete schuldig!«
»Das werde ich bezahlen!« entschied meine Mutter. »Wieviel Geld hast du noch bei dir, Vera?«
»Vierzehn Schilling.«
Das war mehr als sie hatte. Trotzdem blieb sie entschlossen.
»Ich schaffe Geld her!«
Sie ging fort und versetzte ihre Uhr und ihre goldenen Ohrringe. Davon konnte sie die Pensionsmiete bezahlen und zwei Fahrkarten dritter Klasse nach Bukarest. Für ein Taxi reichte es nicht mehr.
Wir trafen zwei Stunden zu früh am Ostbahnhof ein. Ich war völlig verzweifelt.
»Was hast du mit mir vor? Wohin bringst du mich?«
»Nach Paris.«
Ich antwortete gar nicht. Ich wußte, das konnte sie nicht. Sie hatte kaum die Fahrkarten nach Bukarest bezahlen können.
Sie fuhr fort:
»In Paris wirst du dich verheiraten.«
Dann saßen wir im Wartesaal. Ich war hungrig. Ich lauschte den rangierenden Zügen, den ankommenden, den abfahrenden, den Stimmen der Reisenden, dem Geräusch der Gepäckkarren.
Und dann stand Emmerich Kálmán vor uns. Er mußte gerannt sein, denn er war atemlos. Von weitem rief er:
»Veruschka!«
Und ich lief ihm entgegen.
»Imre, willst du dich noch schnell von mir verabschieden?«
Mir liefen die Tränen die Wangen hinunter.
»Ich war noch in deiner Pension. Man sagte mir, ihr seid weggefahren. Ich wollte dich aber noch sehen.«
Er nahm meine Hände. Meine Mutter sah ihn nicht. Er trat auf sie zu und sagte:

»Guten Abend, gnädige Frau!«
»Wir fahren gleich fort.« Sie öffnete ihre Börse. »Sehen Sie, Herr Kálmán, wir haben gerade noch genug um einen Kaffee trinken zu können. Das Essen müssen wir uns bis Bukarest absparen. Wir sind anständige Menschen, wir lassen uns nicht bezahlen. Meine Tochter ist unverkäuflich!«
Kálmán sagte zu mir:
»Ich will dich allein sprechen«, und zog mich fort.
Meine Mutter fauchte:
»Du bleibst!«
Ich ging mit Imre ein paar Schritte in die Halle hinaus und sah ihn fragend an.
Er beugte sich ganz nahe zu mir und flüsterte:
»Schick deine Mutter weg! Ich will sie nicht sehen! Sie hat dich mir wegnehmen wollen! Aber ich liebe dich doch... Und ich will dich auch heiraten!«
In diesem Augenblick fuhr unser Zug ein. Er machte furchtbar viel Lärm. Ich lief zu meiner Mutter und schrie, damit sie mich verstand:
»Mama, wir heiraten! Bitte, Mama, laß mich da!«
Sie staunte einen Augenblick und entschloß sich dann, gnädig zu sein.
»Also nimm deine Pappkartons und bleib in Gottes Namen! Und Sie, Herr Kálmán, lassen mich wissen, wann die Hochzeit ist!«
Sie war im Begriff einzusteigen. Ich rief ihr nach:
»Mama, du hast ja kein Geld! Imre, bitte gib mir doch etwas für meine Mutter!«
Er zog seine Brieftasche hervor.
»Natürlich... Ich nehme nur meine Papiere heraus.«
Er war so erregt, daß er zu lachen begann, was er selten tat.
»Sie sollen alles haben, was in der Brieftasche steckt!«
Meine Mutter erschien erfreut. Wir brachten sie zu ihrem Ab-

teil und riefen ihr ein glückliches »Adieu« zu. Der Zug setzte sich in Bewegung. Wir sahen noch, daß Mama den Schaffner rief. Ich wußte, was jetzt geschehen würde. Sie würde nachzahlen, um in die erste Klasse überzuwechseln.
Kálmán sah auf die Pappkartons, die ich abgestellt hatte.
»Was machen wir mit diesen Sachen, Veruschka?«
»In diesen Kartons steckt nichts, was wert wäre, aufgehoben zu werden. Nur deine Briefe und deine Fotografie. Die will ich herausnehmen. Und dann geben wir die Kartons an der Gepäckaufbewahrung ab und werden sie nie, nie abholen.«
Und dann sagte er etwas, was so typisch für ihn war:
»Vielleicht ist doch das eine oder andere noch wert, aufgehoben zu werden. Ich werde einen Gepäckträger beauftragen, die Sachen morgen in mein Büro zu bringen!«
Dann fuhren wir los. Es war ganz selbstverständlich, daß wir zu ihm nach Hause fuhren. Er rief dem Zimmermädchen zu:
»Fräulein Vera bleibt heute Nacht hier! Sie wohnt überhaupt ab heute hier bei uns.«
Das Zimmermädchen machte große Augen. Die anderen Bediensteten, die Köchin, der Diener machten ebenfalls große Augen. Natürlich kannten sie mich, ich war ja oft genug in der Wohnung gewesen. Aber ich war niemals die ganze Nacht geblieben. Jetzt wußte ich, ich würde bleiben – wo immer: mit Imre!
Daß Imre mich heiraten wollte, war für ihn sicher ein ungeheurer Entschluß gewesen, denn er hatte sich geschworen, nie im Leben zu heiraten. Und diesen Schwur hatte er bis dahin gehalten: weder die sanfte Paula Dvorak, mit der er 18 Jahre bis zu ihrem Tode zusammengelebt hatte, noch die schöne Gräfin Agnes Esterhazy konnten ihn zur Heirat bewegen.
Er brauchte mich, meinen kindlichen Optimismus, als Lebenselexier. Er neigte sehr zur Schwermut und fühlte sich soviel freier, seitdem er mich kannte.

Das Aufgebot wurde bestellt, und bis der Tag der Trauung kam, reisten wir viel. Anfangs nur in die Umgegend von Wien, etwa nach Baden oder in den Wienerwald. Aber dann, als Kálmán erklärte, er wolle das nicht mehr, unternahmen wir auch größere Reisen. So fuhren wir nach Berlin, wo er eine Premiere hatte oder eine hundertste oder dreihundertste Aufführung... Ich weiß das gar nicht mehr so genau.
Bei dieser Gelegenheit lernte ich einen Mann kennen, der in meinem Leben später eine gewiße Rolle spielen sollte: Erich Maria Remarque. Er war durch sein erstes Buch »Im Westen nichts Neues« über Nacht eine Weltberühmtheit geworden und lebte auf großem Fuß. Jede Nacht saß er in der Eden Bar oder in der Bristol Bar. Ein großartig aussehender Mann, – so Mitte dreißig, schätzte ich, mit bezaubernden Manieren, voller Witz und Charme –, die Frauen flogen auf ihn.
Er flog ein bißchen auf mich. Das hätte kompliziert werden können, denn er war mit Kálmán befreundet. Ich fand Remarque nett, aber ich hatte nur Augen für Emmerich Kálmán, und ein Leben ohne ihn konnte ich mir nicht mehr denken. Ich wäre nie auf die Idee verfallen, ihn zu betrügen. Und Remarque, der sonst keine Hemmungen in dieser Hinsicht kannte, wollte es wohl auch nicht.
Wir fuhren nach Salzburg, wo wir im Schloß Leopoldskron von Max Reinhardt empfangen wurden und, es waren gerade Festspiele, den berühmten Alexander Moissi als »Jedermann« bewundern durften.
Wir fuhren nach Venedig, wo Imre ein kühles Bier in einem kühlen Restaurant dem Markusplatz und den anderen Sehenswürdigkeiten, etwa dem Dogenpalast mit den herrlichen Deckengemälden von Veronese und den Bildern von Tintoretto, vorzog. Er kannte dies alles schon. Ich freilich ließ mich gehorsam mit den Tauben auf dem Markusplatz fotografieren.

Wir fuhren an die Riviera, und dort, in Nizza, hatte ich ein Erlebnis, an das ich noch oft zurückdenken sollte. Als wir eines Morgens auf die Promenade des Anglais traten, sahen wir einen offenen weißen Rolls-Royce, daneben ein Chauffeur, ebenfalls in weißer Livree. Fast im gleichen Augenblick kam eine Dame in einem sehr eleganten Pelzmantel aus dem Hotel Negresco herunter. Ihre Koffer – es waren mindestens zehn – wurden ihr nachgetragen. Sie war groß, ihre Augen dunkel, ihre Haut gebräunt, – sie sah herrlich in ihrem ebenfalls weißen Kostüm aus.
Es folgte ihr ein kleiner, eher häßlicher Mann. Ich verglich ihn damals in Gedanken mit einem Affen, und wenn man es nicht wußte, konnte man nicht ahnen, daß es sich da um Albert Sarrault handelte, einem bedeutenden Politiker, ehemals Minister oder gar Präsident von Frankreich. Und sie, Domenica Walter, seine Freundin. Vor kurzem hatte sie ihren Mann, Paul Guillaume, den berühmten Kunstexperten verloren, der so viele der heute berühmten Maler entdeckt und gefördert hatte.
Ich war völlig hingerissen von dem Anblick dieser Frau, deren Name ich nicht kannte. Aber dunkel ahnte ich, daß Domenica einmal eine Rolle in meinem Leben spielen würde.

Glanz und Elend in Wien

Das Haus in der Hasenauerstraße mit seinem mehr als dreißig Räumen konnte man ein Palais nennen. Es hatte einmal der berühmten Sängerin Maria Jeritza gehört. Im Parterre gab es zahlreiche Salons und Empfangsräume; im ersten Stock befanden sich die sich die Arbeitszimmer Emmerich Kálmáns – mit herrlichen alten Lustern – und mein Schlafzimmer im Stil Marie Antoinettes, daneben das Schlafzimmer Kálmáns, eher einfach.

Es gab in dem Haus nicht weniger als sechs Flügel, Steinway, Blüthner, Bechstein etc. –, einer davon war ein Geschenk von Castiglione, der damals der reichste Mann von Wien war. Kálmán hatte Castiglione bei Puccini kennengelernt. Auch in seinen früheren Wohnungen hatte Kálmán mehr als einen Flügel besessen. Er liebte es, je nach seiner Stimmung, auf einem bestimmten Flügel zu spielen. Er vergaß aber nie, daß es für ihn einmal eine Zeit gegeben hatte – es war in Budapest – in der er jahrelang sparen mußte, um ein Klavier erwerben zu können ...

Natürlich war es verständlich, für dieses Palais ein Heer von Dienstboten zu engagieren: nicht weniger als zwölf, und dazu kamen noch zwei Chauffeure, die allerdings außerhalb wohnten.

Ich war kaum eingezogen, da begannen für mich Auseinandersetzungen mit dem Personal. Sie alle waren gewöhnt, selbst zu regieren. Imre war zufrieden, wenn er seine Ordnung hatte und vor allem gutes Essen. Und nun ordnete ich an und bestimmte, was zu geschehen habe – und dies bereits vor unserer Hochzeit. Das paßte vielen nicht, sie kündigten. Ich nahm das nicht weiter tragisch. In jenen Tagen war es leicht, Hausangestellte zu bekommen. Aber, wie Kálmán glaubte, keine Köchin wie seine geliebte Toni, die einen wundervollen Millirahmstrudel machen konnte. Er war von den Ersatzköchinnen, die ich engagierte, entsetzt und stand mehr als einmal abrupt vom Tisch auf, um zu erklären, daß er in einem Restaurant essen werde.

»Das ist ja nicht auszuhalten!« fügte er hinzu.

Imre mußte gerade wieder einmal nach Budapest fahren, und ich meinte, er würde dort vielleicht eine gute Köchin bekommen können. Er nickte und rief in Budapest seine Schwester Ilonka an. Sie war glücklich, ihm helfen zu können.

»Da gibt es eine phantastische Köchin, sie heißt Maria Pervich, war am Magnaten-Casino angestellt und hat dort gekündigt. Sie will sich eigentlich selbst ein Lokal einrichten, aber daraus wird wohl nichts werden, denn der Reichsverweser Horthy will sie gern engagieren. Der Verteidigungsminister Gömbös ist auch hinter ihr her. Aber wenn ich ihr ein großes Angebot machen kann?«

»Biete ihr an, was immer du für richtig hältst!« Und wenige Stunden später rief er mich an und sagte, er habe da eine »sehr sympathische Frau um die Fünfzig« engagiert.

»Allerdings spricht sie kein Wort deutsch. Aber alle sagen, daß sie einmalig kocht. Ich habe sie zunächst für vier Wochen Probe verpflichtet. Sie kommt bereits morgen mit mir nach Wien zurück. Allerdings kostet sie fünfmal so viel wie unsere Toni.«

Sie kam und kochte für einige Leute, die wir gewissermaßen zu einem Probeessen eingeladen hatten. Sie kam, kochte und siegte. Was von dem Diener auf den Tisch gebracht wurde, war einmalig. Nachher fragte ich, was sie für das Abendessen

benötigte ... Es begann: »Fünf Dutzend Eier, zwei Kilo Butter, zwei Liter Schlagsahne ...«
An diesem Abend gab es, ich weiß das noch, als wäre es gestern gewesen, Fogosch, einen Fisch aus dem Plattensee mit einer Crèmesauce, und darüber war frischer Kaviar gebreitet. Hauptgericht war eine gebratene Gans, ein Gedicht! Dazu Kartoffelkroketten und herrliche Gemüse. Als Dessert: Schokolade-Rehrücken, das war eine mit gerösteten Mandeln gespickte Schokoladen-Sahne-Torte, und Napoleonschnitten, die auf der Zunge zergingen.
Und so ging es weiter, in den nächsten Tagen, Wochen, Jahren. Sie ging selbst zum Fleischer und wußte genau, welches Stück sie aus einem Rind oder einem Schwein haben wollte. Sie buk unser Brot und die Semmeln. Sie fuhr in die entlegensten Gegenden Wiens, um das frischeste Gemüse zu bekommen, das aufzutreiben war. Sie wußte von allen nur denkbaren Ingredienzien. Unser Haushalt kostete ungefähr das Zehnfache von dem, was er bisher gekostet hatte, oder zumindest kostete das die Küche.
Aber ich war innerhalb von wenigen Wochen die beliebteste und gesuchteste Gastgeberin von Wien. Vor lauter Begeisterung habe ich vergessen, die Pervich selbst zu beschreiben: Sie war klein, stämmig, blond und hatte blaue Augen. Sie wirkte eher wie eine Bäuerin. Sie war einmalig und wußte es. Sie war bereit alles zu tun. Es war ihr gleichgültig, ob sie für fünf oder fünfzig Personen kochen sollte. Und das ist auch so geblieben während der vierzig Jahre, die sie bei uns war. Sie sprach ungarisch und hat nie eine andere Sprache richtig gelernt, gleichgültig, ob wir in Paris lebten, in Wien oder in Hollywood. Als wir nach Amerika emigrierten, war Frau Pervich natürlich dabei und machte mich, dank ihrer einmaligen Kochkunst, zur berühmtesten Hostess bei den großen Parties, die wir gaben.

Gottfried Reinhardt schrieb in seinem Buch »Der Liebhaber«:
»Wenn die Küche der Häuser Max Reinhardt, Fritzi Massary, Joe May drei Sterne verdienten, so hätte ein Emigrations-Michelin dem Haus des Operetten-Komponisten Emmerich Kálmán ausnahmsweise vier verliehen ...«
Allerdings war sie auch eine absolute Herrscherin. Sie ließ sich nichts sagen. Als ich ihr einmal andeutete, das Essen sei zu gut, denn mein Mann habe bereits sechs Kilo zugenommen und ich zwei, war sie so gekränkt, daß sie gehen wollte. Sie hat uns mit ihren Kochkünsten fast ein halbes Jahrhundert umsorgt, und ich habe sie bis heute in besonderer Erinnerung behalten.
Da lebte ich nun in einem großen Palais mit vielen Bediensteten und hielt es für selbstverständlich. Später habe ich mich oft gefragt, ob mir eigentlich dabei klar wurde, was für ein ungeheures Glück ich gehabt hatte. Ja, es war mir damals voll bewußt. Das war wohl ein Erbteil von meiner Mutter. Sie hatte es auch immer für selbstverständlich gehalten, vom Schicksal bevorzugt zu werden, und fand es unglaublich, wenn dies – was ja so oft bei ihr der Fall war, eben nicht geschah. Und ich war vom Schicksal bevorzugt worden, ich war die Frau von Emmerich Kálmán.
Alles war so schnell gegangen, und beinahe wäre sie schiefgegangen – unsere Trauung.
Wir erschienen am Standesamt, und kurz bevor die Trauung beginnen sollte, stellte Imre fest, daß er die Ringe zu Hause gelassen hatte. Der Chauffeur wurde losgeschickt, um sie zu holen. Es dauerte und dauerte, und Imre schüttelte den Kopf. Dies sei ein schlechtes Omen, sagte er, und hätte am liebsten alles rückgängig gemacht. Als die Ringe dann da waren, meinte er: »Es kann gar nicht gut gehen mit uns, der Altersunterschied ist zu groß!«

Dann gab es noch die Sache mit meinen Papieren. Der Standesbeamte wollte Papiere von mir haben, die ich nicht beibringen konnte. Mein Nansen-Paß, der mir bisher stets weitergeholfen hatte, interessierte den Standesbeamten in Wien wenig. Er meinte:

»Wir brauchen Geburtsschein, Aufenthaltsbescheinigung, Reisepaß. Schaun's, sowas müssen's in Wien bringen!«

Wo um alles in der Welt war mein Geburtsschein? Er lag vermutlich im russischen Perm. Aber dann mischte sich Kálmán ein, und als der Standesbeamte ihn erkannte, war er voller Respekt und konnte sich nicht genugtun an Verbeugungen und Versicherungen. Es sei ja alles in Ordnung, »Herr Komponist!«.

Und dann war auch das vorbei. Nun lag das Leben vor mir in einem großen Haus, mit einer Menge Dienerschaft; vor kurzer Zeit noch hatte ich gehungert, kaum Geld für das tägliche Leben gehabt – und nun konnte ich alles haben, was ich wollte.

Und ich wollte alles haben. Ich wollte zum Beispiel einen Pelzmantel haben, und dann wurden drei daraus. Imre, der immer Sparsamkeit praktiziert hatte, war entsetzt und nicht ganz überzeugt, als ich ihm versicherte, als Frau Kálmán müsse ich doch repräsentieren. Aber er unterschrieb die Schecks, die mir ein neues Leben schafften.

Ich war so glücklich wie ein Kind unter dem Weihnachtsbaum. Während all der vielen Jahre der Not und anderer Schwierigkeiten hatte sich wahrer Heißhunger auf Erleben in mir gespeichert. Wenn ich morgens aufwachte, freute ich mich schon auf das Frühstück und dann auf das, was ich am Vormittag tun würde und vor allem, was der Abend bringen würde. Denn abends mußte immer irgendetwas los sein, Einladungen oder Ausgehen, das hatte ich mir in meinen Träumen immer vorgestellt.

Selten nur waren wir beide des Abends allein zu Haus. Imre genoß dann seine geliebte Havanna, und ich erzählte ihm viele lustige und komische Sachen, und brachte ihn zum Lachen. Das waren sehr glückliche Stunden für uns.

Wir gaben viele Einladungen und erhielten immer Einladungen. Einer der ersten, der zu uns kam, war George Gershwin, der äußerst gutaussehende, amerikanische Komponist. Wir gaben einen Empfang für ihn, sein Bruder Ira begleitete ihn. Imre hatte von George ein Geschenk erhalten, das ihm außerordentlich viel bedeutete. Es waren die Bleistiftreste, mit denen er seine »Rhapsody in Blue« geschrieben hatte. Ein herrliches Werk. Auf Bitten von Imre setzte er sich an den Flügel und spielte sie uns und unseren Gästen vor. Alle waren voller Bewunderung für ihn.

Aber als Imre nachher sagte:

»An diesen Abend werdet ihr ein Leben lang denken!« meinte ich:

»Mir hat die Musik nicht sehr gefallen. Ich fand sie so improvisiert ... Denke was du willst, deine Musik gefällt mir eben viel besser!«

Er schmunzelte, aber er meinte schließlich entschuldigend zu seiner Familie, die aus Budapest gekommen und ebenfalls anwesend war:

»Sie weiß es nicht besser ... Sie ist noch ein Kind!«

Ich wußte es wirklich nicht besser. Aber in diesem Augenblick fühlte ich mich gekränkt und vor der Familie bloßgestellt. Einige Jahre später wußte ich in der Tat, welch großer Komponist Gershwin war.

Damals stand ich schon kurz vor der Geburt meines ersten Kindes. Man schrieb das Jahr 1929. Imre war aufgeregter als ich, als ich in die Klinik fuhr. Daß mein erstes Kind – und auch sein erstes – ein Junge war, machte ihn überglücklich. Er schrieb sofort einen Brief an seine Familie in Budapest.

Es hieß darin:
Liebe Mamus und liebe Geschwister! Ich will Euch einen gemeinsamen Brief schreiben, wovon jeder von Euch ein Exemplar bekommt.
Wenn auch der Brief von mir nur einmal geschrieben ist, so ist er für jeden von Euch extra bestimmt, damit Ihr alle genau informiert seid. Ich will Euch nun die ganze Geschichte schildern, wie es war.
Freitag nachmittag waren wir beide im Kino, und ich habe in der Nacht bis ein Uhr gearbeitet. Samstag früh hat mich Marie benachrichtigt, daß Veruschka im Badezimmer sei und das Fruchtwasser abgehe. Ich war sehr überrascht. Ich muß Euch gestehen, daß ich gar nicht gewußt habe, was das Wort Fruchtwasser bedeutet. Wie ich auch vom Gebären nichts verstanden habe und auch jetzt, wo ich sozusagen ein Kind in die Welt gesetzt habe, von diesem mystischen Vorgang noch immer wenig verstehe. Also, wie ich das gehört habe, bin ich sofort zu Veruschka gelaufen, die sehr ruhig und tapfer war. Wir haben sofort den Arzt holen lassen, und er hat gesagt, daß es notwendig sei, das Zimmer im Sanatorium zu bestellen. Veruschka hat dann ihre Siebensachen zusammengepackt – das Wenige von Kinderwäsche, das wir vorher gekauft haben, wurde auch eingepackt – und sie war weiter vollkommen mutig, besser gesagt, glücklich.
Ich war natürlich sehr aufgeregt, und in meiner Aufregung habe ich fünfzehn Briefe diktiert, und so ist der Mittag gekommen. Nachmittag hat sie ein bißchen geweint, aber nur deshalb, weil sie von mir weggehen mußte, und abends um 1/2 7 Uhr sind wir ins Sanatorium übersiedelt. Wir haben ein sehr schönes, ruhiges Hofzimmer bekommen, auch Marie ist mitgekommen, und ich bin bei ihr von 1/2 7 bis 1/2 9 Uhr geblieben. Dann bin ich nachtmahlen gegangen, in die ungarische Weinstube. Um 1/2 10 war ich wieder im Sanatorium, da

haben die Wehen begonnen. Da ich ein großer Statistiker bin, habe ich die Uhr in die Hand genommen, um zu konstatieren, in welchen Intervallen die Wehen kommen.
Veruschka war glänzend gelaunt, und wenn ein Krampf vorüber war, hat sie immer Witze gemacht und mich getröstet. So ist es gegangen bis ein Uhr nachts, wo der Arzt, Prof. Adler, gekommen ist, den ich ersucht habe, die Nacht im Sanatorium zu verbringen. Er hat mich nach Hause geschickt, und so bin ich um ein Uhr mit der Marie nach Hause gefahren. Ich hätte gerne gehabt, wenn das Schicksal dem kleinen Kinde das Leben am Jahrestag der Uraufführung der »Csardasfürstin« schenken würde. Ich hatte mir aber eingebildet, daß dieser Tag der 18. November war. Als ich in der Nacht nach Hause kam, wußte ich, daß alles doch schon am 17. geschehen wird. Sofort habe ich meine Erinnerungspapiere und Plakate durchgesehen und mit großer Freude wahrgenommen, daß ich mich getäuscht hatte. Die Uraufführung der »Csardasfürstin« im Jahre 1915 hat tatsächlich am 17. November stattgefunden und nicht, wie ich irrtümlicherweise glaubte, am 18. November.
Geschlafen habe ich nicht viel. Ich rief schon vor 6 Uhr früh im Sanatorium an, wo man sagte, es gäbe nichts Neues.
Vor 7 Uhr habe ich wieder angerufen, und da ist ein Arzt zum Telephon gekommen. Es geht alles gut vorwärts, die Patientin würde in den sogenannten Kreißsaal gebracht und er glaube, daß in einer Stunde das Kind geboren sein würde.
Ich habe mich angezogen, und als ich beim Frühstück saß, rief einige Minuten vor 8 Uhr mein alter Freund Dr. Meisel an, der natürlich auch zugegen war, und sagte mir: »Es ist ein Junge, der schon nach seinem Vater schreit.« Ich solle erst in einer Stunde kommen. Ich bin aber sogleich hingefahren, und man zeigte mir das Kind. Als ich dagestanden bin, frisch rasiert, gut gefrühstückt, mit einem Spazierstock in der Hand

und mit einer Zigarre im Mund, die mir glänzend geschmeckt hat, habe ich mich sehr geschämt, denn das ist halt die Sache, wo die Frauen etwas furchtbar Schweres zu tragen haben und die Männer nur Zuschauer sind.
Im Zimmer wurde die arme Veruschka noch genäht, und ich stand da, habe den kleinen Jungen angesehen und zur Hebamme gesagt: »Na, das ist aber ein häßlicher Junge!« Worauf die Hebamme furchtbar beleidigt war und gesagt hat: »Das ist das schönste Kind, das seit langem im Sanatorium geboren wurde!«
Schon in diesem Moment habe ich festgestellt, daß ich eine so überraschende Ähnlichkeit zwischen Vater und Kind noch nie erlebt habe. Man hat mich in den Wintergarten geführt, dort habe ich gewartet, bis das Bett der Veruschka hinuntergebracht wurde. Von weitem hörte ich sie schon rufen: »Wo ist Imruschka, ein Buberl, ein goldiges Buberl!«
Als das Bett an mir vorbeigerollt wurde, habe ich gefragt, wo denn das Kind sei, nachdem ich nicht bemerkt hatte, daß das Kind neben der Mutter im Bett liegt. Dann sind wir alle in ihr Zimmer herein. Veruschka war trotz der Schmerzen, die sie noch spürte, glücklich und strahlte vor Freude.
Danach habe ich meine Telegramme an Euch geschickt. Weil ich sehr hungrig war, bin ich schnell nach Hause gegangen, habe mit verschiedenen Freunden telephoniert und noch einmal ausgiebig gefrühstückt. Anschließend bin ich wieder zu Veruschka gegangen. Inzwischen hat der Junge viel schöner ausgeschaut, so daß ich ihn einigen Freunden, die gekommen waren, zeigen konnte. Auch sie haben die große Ähnlichkeit mit mir festgestellt. Das ist es eben, worüber ich wirklich so erfreut bin: diese wundervolle Ähnlichkeit. Unser Kind hat die Kopfform und Stirn von unserem Vater und mir, nur mit dem Unterschied, daß es sehr schöne und so viele Haare hat, meine Haarfarbe übrigens, so daß es bereits am

zweiten Tag gekämmt worden ist. Es hat große dunkelblaue Augen, und etwas besonderes: einen wunderbaren Glanz im Blick. Es sieht so klar und so lebendig um sich herum, daß man gar nicht die Empfindung hat, es sei neugeboren. Seine Nase ist genau die Nase von unserem Vater und mir, und sein Mund ist wie mein eigener. Die Finger sind ganz meine Finger, und merkwürdigerweise hält schon mein Junge die beiden Zeigefinger genau in derselben Richtung und Höhe wie ich und scheint auch diese Schwäche von mir geerbt zu haben, daß es diesen zweiten Finger nicht so bewegen kann wie die übrigen Finger.
Ich habe Euch gesagt, daß die Nachricht in ganz Wien große Sensation und eine allgemeine Freude hervorgerufen hat. Unzählige Gratulationstelegramme haben wir erhalten. Es waren so viele Blumen, daß ich das Zimmer photographieren ließ, damit wir für später ein Andenken haben.
Ich kann Euch nicht genug die prachtvolle Haltung von Veruschka loben, die in der ganzen Zeit nur darauf bedacht war, daß ich mich nicht ängstigen soll. Sie hat dem Arzt streng verboten, mich früher zu rufen, als bis alles vorüber sei. Sie hat, Gott sei Dank, auch genug Milch und wird das Kind selbst stillen, nur der kleine Kerl ist oft trinkfaul, deshalb ist es öfters notwendig, daß die Milch abgepumpt wird. So nimmt das Kind die Milch lieber. Das Personal im Sanatorium hat sich wundervoll benommen. Sie sind scheinbar alle sehr stolz darauf, daß das kleine Kindchen bei ihnen geboren ist.
Viele haben wunderschöne Geschenke geschickt. Was an Kleidung und Windeln notwendig war, habe ich mit der Pflegeschwester am Montag selbst gekauft. Ich verbringe die meiste Zeit im Sanatorium und muß sagen, daß ich mit dieser Sache meine erste wirkliche Freude erlebt habe. Gott soll nur geben, daß weiter alles gut geht.
Ich bin von allem ganz benommen und habe leider seit drei

Tagen sozusagen vor Freude gar nichts gearbeitet und wäre sehr glücklich, wenn ich schon meine Lieben bei mir hätte, damit wir vereint wieder beisammen sind. Wir müssen auch alle diesem kleinen Mädel, das im Wochenbett so aussieht wie ein Mädelchen aus der Bürgerschule und nicht wie eine Frau, dankbar sein, wie auch ich ihr von ganzem Herzen danke, daß sie mit ihrer Jugend diesen schweren Kampf, der schließlich zu meinem Glück geführt hat, ausgekämpft hat. Alle die Menschen, die am Anfang den Kopf geschüttelt haben, sind jetzt glücklich und in diesem Gedanken einig. Ich kann Euch wirklich sagen, daß ganz Wien sich mit diesem kleinen Kind gefreut hat.

Ich danke besonders der lieben Mamus für ihre lieben Worte, die uns sehr gerührt haben. Ich habe in Deinem Auftrag wirklich die schönsten Blumen für Veruschka gekauft und zwischen den vielen Blumenarrangements ist das von der Mutter das schönste.

Ich grüße und küsse Euch alle.

In Treue und Liebe Euer

Imre

Der kleine Junge, Karl genannt, später Charly, war nicht das einzige Kind, das ich von Kálmán haben sollte. Im Jahr 1931 folgte Elisabeth, die wir aber vom Tag ihrer Geburt an Lily nannten, und 1936 wurde Yvonne geboren.

Wir gingen wieder viel aus. Bevor Imre mich geheiratet hatte, saß er fast immer zu Hause. Mit mir war das ganz unmöglich. Ich wollte alles sehen und interessierte mich für alles. So gingen wir eines Abends auch in das Varieté »Ronacher«. Es war noch gar nicht so lange her, daß ich dort als »Fräulein Nummer« auftrat. Welch ein Gefühl für mich, welch ein kleiner Triumph, jetzt hochelegant, schön, umschwärmt als Frau des berühmten Komponisten, in der Loge mit anderen Berühmt-

heiten zu sitzen. Das waren Franz Lehar mit seiner Frau und Richard Tauber mit seiner Geliebten, der bildschönen Mary Losseff, und ein Bekannter von uns mit einer blutjungen rothaarigen Schönheit, Hedy Kiessler.
Tauber hatte den Anstoß dazu gegeben, daß wir alle ins »Ronacher« gegangen waren. Er hatte uns von einer jungen Diseuse erzählt, die dort auftrat und eine Attraktion allerersten Ranges wäre. Wir erlebten sie. Es war Greta Keller, die von dort ihren Weg machte und zu einer der bedeutendsten internationalen Diseusen aufstieg. Sie hatte soviel Herz in ihrem Vortrag und eine ungemein reizvolle Stimme, von der Max Reinhardt später sagte: »Nur Gott kann eine solche Stimme zerstören!«
Wir lernten sie bald persönlich kennen, und sie wurde eine meiner liebsten Freundinnen, denn sie war zugleich eine wunderbare Frau. Ihr einziger Fehler – wenn man es so sehen will: sie war für ihr großes Können viel zu bescheiden. Als sie schon in New York genauso angesehen war wie in Wien und Berlin, blieb sie privat immer noch still und zurückhaltend. Ich habe sehr um sie getrauert, als wir sie verloren.
Nach der Vorstellung gingen wir noch alle zusammen in die Edenbar. Wir trafen dort Hubert Marischka, der sich zu uns an den Tisch setzte. Marischka war gerade in den Vorbereitungen für die Aufführung von »Sissy«. Ich weiß nicht mehr, wer von uns ihm den Vorschlag machte, diese Titelrolle mit Hedy Kiessler aus Ischl zu besetzen. Zunächst lehnte er es brüsk ab, denn sie hatte vom Theaterspielen nur wenig Ahnung. Dann aber wagte er es doch ihrer außergewöhnlichen Schönheit wegen, und Hedy wurde seine Sissy im Theater an der Wien. Bald danach wurde sie für den Film entdeckt und machte großes Aufsehen, denn sie erschien auf der Leinwand, und war damit wohl eine der ersten Frauen, die das wagte, – vollständig nackt. Es war der Film »Ekstase«, der ihr einen

Werk von ihnen die besten Kritiken bekam, glaubten sie, es würde niemand hineingehen. Sogar wenn das Theater heute voll war, glaubten sie, morgen würde es leer sein. Oder sie fanden, daß das Theater nicht genug Sitzplätze habe.
Im Gegensatz zu Imre wußte aber Molnár, daß es nicht gut war, so zu sein, und warnte ihn genau wie Lehár, mich seinen Pessimismus allzusehr spüren zu lassen.
»Imre, du und ich, wir haben Blut wie Teer«, pflegte er zu sagen. »Und deine Frau will leben!«
Und ob ich leben wollte! Zu den Aufgaben meiner Ehe gehörte, daß ich jeden Monat zwei, drei Tage mit Imre nach Budapest fahren mußte. Wie ich das haßte! Ich verstand mich nun ganz gut mit seiner Familie, aber sie waren mir doch sehr bürgerlich. Die Schwäger Imres waren Getreidekaufleute, die liebten es, zu Hause zu sein, sie mochten das Nachtleben von Budapest, das mich faszinierte, so ganz und gar nicht. Es bedurfte vielen Zuredens und vieler Schmeicheleien meinerseits, um Imre dazu zu bewegen, mit mir in das eine oder andere Nachtlokal zu gehen oder mir gar zu erlauben, mit Männern, die er nicht kannte, zu tanzen. Er mochte nicht einmal, daß ich mit Männern tanzte, die er kannte.
In Budapest mußte ich also nach einem Ausweg suchen und fand ihn in meiner liebsten Schwägerin, der reizenden Milike, die soviel Verständnis für mich hatte. Jeden Nachmittag ging ich mit Milike zum 5-Uhr-Tee – zur Entspannung, sagten wir Imre.
Einmal hatte Sandor Miclos, der Zeitungskönig von Ungarn, meinen Mann und mich in das Feudalrestaurant »Gundel« auf der Margareteninsel eingeladen. Er war mit Frida Gomba Stöghy verheiratet, die vor ihrer Ehe eine der beliebtesten Schauspielerinnen Ungarns gewesen war. Sie erlitt Schlimmes. Ein junger Mann hatte sich leidenschaftlich in sie verliebt, und da sie ihn nicht erhörte, schoß er ihr zweimal ins

Gesicht. Sie war entstellt fürs ganze Leben. Der junge Mann kam in ein Irrrenhaus. Sandor heiratete Frida trotzdem, und sie wurde eine gute Freundin von mir, obwohl sie viel älter war als ich; aber welche Frau in meiner Umgebung war damals nicht älter als ich.
Gegen Mitternacht wollte Imre nach Hause – Sandor und Frida dagegen wollten noch auf eine Stunde mit uns in die Arizona-Bar gehen. Sie baten, daß wir mitkämen.
Die Bar war eine todschicke Angelegenheit. Es gab Logen, in denen jeweils acht Personen Platz hatten. Herren und Damen saßen getrennt, was die Sache sehr amüsant machte. Das Tanz-Parkett und die Fauteuils in den Logen bewegten sich in sanftem Schaukeln.
Ich erblickte in einer Nebenloge bei den Damen die erste Schönheitskönigin der Welt, die Österreicherin Lisl Goldarbeiter und die zweite Schönheitskönigin, die Ungarin Mercedes Sambori, die bald danach den Grafen Apponyi heiratete. Ein auffallend schöner junger Mann im Frack, ein Gentleman, kam zu uns in die Loge, begrüßte Frida Gomba Stöghy, ließ sich den anderen Damen vorstellen und bat mich – er sprach französisch – um einen Tanz. Wir tanzten solange, bis mein Mann mich aus der Loge abholte.
Imre war böse:
»Du hast toll getanzt, auch ohne Lehár! Ich nehme an, der junge Mann ist ein Eintänzer, ich will ihm ein gutes Trinkgeld geben!«
Ich war erschrocken.
»Um Gottes willen, Imre, das kannst du nicht tun!«
»Was heißt das? Der wartet darauf, ich gebe ihm 50 Pengö!«
Ich sagte schnell:
»Gib mir das Geld, ich werde es ihm zustecken!«
So verhinderte ich eine große Peinlichkeit. Das Geld ließ ich heimlich in den nächsten Sektkübel fallen, als wir die Bar ver-

ließen. Mein phantastischer Tänzer war einer der Söhne vom Reichsverweser Horthy. Ich konnte nicht einmal das in dem Augenblick zu Imre sagen, er war viel zu verärgert.
Ich versuchte oft, mich vor den Besuchen in Budapest zu drücken. Es gelang meist nicht, aber gelegentlich doch, und einmal erklärte ich kurzerhand, ich hätte meinen Paß verlegt, und so fuhr er seufzend allein.
Dann wieder mußte ich unter allen Umständen mitkommen, etwa als der Reichsverweser von Ungarn, Nikolaus von Horthy, zu Ehren Imres ein Staatsbankett gab. Erst wollte er selbst nicht, aber es war wohl unumgänglich, hinzufahren, und mir persönlich machte so eine Sache natürlich Spaß. Ein Staatsbankett, das erlebt man nicht jeden Tag!
Es war ein ganz großer Gala-Abend in den herrlichen Räumen der Burg in Buda, und Imre erhielt einen Orden. Dieser Orden bedeutete auch, daß er sich »Meltosagos« nennen durfte. Das war ungefähr dasselbe wie Baron. Er war bereits von Mussolini zum Commendatore ernannt worden, ein Orden, den er später zurückschicken sollte. In Österreich hatte er das Kruckenkreuz erhalten, später wurde er in Dänemark ebenfalls Commendatore, erhielt den Ehrendoktortitel der Columbia University in New York und wurde in Paris Mitglied der Légion d'Honneur, was ihn alles nicht sehr interessierte, mich aber, ich gebe es zu, mit kindlichem Stolz erfüllte.
Viel lieber als irgendwo andershin fuhr ich an die Riviera, und besonders nach Nizza, wo so viel los war. Imre mochte die Riviera nicht besonders gern. Einmal bat ich ihn, wenn er schon nicht mitkäme, mich allein fahren zu lassen, – meine Mutter sei dort und sie fühle sich recht elend. Vielleicht sei es etwas Ernstes? Sie hatte wieder einmal einen anderen Mann, genau genommen war es nur ein Freund, aber sie hoffte, er würde sie heiraten.

Sie war kurz nach der Geburt von Karl, von der mein Mann sie natürlich telegraphisch unterrichtet hatte, in Wien erschienen. Zu meiner Verwunderung und Bestürzung in Trauerkleidung. Sie habe, so erklärte sie in voller Lautstärke und ohne Rücksicht auf meinen Zustand zu nehmen, Schreckliches erlebt. Dimitri habe ihr Portemonnaie gestohlen, und hatte sich entschlossen, zur Polizei zu gehen und Anzeige gegen ihren eigenen Mann zu erstatten. Als sie nach Hause kam, habe er in Flammen gestanden. Jawohl, in Flammen. Nicht etwa, daß er sich selbst habe verbrennen wollen. Er habe einige Flecken an seiner Jacke herausputzen wollen, sei ins Badezimmer gegangen und habe die Benzinflasche geöffnet. Kurz und gut, er brannte, wurde auf den Alarmruf meiner Mutter eilends in einem Krankenwagen fortgebracht, erreichte aber das Krankenhaus nicht mehr lebend. Sie war also nun Witwe.

Imre, der die Geschichte dieser Tragödie in voller Lautstärke mitanhören mußte, erklärte indigniert: »Madame, hier sind nicht mehr Sie die Hauptperson, hier ist es jetzt Vera.« Und er bat sie, zu gehen.

Wie man sieht, war Imre nicht gerade ein Freund meiner Mutter, dafür lag auch kein Grund vor. Er glaubte mir einfach nicht, daß sie so krank sei, um meine Fahrt nach Nizza zu rechtfertigen. So rief Mamatschka persönlich an. Sie machte ein großes Theater am Telephon.

»Vielleicht ist es das letzte Mal, daß ich Veruschka sehen kann!«

Imre, immer eher zum Nachgeben bereit, ließ mich fahren. Begingung: ich sollte kein Abendkleid mitnehmen. Ich nahm natürlich doch eines mit, oder vielmehr gleich drei oder vier. Denn ich wollte mich amüsieren!

Meine Mutter hatte das »Negresco« bezogen. Sie schwamm offenbar im Geld. Der Mann, den sie heiraten wollte, war

kein armer Mann. Übrigens heiratete er sie später, aber die Ehe dauerte nicht sehr lang. Keine der Verbindungen meiner Mutter war von Dauer.
Beinahe wäre es zu einer Katastrophe gekommen. Ich lernte in Nizza einen französischen Filmproduzenten kennen, der sich in mich verliebte und mir einen bezaubernden Liebesbrief schrieb. Nun, der interessierte mich nicht sonderlich, ich legte ihn irgendwo hin, und irgendwie kam er, als ich nach Wien zurückgekehrt war, meinem Mann in die Hände. Er war empört.
»So war es also!«
Er rief unseren Anwalt an. Er wollte sich scheiden lassen. Mit Mühe erklärte ich ihm, ich könne nichts dafür, daß sich der Mann in mich verliebt habe. Außerdem habe er sich nicht in mich verliebt, sondern in meine Mutter, und dieser Brief sei an meine Mutter gerichtet gewesen. Das stimmte nicht ganz, aber als der Filmproduzent in Wien erschien und erklärte, es vor Gericht beschwören zu wollen, war Imre beruhigt.
Das war keine sehr nette Geschichte, zugegeben. Aber ich fühlte mich eigentlich nicht schuldig. Ich hatte mich nicht in den Mann verliebt, geschweige denn, ihm irgendwelche Rechte eingeräumt.
Ich wollte ja immer nur eins: leben. Imre, der nie gelernt hatte, was leben ist, arbeitete.
Ich hatte bis dahin nie etwas von der Qual des Schaffens gewußt. Nun erfuhr ich, wieviel Schweiß und Mühe, wieviel schlaflose Nächte und unruhige Tage es kostete, bis eine Melodie erfunden ist, die, wenn sie erst einmal auf dem Papier steht, wenn sie erst einmal gespielt wird, oder gesungen, so leicht, so natürlich, so liebenswürdig, so selbstverständlich klingt, daß man meint, der Komponist habe sie in einem Augenblick guter Laune oder des Sinnenrausches sozusagen aus der Luft gesogen. Wie oft kam es vor, daß er einen Text zehn-

oder zwanzigmal komponierte, daß er eine Arbeit von Wochen verwarf, weil ihm eine Passage, weil ihm zwei oder drei Töne nicht gefielen, weil er das bestimmte Gefühl hatte, so wie er es in mühseliger Art zusammengebracht hatte, sei es noch nicht ganz richtig.

Neue Gäste. Der Amerikaner Paul Whiteman erschien in Wien, der riesige, sehr dicke Dirigent des ersten Jazzorchesters der Welt. Er befand sich auf einer Europa-Tournee, wir gingen natürlich in sein Konzert und er kam abends zu uns. Er war sehr nett und sehr liebenswürdig, aber seine wirkliche Aufmerksamkeit galt den Backhendeln der Pervich. Ich weiß nicht, wieviele er davon aß, jedenfalls dürfte er an diesem Abend nicht abgenommen haben. Als er zwei Tage später weiterreiste, schickte ihm mein Mann einen Korb mit Backhendeln zum Bahnhof.

Einmal fuhren wir nach Berlin. Die Ufa hatte Verhandlungen mit Imre aufgenommen, es ging um einen Tonfilm »Ronny« mit Käthe von Nagy und Willy Fritsch, zu dem er die Musik schreiben sollte. Regie führte Reinhold Schünzel, mit dem wir uns anfreundeten und der später oft nach Wien kam, zusammen mit seiner bildschönen Frau Mimmi. In Hollywood sollten wir uns wiedersehen.

Dann war da die Sache mit Nina, der besten Freundin aus meiner Elendszeit, der reizenden Tänzerin. Sie rief an, sie sei in Wien. Wir hatten uns ganz aus den Augen verloren, und es war auch Jahre her, daß wir gemeinsam im Café Sacher gesessen und auf unsere Chance gewartet hatten. Sie hatte damals noch mitbekommen, daß ich mich mit Kálmán liierte, und ich hatte durch die Zeitung erfahren, daß sie als Tänzerin ans Burgtheater für das Ibsen-Drama »Peer Gynt« engagiert wurde. Auch hatte ich erfahren, daß der Maharadscha von Kapurthala mit seinem Gefolge in Wien angekommen war, im Hotel Imperial eine ganze Etage bezogen und die Vorstel-

lung von »Peer Gynt« besucht hatte. Dort war ihm auf seinen Wunsch hin eine Tänzerin vorgestellt worden – es konnte eigentlich nur Nina gewesen sein.
Nun saßen wir zusammen in meinem Salon und Nina erzählte mir erstaunliche Dinge. Der Maharadscha hatte sich so in sie verliebt, daß er sie heiratete. Sie lebte jetzt in seinem Palast.
»Darüber mußt du doch wahnsinnig glücklich sein!« meinte ich.
»Ganz im Gegenteil«, sagte sie traurig, »ich bin eine der unglücklichsten Frauen. Der Maharadscha ist schon ein alter Mann und krankhaft eifersüchtig. Seine bisherige erste Frau intrigiert ständig gegen mich und läßt mich beobachten. Er hat übrigens außerdem noch mehrere junge Frauen. Als der Maharadscha kürzlich schwer erkrankte, ließ er einen Arzt aus Deutschland kommen. Einen reizenden jungen Mann. Wir verliebten uns ineinander. Und nun? Ich bin in einer heiklen Lage. Ich habe alles, was Reichtum bieten kann, aber ich bin doch die ärmste aller Frauen!«
»Und warum verläßt du ihn nicht?« fragte ich.
»Das ist ganz unmöglich, Veruschka, daran kann ich überhaupt nicht denken. Ich glaube, er würde mich töten lassen!«
Ich erschrak.
»Aber Nina, warum hast du ihn denn überhaupt geheiratet?«
»Wir waren doch so arm, und da hat mir meine Mutter zugeredet. Das viele Geld!«
»Ich werde dir was sagen, Nina, ich habe gelernt, daß Geld nur solange wichtig ist, wie man es nicht hat. Im Augenblick, wo du es hast, und noch dazu in so unbegrenzten Mengen, spielt es doch überhaupt keine Rolle mehr. Da sind ganz andere Dinge von Wichtigkeit für uns!«
»Wie recht du hast, Veruschka, aber für mich ist diese Erfahrung zu spät gekommen!«
Wir gaben einen Empfang für den Maharadscha und Nina. Er

war wirklich eine imponierende Persönlichkeit, aber ich konnte verstehen, daß Nina ihn nicht liebte.
Ninas Leben endete einige Jahre danach tragisch. Der Maharadscha war dahintergekommen, daß sie ihn betrog. Plötzlich erkrankte ihre Mutter und starb verdächtig schnell. Nina bekam es mit der Angst zu tun. Sie wollte fliehen, bereit, alles zurückzulassen. Sie sandte mir ein Telegramm, wann sie kommen würde. Nur ihr kleines Hündchen hatte sie mitgenommen. Ich wartete auf sie. Und als zu der angegebenen Zeit keine Nachricht kam, beauftragte ich einen Detektiv, in Kapurthala nachzuforschen.
Das Ergebnis: Angeblich hatte sich die Maharani von einem der hohen Türme des Tadsch Mahal heruntergestürzt. Mehr war nicht herauszubringen. Ich glaubte es nicht – sie war viel zu jung, zu lebensfroh, und sie liebte den Arzt und hoffte sicherlich, mit ihm ein neues Leben beginnen zu können.
Aber zurück nach Wien. In Deutschland regierten die Nationalsozialisten seit 1933. In Wien, und damit ganz Österreich, witterten sie Morgenluft. Obwohl die Nazi-Partei zumindest vorläufig noch verboten war, machten sie kein Hehl aus ihrer Gesinnung. Wieviele Nazis gab es eigentlich in Österreich? Mehr vermutlich, als wir annahmen.
Die ersten prominenten und auch nicht so prominenten Juden hatten Deutschland längst verlassen, und immer neue strömten ins Ausland. Auch in Wien fragten sich viele bange: »Wie lange noch?« Imre gehörte zu ihnen. Die Frage war nur: Wohin?
Ich sagte:
»Wenn wir hier fortmüssen, dann wollen wir doch in Paris leben!«
Wie für alle russischen Emigranten war Paris auch für mich das Paradies, obwohl ich dort nicht gerade wie im Paradies gelebt hatte.

Wir fuhren also nach Paris, um uns ein Bild zu machen. In dem Restaurant Fouquets trafen wir zufällig Oscar und Klara Straus, dann auch Erich Maria Remarque. Wir besprachen die Möglichkeit, in Paris eine Aufenthaltsgenehmigung zu bekommen. Das war nicht ganz einfach, wie uns Remarque, von uns liebevoll Boni genannt, versicherte. Dreimal fuhren wir nach Paris, und erst beim dritten Mal kamen wir in punkto Aufenthaltsgenehmigung einen Schritt weiter.

In Paris hatte ich einen wichtigen Mann kennengelernt, der mir eine Empfehlung zum Präsidenten der Sécurité National gab. Der Präsident war ein sehr gut aussehender Mann. Sofort Sympathie auf beiden Seiten. Durch ihn bekam ich jene Genehmigung, die wir im Ernstfall brauchen würden, und nicht nur für uns, sondern auch für Frau Pervich. Er gab mir den Rat, sie als Verwandte auszugeben und nicht als Köchin. Es war verboten, ausländisches Personal zu verpflichten oder gar einreisen zu lassen.

1938 war es in Österreich so weit. Übernahme der Macht durch die Nationalsozialisten. Einmarsch Hitlers in Wien, wo er im Imperial wohnte.

Imre war beklommen. Lehár beruhigte ihn. Was sollte schon geschehen? Er jedenfalls fühlte sich sicher, trotz seiner jüdischen Frau. Immerhin war er der Komponist der »Lustigen Witwe«, der Lieblingsoperette Hitlers.

Ganz Wien war auf der Straße. Die Leute rasten vor Begeisterung. Man hätte glauben können, daß es überhaupt nur Nazis gab. Irgendwie imponierte mir das. Ja, das muß ich heute zugeben. Ich war immer noch recht jung, wenn auch eigentlich alt genug, um zu begreifen, was sich hier abspielte und vorbereitete.

Imre sah mich entgeistert an.

»Du findest das imponierend? Das ist ja . . . das ist ja . . . Verrat!«

Ich schüttelte den Kopf.
»Du hast doch nur Musik geschrieben, was kann dir schon passieren! Musik, die von allen Leuten gesungen und gepfiffen wird ...«
»Ich fürchte, mir kann einiges passieren. Und natürlich auch dir und den Kindern!«
In London brachte das Drury Lane Theater wieder einmal die »Gräfin Mariza« heraus. Wir wurden eingeladen und fuhren über Calais–Dover. Ein Riesenerfolg. Wir hatten einen hübschen Abend, ein paar sorglose Stunden. Wir trafen Freunde, den Sänger Richard Tauber und Alexander Korda, der Filmproduzent in London geworden war und die schöne Schauspielerin Merle Oberon geheiratet hat.
Aber schon am folgenden Tag kam ein Anruf aus Wien. Meine Zofe Anni war am Telephon. »Die SS war schon einige Male da. Sie haben nach Herrn Kálmán gefragt. Es wäre wohl besser, wenn Sie zurückkämen ...«
Wir fuhren also schnellstens zurück. Was wollte man von Imre? Er ahnte nichts Gutes. Die SS war zu allem fähig. Er schickte ein Telegramm an Horthy und bat um eine Audienz. Schon einen Tag später hatten wir einen Termin und fuhren nach Budapest. An der Grenze gab es Schwierigkeiten mit bösartigen österreichischen Beamten. Erst als Imre das Telegramm Horthys präsentierte, wurden sie respektvoller und ließen uns durch.
Budapest war wie verwandelt. Die noch vor kurzem so fröhliche Stadt hatte sich in ein Heerlager verwandelt. Überall Soldaten in voller Kriegsausrüstung.
Ich wohnte der Audienz bei. Horthy erklärte sofort, er würde alles tun, um Imre zu helfen. Er sagte es nicht mit viel Worten, aber es war klar, daß er, obwohl er Mussolini schätzte, wenig für Hitler übrig hatte. Und er riet uns, Wien zu verlassen und in die Vereinigten Staaten zu gehen.

»In der Neuen Welt können Sie durch Ihre Musik Ungarn sozusagen vertreten!« meinte er.
»Wird man uns herauslassen?«
»Ich werde versuchen, mit Hitler zu sprechen, um freien Abzug für Sie zu erwirken. Schließlich sind Sie ja Ungar, und Ihre Familie ist ungarisch.«
Wir fuhren zurück. Wir wußten, jetzt war Eile geboten. Aber wie schnell alles gehen sollte, merkten wir erst, als wir zu Hause ankamen.
Das Haus war nämlich von der SA besetzt. Und der leitende Mann dieser Truppe, oder zumindest ein für sie sehr wichtiger Mann, war der mit uns bis dahin befreundete Rechtsanwalt Dr. Habernal.
Imre, nicht ahnend, daß dieser feine Herr auch ein Nazi war, wollte ihm die Hand geben.
Der winkte ab und zeigte auf das Parteiabzeichen auf seinem Revers.
»Wir sind gekommen, um Ihre Villa zu beschlagnahmen!«
»Ich komme gerade von Budapest. Immerhin bin ich Ungar...«
»Sie sind Jude, Kálmán! Jetzt kommen andere Zeiten!«
Ich bat Imre, in sein Arbeitszimmer zu gehen. Und dann sprach ich mit Habernal. Das heißt, vorher ging ich in die Küche und ließ den SA-Leuten etwas auftischen.
»Ich weiß gar nicht, was Sie haben, Dr. Habernal! Gewiß, mein Mann ist Jude. Aber Reichsverweser Horthy ist sein Freund. Und Franz Lehár, der ja bei Hitler einen Stein im Brett hat, ist auch unser Freund.«
»Sagen Sie nicht Hitler! Für Sie ist er der Führer!«
Ich antwortete nicht.
Der Anwalt überlegte eine Weile und gab dann seinen Leuten den Befehl, abzurücken. Aber noch in der Tür sagte er:
»Wir kommen wieder! Morgen um drei Uhr!«

Ich rief sofort Franz Lehár an.
»Du mußt schnellstens zu uns kommen, Franzl, wir haben Wichtiges zu besprechen!«
Als er kam, beschwor ich ihn:
»Du als unser Freund mußt ein Wort für Imre einlegen. Das kann dir doch nicht so schwer fallen!«
Lehár sagte nur:
»Selbstverständlich mache ich das.«
»Dann komm' bitte morgen um drei zu uns, da erscheinen wieder diese SA-Leute.«
»Natürlich bin ich da!«
Aber wer nicht da war, das war unser guter Freund Franz Lehár. Er war für uns überhaupt nicht mehr da. Wenn man ihn anrief, ließ er sich verleugnen. Das sollten auch andere seiner Freunde erfahren.
Übrigens blieb er nicht in Wien, sondern fuhr erst einmal nach Berlin, also in die Höhle des Löwen, wo man seine Operetten weiterhin spielte. Unglaublich, wenn man bedenkt, daß fast alle seine Librettisten Juden waren, vor allem aber, daß seine Frau Jüdin war, die aber von Hitler geduldet wurde, und sozusagen arisiert worden war.
Vorläufig also war er erst einmal nicht gekommen. Und das bedeutete für Dr. Habernal und seine Männer, daß sie glaubten, bei uns hausen zu können, wie es ihnen paßte. Sie begannen zu »requirieren«. Am folgenden Tag erschien ein anderes SA-Kommando und wollte Imre holen.
Wohin? Er hatte keine Ahnung. Er zog sich an.
»Ich komme mit!« erklärte ich.
»Du mußt bei den Kindern bleiben!«
»Nein, in einem solchen Augenblick ist mein Platz an deiner Seite!«
Auf der Straße begegneten wir immer wieder Leuten, die von der SA oder auch von der Polizei verhaftet worden waren.

Wir sahen auch Lastwagen voller Leute, die offenbar irgendwohin transportiert wurden. Das alles war grauenhaft.
Ich sagte zu den Männern, die Kálmán abgeholt hatten:
»Wohin verschleppen Sie uns? Wir sind doch Ausländer! Was erlauben Sie sich eigentlich!«
Keine Antwort. Wir wurden zum Polizeipräsidium gebracht, dem neuen, das sich im Hotel Metropol etabliert hatte. Wir kamen in einen großen Raum, in dem schon etwa hundert Menschen warteten. Viele weinten, vor allem Frauen.
Ein hoher deutscher Offizier kam herein. Ich drängte mich zu ihm vor.
»Wir sind Ungarn!« rief ich. »Sie müssen uns sofort gehen lassen!«
Und dies mit einer Bestimmtheit, um nicht zu sagen Frechheit, die mich heute noch erstaunt. Damals kannte ich keine Angst.
Imre fürchtete, ich würde die Leute nur wütend machen. Aber der Offizier benahm sich eher höflich.
»Sie sind Ungarn? Können Sie das beweisen?«
»Jawohl, das können wir durch unsere Pässe. Aber die hat man uns abgenommen.«
»Kommen Sie mit ...«
Er führte uns in einen anderen Raum, in dem vor einem deutschen Offizier hunderte von Pässen lagen. Ich erkannte schnell unsere grünen ungarischen Pässe und zeigte sie ihm.
Der Offizier war erstaunt.
»Das ist Kálmán?«
Imre sagte gar nichts.
Der Offizier fragte noch einmal:
»Emmerich Kálmán?«
Schließlich brachte Imre hervor:
»Jawohl, ich bin Imre Kálmán.«
Der Offizier, der die Pässe zu verwalten hatte, erklärte jetzt:

»Das ist ein Mißverständnis. Hat man Sie belästigt?«
Imre sagte:
»Man hat uns korrekt behandelt.«
»Nein!« protestierte ich. »Das hat man nicht!«
Ich wollte mehr sagen, aber mein Mann hielt mich zurück. Man gab uns die Pässe wieder und ließ uns frei.
Als wir nach Hause zurückkamen, gab es dort zwar keine SA-Leute mehr, wohl aber zum Teil verstörte, zum Teil aber auch triumphierende Angestellte. Verstört war die Pervich, war das Kinderfräulein, war der eine Chauffeur. Die anderen hatten sich bereits in Gedanken die Beute aufgeteilt. Die Beute – das war das Mobiliar, das waren die Teppiche, die Bilder, das waren meine Pelzmäntel und wohl auch der Schmuck, soweit er nicht im Banksafe lag. Aber nicht in einem Safe in Wien, sondern – so vorsichtig waren wir immerhin gewesen – in Zürich.
Ich rief die Bande zusammen und erklärte:
»Sie sind ab morgen entlassen!«
Die Herrschaften meuterten:
»Juden können uns nicht entlassen!«
Ich, die ich ja keine Jüdin bin, sagte:
»O doch, wir können!«
»Dann müssen Sie uns sechs Monate Gehalt zahlen!«
»Kommt gar nicht in Frage. Ich zahle Ihnen genau das, was in Ihrem Anstellungsvertrag vorgesehen war.«
Sie machten Miene, handgreiflich zu werden. Es sah im Augenblick so aus, als würde mir der Gärtner mit der Hand ins Gesicht schlagen.
Ich lächelte ihn an. »Versuch's doch, du Dreckskerl!«
Aber er hatte nicht den Mut. Sie alle hatten nicht den Mut. Sie zogen sich zurück.
Völlig erschöpft warf ich mich auf mein Bett. In wenigen Minuten war ich eingeschlafen.

Am nächsten Morgen fand ich auf meinem Frisiertisch einen Brief von Imre. Einen erstaunlichen Brief. Ich habe ihn aufbewahrt. Es heißt darin:
»Wir kämpfen Seite an Seite einen schweren Kampf, der schon so lange andauert und in Wirklichkeit erst jetzt angefangen hat: für die Kinder, für das Haus und das Leben. In diesem Kampf warst Du ein braver, treuer und ehrlicher Kriegskamerad, Du verdienst die höchste Kriegsdekoration für Tapferkeit vor dem Feind. Und ich wünsche Dir und mir, daß wir diesen Krieg siegreich beenden. Wir müssen siegen... Wir werden auch siegen, wenn wir in Liebe weiterkämpfen.«
Horthy hielt Wort. Mit wem immer er gesprochen hatte, mit Hitler oder einem anderen maßgeblichen Mann – Gauleiter Bürckel wurde beauftragt, Kálmán ohne Schwierigkeiten mit seinen Möbeln und seiner gesamten Habe ausreisen zu lassen. Die Firma Kuoni aus Zürich schickte uns Packer, die in einigen Waggons alle unsere wertvolleren Sachen, die Teppiche, die Gobelins, die Bilder, die antiken Möbel unterbrachten. Das alles dauerte nur wenige Tage – aber in einem Wien, das aufgewühlt war, in dem es unausgesetzt Massenversammlungen und Massenproteste gab, in denen unschuldige Menschen aus ihren Häusern geholt und in Konzentrationslager gebracht wurden.
Und dann, nach ungefähr zehn Tagen, fuhren wir los. Mit zwei Autos, die mit ungarischen Fahnen geschmückt waren. Das eine Auto lenkte der neue Chauffeur aus der Schweiz, darin saßen das Kindermädchen und die Pervich. In dem anderen saßen unsere drei Kinder mit Imre, und ich chauffierte. Imre machte in unserer niedergedrückten Stimmung noch einen Scherz:
»Ich reise wenigstens mit meinem ganzen Orchester!«
Aber ihm war nicht nach Lachen zumute, und uns auch nicht.

Aber wieviel besser waren wir dran als diejenigen, die mit nichts anderem als dem, was sie auf dem Leib hatten, flüchten mußten, oder gar diejenigen, denen eine solche Flucht nicht mehr gelang.
Aber auch wir fuhren ins Ungewisse.

Emigration de luxe

Erste Station unserer Fahrt war Bad Reichenhall. Das hatte noch vor wenigen Wochen an der deutsch-österreichischen Grenze gelegen, aber nun gab es keine Grenze mehr, da es Österreich nicht mehr gab und alles Deutschland war. Wir hatten telefonisch in dem Hotel Axelmann-Stein Zimmer reserviert. Das bisher internationale Hotel war mit unzähligen Hakenkreuzfahnen geschmückt, so wie sie an fast allen anderen Häusern des Städtchens hingen, und Hitlerfotos in allen Zimmern.

Der Direktor des Hotels, der Imre von früher kannte riet: »Fahren Sie möglichst morgen früh weiter. Es wird Umzüge geben!«

Wir steckten die Kinder ins Bett und gingen selbst schlafen, aber wir fanden nur wenig Schlaf. In aller Frühe standen wir auf und fuhren weiter in Richtung Zürich.

Die deutsch-schweizerische Grenze war noch eine Grenze, sie war es mehr denn je. Die Zöllner waren offenbar von höherer Stelle dazu angehalten worden, möglichst genau zu kontrollieren. Unsere Pässe wurden eifrig studiert, dann mußte Imre eine Leibesvisitation über sich ergehen lassen, uns anderen blieb das erspart.

Als wir über der Grenze waren, bat ich den Chauffeur, zu halten. Ich riß die Fahnen von unseren Autos. »Warum tust du das?« wollte Imre wissen. »Genug. Jetzt müssen wir nicht dauernd dokumentieren, wer wir sind.«

Imre schüttelte den Kopf:

»Du hast drei kleine Kinder, sei vorsichtig!«
Ich hatte das Gefühl, als sei eine Zentnerlast von meinem Herzen gewichen. Österreich lag hinter uns. Endlich!
Wir kamen in Zürich an und nahmen Zimmer in der Pension Dolderburg. Imre hatte gemeint, jetzt, da wir ja sparen müßten, sei ein erstes Hotel wie etwa das »Baur au Lac«, zu teuer.
»Warum müssen wir sparen?«
»Wir haben aus Österreich nichts mitnehmen können. Und wie ich die Situation beurteile, wird man mir auch meine schwerverdienten Tantiemen nicht nachschicken. Wir können nur mit dem rechnen, was auf meiner Schweizer Bank liegt.«
»Aber du wirst doch wieder Geld verdienen ...«
»Ich hoffe es ... Aber das Geld haben wir noch nicht ...«
Die Dolderburg, von mir bald boshafterweise in »Dulderburg« umgetauft, war gar nicht so übel. Es wohnten gute Leute dort. Zum Beispiel der größte deutsche Schauspieler unserer Zeit, Albert Bassermann mit Frau und Tochter. Bassermann war wegen seiner jüdischen Frau aus Deutschland emigriert, obwohl ihn Goebbels dort gerne gehalten hätte. Bis vor kurzem war er noch in Wien aufgetreten, aber das war nun auch zu Ende. Am Schauspielhaus in Zürich wollte man ihn allerdings noch liebend gern haben.
Doch die Dolderburg oder »Dulderburg« entsprach so gar nicht meinem Geschmack. Und das tat Zürich überhaupt nicht. Verglichen mit Wien war es doch eine recht kleine Stadt und, wie mir damals schien – später sollten sich meine Ansichten darüber ändern –, eine Stadt ohne Glanz.
»Nach Paris sollten wir fahren!« sagte ich zu Imre.
Er schüttelte den Kopf. Er fühlte sich wohl in Zürich. Hier gab es Cafés wie in Wien, hier sprachen die Leute eine Sprache, die er verstand und die er sprechen konnte. In Paris wäre er ein Fremder. Ich zuckte die Achseln. Nun, dann eben Zü-

rich. Ich sagte mir, und völlig zu Recht, daß wir es so übel nicht getroffen hatten. Den meisten Emigranten ging es viel schlechter als uns, selbst einem großen Künstler wie Bassermann.

Es schien also, als würden wir in Zürich bleiben. Aber es sah nur so aus. Die Schweizer Behörden machten Schwierigkeiten. Jeden Monat mußten wir auf irgendeinem Amt erscheinen, um eine neue Aufenthaltsgenehmigung zu bekommen. Das ging selbst Imre auf die Nerven. Und so war er selbst es, der Paris wieder ins Gespräch brachte.

»Wenn nicht diese verfluchte Sprache wäre ...«

»Aber Imre, ich spreche doch perfekt Französisch.«

Das war in der Tat so. Ich hatte ja schon als Kind in St. Petersburg eine französische Gouvernante gehabt und hatte in den paar Monaten, die ich in Paris lebte, mein Französisch vervollkommnet. Ich glaubte, wie eine Französin zu sprechen, und das war, wie sich bald herausstellte, durchaus kein Irrtum.

Wir nahmen also die Kinder Karl und Lily aus der Schule und lösten Fahrkarten nach Paris. Auch für die Pervich, die mit uns erster Klasse reiste. Überhaupt, sie war, zumindest in den nächsten Tagen, als ganz große Dame herausgeputzt. Das geschah auf Rat des Pariser Polizeipräsidenten, der uns gewarnt hatte, keine Angestellten mitzubringen.

»Ich werde Französisch lernen!« bemerkte Imre resigniert, und das tat er auch.

Er nahm in den nächsten Monaten eifrig Stunden und übte dann – mit Yvonne, unserer Kleinsten. Wir nahmen in einem Hotel Zimmer. Mein erster Weg führte zu meinem Freund Pierre Bossiere, dem Direktor der Sécurité. Er mochte mich, um es schwach auszudrücken, und war bereit, uns sofort die notwendige Carte d'Identitée zu besorgen, die zwei Jahre Gültigkeit hatte. Wir brauchten uns also nicht wie in der

Schweiz, jeden Monat zu melden. Wir konnten uns wieder etwas zu Hause fühlen. Ich lebte auf. Paris hatte für mich einen ungeheuren Reiz.

Natürlich wollten wir nicht in einem Hotel bleiben. Wir mußten wieder ein Haus haben, wenn auch nicht unbedingt ein so großes wie in Wien. Imre meinte zwar, eine Wohnung tue es auch, aber da war ich ganz anderer Ansicht. Wir mußten repräsentieren, schon um den Namen Emmerich Kálmán hochzuhalten. Wir mußten Leute sehen und von Leuten gesehen werden, die von Bedeutung waren.

Wir fanden ein kleines Palais in der Avenue Foch, nicht weit vom Arc de Triomphe, das wir vom Grafen de Beaumont gemietet hatten. Wir ließen unsere Möbel aus Zürich nachkommen. Bis das Haus eingerichtet war, würden ein paar Wochen vergehen.

In der Zwischenzeit hatten wir eine Wohnung in der Rue Spontini, die gerade für uns ausreichte. Aber auch da gab ich schon Einladungen. Dann kam der Chansonnier Tino Rossi mit seiner schönen Frau Lilly, die wir noch von Wien her kannten. Rossi war einer der großen Stars des Pariser Nachtlebens. Wir lernten auch Yvonne Printemps kennen, eine reizende Schauspielerin, ehemals verheiratet mit Sascha Guitry, jetzt die Frau des Filmschauspielers Pierre Fresnay. Es kam der bezaubernde Maurice Chevalier und es kam die Mistinguett, der Revuestar der letzten, nun, mindestens dreißig Jahre, vielleicht war es auch ein bißchen länger her, daß sie aufgetaucht war. Übrigens machte sie aus ihrem Alter kein Hehl, im Gegenteil, sie ließ ruhig von sich sagen, daß sie schon recht alt war.

»Die Hauptsache ist doch, wie ich aussehe!« meinte sie und hatte damit völlig recht.

Sie war nicht nur ein großes Temperament auf der Bühne, sie war es auch auf den kleinen Partys, die wir veranstalteten.

Gelegenheit nicht entgehen lassen und erklärte ihr die Einzelheiten. Sie brauchte nicht zu ›arbeiten‹ und wäre nicht gezwungen, mit jedem Kunden hinaufzugehen. Nur das Beste vom Besten stände ihr zur Verfügung. Die Arbeit sei auch garnicht schwer – höchstens ein Kunde pro Tag, wie zum Beispiel jener Senator, der sie bitten würde, ihn ins Bad zu begleiten und ihn mit der Dusche zu kitzeln, oder jener belgische Millionär, der sich vor ihr in seinen Sarg legen würde und von ihr nichts weiter verlangte als ein paar Beschimpfungen, oder daß sie ihm ins Gesicht spucke, oder jener reiche Franzose, der mit seiner Hundeleine kam und bat, daß man ihn mit der Peitsche dressierte.
Sie lachte hell auf.
»Er hat es mir schon vorige Woche vorgeschlagen«, gluckste sie.
Ich entschuldigte mich und bat sie, meinen Vorschlag nicht als beleidigend aufzufassen. Sie umarmte mich spontan.
»Aber durchaus nicht. Es ist ein herrliches Kompliment. Meine Enkelkinder werden stolz darauf sein.«
Sie sprach mit leichtem Akzent. Meine Verlegenheit wurde noch größer, als Remarque mir ihre Handtasche zuschob und gebieterisch verlangte:
»Schau einmal hinein.«
Ich sah ein riesengroßes Brillantenarmband, zwei ebenso große Ohrringe und mehrere Ringe mit herrlich geschliffenen Diamanten.
»Eine Freundin hat Vera geraten, ihren Schmuck zu verstekken, da die Gigolos vom One ihn ihr vielleicht klauen könnten«, erklärte Boni.
»Dein Vorschlag kommt leider etwas spät. Dieses kleine Mädchen ist nämlich bereits in guten Händen. Man nennt sie die Czardasfürstin, denn sie ist mit Emmerich Kálmán, dem Operettenkomponisten, verheiratet. Jedesmal wenn ir-

gendwo in der Welt eine Wiener Melodie gespielt wird, bekommt unsere Vera frisches Geld.«

Meine Blamage amüsierte sie so sehr, daß sie es all ihren Freunden erzählte, und bald sprach ganz Paris davon: man hatte der reizenden Frau Kálmán angeboten, die Starrolle im One Two Two zu übernehmen.«

Der Winter war vorüber, der Frühling kam. War der Frühling so schön wie in Wien? Ich ritt viel mit einem Pferd aus, das Imre mir geschenkt hatte, meist im Bois de Boulogne.

Zu den Frauen, die ich oft sah, gehörte die Baronin Genia Waranzowa, die ich schon seinerzeit bei meinem ersten Aufenthalt in Paris kennengelernt hatte, bei jenem russischen Osterfest, über das ich berichtete.

Es war ziemlich lange her, daß wir uns nicht gesehen hatten, sie mußte an die siebzig Jahre sein, sah aber immer noch reizvoll aus. Ihre Haare waren jetzt lila gefärbt; natürlich war sie stark geschminkt.

Ich fragte sie:

»Wie machen Sie das, Genia, daß Sie so jugendlich wirken? Ich treffe Freundinnen von früher aus Wien und Berlin und jetzt hier in Paris und man sieht ihnen doch an, daß die Jahre vergangen sind ...«

Die Baronin strahlte mich mit ihren schönen Augen an.

»Als Frau lebt man in Frankreich länger. Und mein Geheimnis: mon chéri ist erst vierzig! Das ist alles!«

Eines Tages erschien meine Mutter in Paris. Sie quartierte sich in einem Appartementhaus in den Champs-Elysées ein, in dem der Nachtclub Lido sein Domizil hatte. Eine außerordentlich elegante Bleibe und eine außerordentlich teure.

Sie zuckte die Achseln:

»Ich habe ja einen reichen Schwiegersohn!«

Eine meiner besten Freundinnen wurde die damals sehr bekannte Filmschauspielerin Marcelle Chantal, verheiratet mit

Als ich in Amerika meinen Typ verändert hatte

Unsere Ankunft in den USA, 1940

George Gershwin mit seinem Bruder Ira *(v.r.)*

Clara Straus, die Frau des Komponisten Oscar Straus. Mit beiden verband uns eine jahrelange Freundschaft

Frau Pervich, die gute Seele unserer Familie, die uns über 40 Jahre in den USA und Europa begleitete

Ein Familienabend nach Imres Genesung in New York mit Charly und Lily

Hinter mir die weibliche »high society« von Hollywood 1941: Mrs. Warner, Mrs. Katz, Mrs. Cummings, Mrs. L.B. Mayer, Mary Pickford *(v.l.)*

Premiere der »Marinka« im New Yorker Theater »Wintergarden«: Roland de la Croix, Fritz Kreisler, Maria Jeritza, Vera, Basil Rathbone *(v.l.)*

dem Schriftsteller Henry Verneuil, eine unbeschreiblich schöne Frau mit kastanienbraunem Haar, grünen Augen, mit einer Feinheit der Züge, die mich an eine Madonna erinnerte. Bei einem Diner saßen wir einander gegenüber und sie fragte mich:

»Sind Sie Schwedin? Sie sind so ganz der Typ ...«

Ich sagte ihr, wer ich bin. Und nach der Tafel setzten wir uns mit Paul-Boncour zusammen, mit dem sie offensichtlich sehr befreundet war.

Mein guter Imre langweilte sich wieder entsetzlich, wie er das ja so oft bei Gesellschaften tat. Schließlich wurde er gebeten, etwas aus der »Czárdásfürstin« vorzuspielen, die auch in Frankreich recht bekannt war. Ich sollte dazu singen, animierte man mich. Man dachte wohl, ich sei eine geborene Sängerin.

Imre drohte leise:

»Wenn du den Mund aufmachst, verlasse ich das Klavier!«

Ich sang trotzdem, obwohl ich wußte, daß ich keine Stimme hatte, und als die Gäste applaudierten, war ich naiv genug, zu glauben, ich hätte meine Sache gut gemacht.

Als wir uns verabschiedeten, lud die Chantal mich ein, sie doch gelegentlich im Filmatelier zu besuchen, wo sie gerade beschäftigt war. Sie drehte damals wirklich Film auf Film.

Ich ging ein oder zwei Tage später hin. Sie hatte gerade Drehpause und ließ mich in ihre Garderobe kommen, wo sie auf einer Chaiselongue lag, mit einem Tigerfell bedeckt. Sie freute sich sehr, mich wiederzusehen. Sie mußte allerdings bald wieder vor die Kamera, mit ihrem Partner Charles Boyer.

Fasziniert schaute ich zu. Dann rief ich Imre an und sagte, es würde vielleicht etwas länger dauern.

Er schrie ins Telefon: »Wenn du nicht sofort nach Hause kommst, brauchst du überhaupt nicht mehr zu kommen!«

Er hatte wieder einmal einen seiner Eifersuchtsanfälle.
Ich hängte ein.
Die Chantal nahm mich mit in ihre Villa in Neuilly. Wir tranken ein paar Gläser Champagner. Ich, die ich bis dahin nie Alkohol getrunken hatte. Eigentlich mochte ich den Geschmack nicht, war sehr bald ein bißchen beschwipst. Und wie zufällig kam Josef Paul-Boncour ins Haus, aber er wußte wohl, daß ich bei der Chantal war. Wir tranken weiter. Ich war bald völlig umnebelt. Ich war schließlich froh, als mich die Chantal in ihr Schlafzimmer brachte und aufs Bett legte, wo ich sofort einschlief wie ein kleines Kind. Ich wachte erst am nächsten Morgen auf, als sie wieder ins Atelier geholt wurde. Dann fuhr ich nach Hause. Imre, der weiß vor Wut war, teilte ich mit, ich hätte interessanten Nachtaufnahmen beigewohnt. Seine ewige Eifersucht zwang mich geradezu zu solchen eigentlich sonst überflüssigen Schwindeleien.
Wir waren erst anderthalb Jahre in Paris. Man schrieb 1939. Inzwischen war manches geschehen. Der Pakt von München, der Hitler erlaubte, die Tschechoslowakei zu besetzen. Alle Welt sprach von Krieg. Ich glaubte nicht so recht daran. Ach, was verstand ich schon von Politik! Da rief Josef Paul-Boncour an.
»Für Ausländer ist es jetzt keine gute Zeit in Frankreich. Wenn ich Ihnen einen Rat geben darf – fahren Sie nach Genf.«
Das taten wir. In Genf war natürlich nicht so viel los wie in Paris, aber in Paris war jetzt auch nicht so viel los wie früher. Die Menschen waren beklommen. Würde Hitler losschlagen? Später kamen wir wieder nach Frankreich zurück und zwar, wiederum auf den Rat von Paul-Boncour, ließen wir uns in dem idyllischen Städtchen St. Aignan nieder, wo er selbst aufgewachsen war.
Eines Tages weckte uns das Telefon. Paul-Boncour war am Apparat.

»Der Krieg ist ausgebrochen – die Nazis sind in Polen eingefallen!«

»Was sollen wir tun?«

»Kommen Sie nach Paris zurück. Dort kann ich für Ihre Sicherheit besser garantieren als in der Provinz.«

Die ungarische Botschaft gab uns eine Plakette, die wir an unserem Haus in der Avenue Foch befestigten, und die uns als ungarische Staatsbürger auswies. Vielleicht aufgrund dieser Plakette, vielleicht auch infolge der Intervention von Paul-Boncour, ließ man uns in Ruhe.

Die meisten Ausländer wurden interniert. Ironie des Schicksals: Gerade diejenigen, die vor Hitler geflohen waren, die deutschen und österreichischen Juden, wurden als erste eingesperrt. Dem einen oder anderen konnte ich durch meine Beziehungen helfen.

Paris war nicht mehr die strahlende Stadt. Paris war verdunkelt. Es gab auch kaum Heizmaterial. Der einzige Raum in unserem Haus, der einigermaßen warm war: die Küche, in der wir alle beisammenhockten, während die Pervich die herrlichsten Sachen kochte.

Sylvester machten wir trotz allem ein Feuer im Kamin des Salons. Es kamen einige, wenige Gäste, vor allem Josef Paul-Boncour.

Er sagte zu Imre:

»Ich werde natürlich alles tun, um Sie zu schützen. Aber ich würde Ihnen raten, nach Amerika zu fahren. Es wird hier gefährlich für Sie.«

Die Warnung hob nicht gerade unsere Stimmung. Doch Punkt zwölf, beim Glockenschlag, gab es eine hübsche Überraschung. Mme. Alice, die Gouvernante unserer kleinen, kaum drei Jahre alten Yvonka, hatte sich einen Scherz ausgedacht. Yvonka kam herein, trat zu Boncour und sagte mit ihrer süßen Kinderstimme:

»Chin-Chin!«
Boncour küßte die Kleine, nahm ein Sektglas zur Hand, gab ihr ein Glas in ihr Händchen und stieß mit unserer kleinen Tochter an:
»Auf bessere Zeiten!«
Imre hatte nur noch einen Gedanken, nämlich die Auswanderung nach Amerika. Als ich meinte, wir sollten nichts überstürzen, erklärte er hitzig:
»Ich bleibe nicht in Paris. Ich fahre in die Vereinigten Staaten und zwar mit den Kindern! Wenn du hier bleiben willst, bitte. Dann trennen sich eben unsere Wege!«
Das sagte er wirklich. Paul-Boncour sagte immer wieder wenn er zu uns kam oder mit mir telefonierte:
»Du mußt mit deinem Mann und deinen Kindern nach Amerika! Du mußt!«
Er sah die Katastrophe wohl kommen und früher als die meisten anderen.
Wir fuhren zum amerikanischen Konsulat an der Place de la Concorde. Ein unbeschreibliches Gedränge. Hunderte, vielleicht Tausende, wollten ein Visum nach Amerika. Ich weiß selbst nicht, wie es uns gelang, schließlich zu einem Beamten vorzudringen. Er erklärte uns, daß wir kein Visum bekommen könnten. Dafür gab es Quoten, und die seien längst erschöpft. Außerdem war das alles viel komplizierter, als wir geglaubt hatten. Imre, in Ungarn geboren, fiel unter die ungarische Quote. Ich, in Rußland geboren, unter die russische. Die Kinder, in Wien geboren, unter die österreichische.
Aber wir bekamen Besuchsvisen, die uns berechtigten, drei Monate im Land zu bleiben, und, wie uns der Beamte lächelnd versicherte, dann würde man weiter sehen.
Ein neues Problem: wie sollten wir nach Amerika gelangen? Die aus französischen Häfen – Le Havre etwa – auslaufenden Schiffe waren auf Monate hinaus ausverkauft. Außerdem

glaubte der Manager des Reisebüros, der uns beriet, nicht, daß sie noch alle auslaufen würden. Er riet uns zu der italienischen Schiffahrtslinie. Er konnte uns sogar noch Plätze auf der »Conte di Savoya« besorgen. Als er den Paß meines Mannes sah, wurde er bedenklich.
»Sie sind Jude...«
»Ja.«
Der Mann hatte nichts gegen Juden. Aber es sei fraglich, meinte er, ob die italienischen Behörden – Italien war ja immerhin mit Hitler verbündet – Juden passieren lassen würden. Imre zuckte die Achseln.
»Dann werde ich mich eben taufen lassen!«
Er tat es, ohne die geringsten Bedenken. Denn, obwohl er sich bis an sein Ende als Jude fühlte: er hatte in Jahren keine Synagoge besucht, wie er nun auch, als neugebackener Christ, niemals eine Kirche besuchen sollte.
Ich telefonierte mit meiner Mutter. Würde sie mit uns fahren? Sie dachte nicht daran.
»Hier in Paris ist es doch viel interessanter! Ich will den Krieg aus der Nähe erleben!«
Vermutlich steckte wieder einmal ein Mann dahinter.
Die letzten Tage in Paris waren bedrückend. Man spürte die Angst der Menschen. Ich hatte eigentlich keine Angst, jedenfalls nicht für mich, eher schon für die Kinder.
Imre hatte auch keine Angst, aber er war unendlich pessimistisch.
»Du wirst sehen, irgend etwas kommt dazwischen! Wir werden nicht bis Amerika kommen!«
Es war schwer in diesen Tagen, mit ihm auszukommen. Am schwersten machte er es sich selbst.
Von unserem Haus nach dem Gare de Lyon war es nicht weit. Trotzdem dauerte es Stunden. Die Straßenbahnen waren voller Menschen, die wohl alle Paris verlassen wollten. Der Gare

de Lyon war ebenfalls voller Menschen. Es dauerte buchstäblich drei Stunden, bis wir in den Schlafwagen hineinkamen. Wir wurden immer wieder abgedrängt. Der Zug war völlig überfüllt. Als wir nach Genua kamen, goß es in Strömen. Im Hafen lag die »Conte di Savoya«. Wir erfuhren, daß sie erst in zwei oder drei Tagen die Anker lichten würde. Wir bezogen Quartier in einem Hotel, ich glaube, es hieß Miramare. Wir alle hatten ein bißchen Angst, das Schiff am Ende doch noch zu versäumen, denn, das hatte man uns gesagt, es sei das »letzte«.

Die Kinder hatten sich während der Fahrt nach Genua erkältet. Oder irgend jemand hatte sie angesteckt, vielleicht sie sich selbst. Sie hatten hohes Fieber. Karli, der schon während der Reise recht krank gewesen war, erholte sich relativ schnell. Die beiden Mädchen aber blieben fiebrig, als wir an Bord mußten. Würde man uns überhaupt passieren lassen? Sie sahen so bleich aus, blutleere Lippen und dunkle Ringe unter den Augen.

Ich entschloß mich, sie zu schminken. Jawohl, zu schminken. Und dann wickelten wir sie in Decken und brachten sie an Bord. Niemand sagte etwas.

Wir gingen in unsere Kabinen. Elegante Kabinen, luftig, mit anschließendem Bad. Ich sank ermattet in den nächsten Sessel.

»Ich kann nicht mehr ...« und ich schloß die Augen.

Imre war verärgert.

»Wie kannst du in einem solchen Augenblick schlafen? Du weißt ja noch nicht einmal, ob das Schiff auch wirklich losfährt!«

Er war bis zum letzten Augenblick pessimistisch.

Und dann, als das Schiff von Schleppern gezogen aus dem Hafen glitt, und als die Schiffsmaschinen zu arbeiten begannen, war er immer noch nicht zufrieden.

»Wenn man bloß wüßte, wie das alles in New York sein wird!« ächzte er.

Er war wirklich schwierig in diesen Tagen. Aber ich sagte nichts. Ich biß mir auf die Lippen. Man mußte ihn so nehmen, wie er war. Er hatte ja, weiß Gott, auch ein wunderbares Herz.

Und nun geschah etwas, das mir in der Rückerinnerung als unwahrscheinlich, geradezu als gespenstisch erscheinen will. Kaum war die Küste am Horizont versunken, kaum war das hohe Meer erreicht, da war Europa und alles, was sich dort jetzt abspielte, wie weggeweht. Gab es einen Krieg? Wurden Städte bombardiert, verbluteten Menschen, ging Polen unter, hatten England, Frankreich mobilisiert? Drohte der Krieg sich auszuweiten und, was man damals noch nicht wissen, aber doch ahnen konnte, zum furchtbarsten aller Kriege der Weltgeschichte zu werden?

Nichts dergleichen. Hier, an Bord, waren ein paar hundert Menschen zusammengekommen, die genügend Beziehungen hatten, um nach Amerika reisen zu können und genug Geld für eine Schiffskarte erster Klasse. Sie beschlossen, Frieden zu spielen – anders ist es gar nicht auszudrücken. Tagsüber prominierten sie an Deck, ließen sich, von gefälligen Stewards in Decken gehüllt, in Liegestühlen nieder, aßen, was ihnen beliebte, spielten Tischtennis und Shuffleboard, zogen, wenn es dämmerte, lange Abendkleider und Smokings an. Auf dem Schiff gab es mehrere Bars und mehrere Kapellen, und nach dem Diner gab es auch Bälle, wie eh und je. Ich muß zugeben, jung und unerfahren wie ich war, hielt ich das eigentlich für selbstverständlich. Aber Imre schüttelte nur den Kopf. Und mehr als einmal murmelte er:

»Das darf doch alles nicht wahr sein...«

Die anderen schienen nicht seiner Ansicht zu sein, mit Ausnahme vielleicht eines sehr distinguierten amerikanischen

Herrn, den wir durch unseren Jungen kennenlernten. Ja, Karli, wie wir ihn damals nannten, war schon wieder genesen – seine Schwestern blieben in der Obhut ihrer Gouvernante, die uns beruhigte, es handle sich um nichts Schlimmes – tollte auf dem Deck herum und hatte sich mit diesem Amerikaner angefreundet. Sein Name war Sumner Welles, was uns vorläufig nichts besagte.

Aber dann kamen wir mit seiner Frau ins Gespräch. Sumner Welles befand sich auf der Rückreise von Rom nach Washington. Er war Undersecretary im State-Department, also wohl der wichtigste Mann im amerikanischen Ministerium des Äußeren, nach dem Außenminister. Und er war Vertrauter des Präsidenten Roosevelt. Er hatte ihn nach Europa geschickt, noch bevor der Krieg begonnen hatte, als er aber schon höchstwahrscheinlich geworden war, um mit den Außenministern Europas Gespräche zu pflegen. Ziel war, was wohl weder Roosevelt noch Sumner Welles erwarten konnten: den sich anbahnenden Krieg zu vermeiden. Letzte Station von Sumner Welles war Rom gewesen. Er hatte mit Mussolini selbst gesprochen. Mussolini habe ihn beruhigt. Italien würde nicht in den Krieg eintreten. Aber der Amerikaner war skeptisch. Es konnte stimmen, mußte aber nicht stimmen. Er traute Mussolini nicht über den Weg.

Wir sprachen viel in diesen Tagen mit Mr. und Mrs. Welles. Imre, der sich ja immer Sorgen machte, fragte, ob man uns trotz der befristeten Visen in Amerika belassen würde.

Der Minister lächelte.

»Natürlich wird man das arrangieren. Das ist in der Vergangenheit schon oft geschehen. Sie reisen irgendwann einmal wieder aus, sagen wir für ein oder zwei Tage nach Mexico oder nach Kanada, und kommen dann mit einem richtigen Einwanderungsvisum zurück. Seien Sie unbesorgt. Wenn sonst etwas ist, ich stehe Ihnen zur Verfügung.«

Stürme kamen auf. Die niedrigeren Decks waren gesperrt oder es wurden dort Taue gespannt, damit die Passagiere sich daran festhalten konnten. Das mondäne Leben an Bord ging sichtlich zurück. Viele mußten ihre Kabine aufsuchen, sie waren seekrank. Auch ich gehörte zu den Opfern dieser keineswegs angenehmen Krankheit. Weniger und weniger Passagiere gingen in den Speisesaal und nahmen dort die üblichen Mahlzeiten ein, wie Imre mir berichtete. Er war wohl einer der letzten, der tapfer einhieb.

»Schließlich habe ich dafür ja bezahlt...«

Jetzt war die Reihe an mir, pessimistisch zu werden. Wenn man so elend in seiner Kabine liegt, sieht man alles in grau. Gewiß, ich hatte in den letzten Monaten in Paris etwas Englisch gelernt, da Imre es nicht sprach und auch kein Sprachentalent hatte und die Pervich und das Kindermädchen auch nicht, mußte es wenigstens einen in der Karawane geben, der sich verständigen konnte. In meiner Verzweiflung holte ich das Büchlein hervor, aus dem ich Englisch gepaukt hatte, und lernte fleißig weiter. Es half mir über die nächsten Stunden und Tage.

Aber immer öfter fragte ich mich:

»War diese Reise nötig gewesen?«

Ich verfluchte sie insgeheim. Aber ich hütete mich, davon meinem Mann zu erzählen, der ja schon pessimistisch genug war.

Dann, plötzlich, änderte sich das Wetter. Es war am fünften Tag – noch anderthalb bis zwei Tage, und wir würden in New York sein. Das Schiff zog wieder ruhig dahin, wir atmeten auf, begannen unsere Sachen zusammenzupacken. Es sah alles ein bißchen lichter aus. Aber keineswegs rosig.

New York. Die Wolkenkratzer, die den Ankömmlingen meist so imponieren, lagen im Dunst. Bevor die Einwanderungsbeamten kamen, um unsere Papiere zu prüfen, versam-

melte Imre seine kleine Truppe, sieben Personen alles in allem, und erklärte:
»Nun werden wir aber sparen! Es ist notwendig!«
Es war wohl wirklich notwendig, auch wenn ich es damals nicht einsah. Denn der größte Teil des Geldes, den wir aus der Schweiz mitgenommen hatten, war verbraucht. Das Einkommen aus Österreich und aus Deutschland war gesperrt. Die Gelder, die wir in Frankreich aus den Tantiemen der dort gespielten Operetten hatten beziehen können, erwiesen sich als geringfügig und auch diese Gelder waren gesperrt worden, als der Krieg begann. Wir waren nicht gerade wie die Deutschen und Österreicher, sogenannte feindliche Ausländer, aber wir waren doch ein bißchen suspekt.
Das einzige was wir besaßen waren 100000 Dollar – nicht weniger, aber immerhin nicht allzuviel, verglichen mit dem, worüber Imre bisher hatte verfügen können. Diese 100000 Dollar waren von der MGM gekommen, von Louis B. Mayer, für die Filmrechte der Gräfin Mariza. Imre nannte sie seine Salami, von der er nun immer werde abschneiden müssen. Je größer die Stücke waren, die er abschnitt, um so kürzere Zeit würde die Salami reichen.
Er hatte sich aus diesem Grund noch in Paris bei Bekannten nach einem nicht zu teuren Hotel erkundigt und sich im Hotel Buckingham, West 57th Straße, eingemietet. Es war beileibe kein schlechtes Hotel, aber durchaus nicht eines, wie wir es bisher gewöhnt waren und, was uns befremdete und Imre geradezu schockierte: die Kellner, die Zimmermädchen, sämtliche Angestellten – Schwarze.
Überhaupt waren wir zunächst ein bißchen befremdet.
Wir nahmen unser erstes Abendessen im Hotel ein und gingen früh zu Bett. Wir alle schliefen schon, als wir durch einen furchtbaren Krach aufgeweckt wurden. Aufgeschreckt eilte ich in Imres Zimmer. Er war mit seinem Bett zusammenge-

brochen. Jetzt erschien auch Frau Pervich und Alice, das Kinderfräulein, und gleich darauf die Kinder. Wir sahen Imre am Boden liegen. Es war irgendwie komisch – jedenfalls fanden wir das.

Karli begann zu lachen. Die andern stimmten ein. Auch ich mußte lachen und zuletzt, ganz zuletzt sogar Imre.

Dann richtete er sich mühsam auf.

»Ein schlechtes Omen!« verkündete er mit der uns so bekannten unheilvollen Stimme.

Turbulente USA

Ich bin eigentlich kein Mensch, auf den Gebäude, oder Architektur überhaupt, einen großen Eindruck macht. An St. Petersburg konnte ich mich kaum noch erinnern, aber später, als ich die Stadt als Leningrad wiedersah, machte sie einen gewaltigen Eindruck auf mich. Paris? Ja, ich weiß, Paris ist eine »schöne« Stadt. Aber auf mich hat Paris, sowohl das erste, als auch das zweite Mal, keinen so großen Eindruck gemacht wegen der Tuillerien, der breiten Boulevards, der Champs Elysées oder des Grabmals Napoleon. Ich liebte Paris, weil man dort französisch sprach, das ja, neben russisch, meine erste Sprache war, weil die Frauen dort so schön waren, weil die Atmosphäre erotisch war, und ich liebte die Atmosphäre von Paris, die Frauen von Paris, das Leben von Paris und die Eleganz von Paris.

Aber New York – das war wie ein Paukenschlag. Das war die Stadt, die mich hinriß. Die schnurgeraden Avenuen, die beeindruckenden Wolkenkratzer, das pulsierende Leben, die vielen Autos – damals noch nicht zuviele – die Menschen, die vorbeihasteten.

Ich gebe zu, es dauerte zwei oder drei Tage, bis New York mir zu gefallen begann. Es war nicht Liebe auf den ersten Blick. Zuerst machte mich der Lärm nervös, das Hasten der Menschen auch, Paris war im Vergleich dazu idyllisch gewesen, ich sehnte mich nach Paris zurück.

Aber nur zwei oder drei Tage. Und dann hatte mich New York.

Und ich begriff: In dieser turbulenten Stadt lebten die Menschen. Und hier mußte ich leben – und wollte es auch. Im Mittelpunkt der Welt.
Nach einer Woche konnte ich mir kaum noch vorstellen, daß man irgendwo anders hätte leben können als in New York, wenigstens in dieser Zeit. Paris war eine Stadt der reifen Frauen, die das Leben kannten, die sich auskannten, der Mistinguett, der Baronin, auch meiner schönen Mutter. New York war die Stadt der jungen Frauen. Diejenigen, die nicht mehr so jung waren, wirkten verjüngt in der Luft von New York. Und ich wollte sein wie sie.
Ich beschloß, eine New Yorkerin zu werden.
Ich besah mir meine Garderobe. Ich hatte viel aus Paris mitgebracht – ich habe wohl noch nicht gesagt, daß wir, das heißt die gesamte Familie, mit nicht weniger als sechzig Gepäckstücken unsere »Flucht« über den Ozean angetreten hatten. Ich besah mir meine Kostüme. Ich besah mir meine Kleider. Sie waren in Paris der letzte Schrei gewesen. Waren sie es auch in New York?
Ich hatte nicht viel Geld, dafür sorgte schon Imre. Aber von dem wenigen Geld kaufte ich mir neue Sachen. Sie waren nicht einmal aus ersten Ateliers, das konnte ich mir nicht leisten, aber sie waren – amerikanisch.
Ich ging zu dem Friseur im Hotel Plaza in der 59. Straße, nur ein paar hundert Meter von unserem Hotel entfernt. Der stand bewundernd vor meinen roten Haaren.
»Welche Pracht!« rief er. Und: »Rote Haare, die sieht man selten in New York. Man merkt, Sie sind eine Fremde.«
»Das soll man aber nicht merken!« sagte ich.
Ich faßte einen Entschluß, der in diesem Augenblick ein bißchen erstaunlich gewesen sein muß und der sicher impulsiv war, den ich aber nie bereuen sollte. Ich sagte zu dem Mann, der sich über meine Haare beugte:

»Ich will blond werden... Wie eine Amerikanerin.«
Er war erstaunt. Er schien betrübt, daß ich mich blondieren lassen wollte. Aber von diesem Tag an war ich eine Blondine und bin es geblieben.
Der erste Bewunderer meiner nun neuen Haarfarbe war, man sollte es kaum für möglich halten, Imre. Er studierte mich eine Weile und rief dann aus:
»Ich nehme zwar an, daß es nicht billig war, aber du bist blond noch schöner als vorher! Ich bin direkt von neuem in dich verliebt!«
Was eigentlich wollte ich mehr?
Nun ja, mit der Veränderung des Typs ist das so eine Sache. Es ist zumindest ein Risiko. Ich glaube doch, daß wir Frauen alle von Zeit zu Zeit in den Spiegel sehen und uns fragen sollten, ob es nicht vielleicht besser wäre, ein wenig anders auszusehen.
Ich fühlte mich recht wohl in meiner neuen Haut. Ich sprach auch schon ganz gut Englisch und von Tag zu Tag mehr. Ich lernte von der Amerikanerin viel, vor allen Dingen das »keep smiling«. Ich lernte viele Leute in den ersten Tagen kennen. Angestellte von Modeateliers, Schönheitssalons, Passanten, die ich ansprach oder die mich ansprachen.
Von Zeit zu Zeit packte mich allerdings noch die Sehnsucht nach Paris. Vor allen Dingen vermißte ich meinen zärtlichsten Freund Paul-Boncour. So, wie der Konversation machen konnte, das war in New York nicht zu finden. Jedenfalls hatte ich es noch nicht gefunden. Aber was hatte es für einen Sinn, der Vergangenheit nachzuweinen. Mein Freund selbst hatte mir geraten, nach Amerika zu gehen, hatte darauf bestanden, nach Amerika zu gehen. Und nun war ich hier.
Hier... Im Hotel Buckingham, nein, hier konnten wir nicht bleiben. Es war kein schlechtes Hotel, aber es war doch ein sehr mittelmäßiger Laden. Und schließlich: ich dachte sofort

daran, daß ich ja Leute würde einladen müssen – das ist, wie man ja nun schon weiß, eine Art Obsession von mir. Wir gingen also auf Wohnungssuche. Ich war von Paris, von London aus gewöhnt, daß die Westseite einer Stadt die feine Seite ist und die Ostseite eher die vulgäre. Ich lehnte also alle Vorschläge von Häusermaklern ab, eine Wohnung in East-New York zu suchen, nicht ahnend, daß gerade in New York der Osten, von der Fifth Avenue an über die Park Avenue bis zum East River, der »fashionable« Teil New Yorks war. Wir fanden schließlich eine sehr elegant möblierte Wohnung am Central Park West. Das war, und ist wohl noch, eine sehr schöne und keineswegs »unfeine« Straße, die, wie schon ihr Name sagt, sich längs des Central Parks dahinschlängelt, auf dessen anderer Seite die Fifth Avenue liegt.

Wenn ich sagte, daß wir die Wohnung suchten, so muß ich das wohl dahin einschränken, daß eher ich diejenige war, die täglich auf Suche ging. Imre machte sich nichts daraus, in verschiedenen Häusern von oben nach unten zu fahren. Er hatte sehr schnell ein Etablissement gefunden, das den Wiener Cafés ähnelte, die Konditorei Eclair, am oberen Broadway, wo viele Europäer, vor allem auch Wiener und Budapester verkehrten. Er konnte dort Stunden herumsitzen, fast tagelang. Als er hörte, was die neue Wohnung am Central Park West kosten sollte, war er ein bißchen erschrocken und sprach von der Salami, von der nun wieder etliche Scheiben würden abgeschnitten werden müssen. Ich bemerkte scherzhaft:

»Solange wir die Salami haben, brauchen wir ja nicht am Hungertuch zu nagen!«

Ich fand schnell heraus, daß einige unserer besten Freunde in New York lebten oder zumindest zeitweise dort waren, oder sie fanden es heraus, daß wir gekommen waren.

Zu den ersten, die uns in der neuen Wohnung besuchten, gehörte der liebe Boni, Erich Maria Remarque, der eine kleine

Wohnung in der East 57th Street hatte, aber meist in Hollywood war. Er brauchte nun wirklich nicht zu sparen, denn sein gesamtes Vermögen lag in der Schweiz, oder wer weiß, vielleicht schon in New York. Er hatte alles rechtzeitig aus Deutschland herausgebracht. Aber er war doch ein bißchen sparsam. Nicht, daß er geknausert hätte, uns gegenüber war er großzügig, er kam nie zu uns, ohne mir Blumen mitzubringen, er war auch bereit, uns zum Essen auszuführen, obwohl er am liebsten bei uns aß, nämlich die Backhendl von Frau Pervich oder ihr Gulasch, oder was immer sie gerade auf den Tisch brachte.
Es erschien der Operettenkomponist Robert Stolz mit seiner Frau, sie waren unsere Nachbarn.
Es kam Marion Preminger, die große, füllige, schöne Frau von Otto Preminger. Der war in unserer Wiener Zeit Regisseur und später Direktor des Theaters an der Wien gewesen, hatte aber, obwohl nicht Jude, sehr früh begriffen, daß er unter den Nazis keine Chance haben würde und war nach Amerika gegangen. Er hatte am Broadway einen Riesenerfolg gehabt. Nicht als Regisseur, sondern als Schauspieler. Es handelte sich um einen Kriminalreißer von der bekannten und außerordentlich talentierten Claire Luce, Frau von Henri Luce, dem Herausgeber von »Time and Life«. Er hatte nur in einem Akt zu spielen, aber er gewann das gesamte Publikum. Marion also war in Wien eine gute Freundin gewesen, der ich viel anvertraute. Jedenfalls war Imre dieser Ansicht, das hat sie mir dann später berichtet. Einmal nahm er sie zur Seite und fragte sie:
»Glauben Sie, daß meine Frau mich betrügt?«
Sie hatte ihm natürlich erklärt, daß sei garnicht denkbar, Vera sei vielleicht verspielt, ziehe aber bestimmte Grenzen.
Nun ja, Marion nahm sich unser sofort an und ließ ihre Beziehungen spielen. Im Nu kannten wir fünf, sechs, acht oder

zehn wichtige Leute in New York, und ich konnte wieder Partys geben und servieren, was die Pervich an Kunstwerken zustandebrachte. Natürlich kamen sie auch, um den berühmten Kálmán zu bestaunen, und, wenn Boni nicht log, vielleicht auch ein bißchen meinetwegen. Die Konversation mußte ich machen. Imre sprach vorerst kein Englisch.

Da waren noch die Kinder. Natürlich bildeten sie meine Hauptsorge. Sie mußten in die Schule gehen. Ich dachte, ich würde sie hübsch anziehen, wie das in Paris für Kinder aus besseren Kreisen üblich war. Sie kamen todunglücklich aus der Schule zurück. Charly, wie er sich jetzt nannte, wurde von den anderen Jungen hochgenommen, weil er Samthöschen trug. Es kam sogar zu Schlägereien zwischen ihm und den anderen Jungen, denn er ließ sich das nicht gefallen. Er wollte nun angezogen werden, wie seine Mitschüler, und Lily war auch in ihrem wunderhübschen Kleid nicht recht angekommen. Sie verlangten Jeans und ganz einfache Pullis, und wenn ich es ihnen nicht erlaubte, daß sie so in die Schule gingen, dann würden sie überhaupt nicht in die Schule gehen. Natürlich tat ich alles, was die Kinder wollten.

Eine andere Sorge waren die Sprachkenntnisse der Pervich – vielmehr ihre Sprach-Unkenntnisse. Sie konnte natürlich kein Englisch, und sie dachte auch gar nicht daran, es zu erlernen.

»Die mich verstehen, gnädige Frau«, pflegte sie zu sagen.

Und sie ging dann auch wirklich einkaufen, drang in die Gefrierregion der Fleischer vor, wo ganze Tiere hingen und zeigte, welches Stück man für sie herausschneiden sollte. Oder sie ging in die Supermärkte und zeigte auf das Gemüse und die Früchte, und wenn sie nicht bekam, was sie wollte, so machte sie Krach – auf ungarisch, was die Verkäufer erstaunte, oder eher amüsierte. Oft mußte ich mitgehen, um wieder Frieden zu stiften.

Madame Alice, die sich jetzt hauptsächlich um Yvonka kümmerte, bemühte sich auch, gleichzeitig mit ihrem Zögling Englisch zu lernen. Mit mir sprach sie aber weiterhin französisch.

Kurz, unser Haushalt war ein wahres Babylon. Es war verwirrend und manchmal komisch. Zusammen konnten wir natürlich nur Deutsch reden, oder das, was wir eben Deutsch nannten, Imre mit ungarischem, ich mit russischem, das Kindermädchen mit französischem und die Pervich ebenfalls mit ungarischem Akzent. Die Kinder sprachen schon etwas Englisch.

Mich machte das Durcheinander etwas nervös, die Kinder wollten sich darüber totlachen. Nun, für sie war es nur gut, daß sie so viele Sprachen sprechen konnten...

Immer wieder sagte Boni:

»Ihr solltet doch nach Hollywood gehen! Imre kann nur in Hollywood seine Musik verkaufen...«

Marion sagte das gleiche. Ihr Mann, Otto Preminger, hatte schon einen Vertrag nach Hollywood und wartete nur darauf, daß das Stück, das er am Broadway spielte, auslief, um nach Kalifornien zu eilen.

Imre zögerte noch – er zögerte ja meistens.

Und dann kam ein Telegramm von Louis B. Mayer, die MGM lade uns ein, nach Hollywood zu kommen. Es folgte ein Telefonat, was freilich zu nichts führte, da die Verständigung schlecht war. Und dann ein ellenlanges Telegramm, in dem Louis B. Mayer sich ganz klar darüber äußerte, daß es darum gehe, einen größeren Abschluß mit Imre zu tätigen. Nun hatte es keinen Sinn mehr, zu zögern. Wir beschlossen, nach Hollywood zu fahren. Wir, das heißt wiederum das ganze »Orchester«. Es war erst drei Monate her, daß wir in New York angekommen waren, knapp zwei, daß wir die Wohnung gemietet hatten. Und nun Kalifornien? Wie lange

würden wir dort bleiben? Würden wir für immer dort bleiben? Imre meinte, drei Monate würden wohl durchaus genügen. Es sollten fast sieben werden.
Reise nach Hollywood in dem eleganten Twentieth Century Express und dem Super Chief. Als wir ankamen, wurden wir begrüßt von Publicity-Leuten der MGM, die mir Blumen brachten und Imre mitteilten, Mr. Mayer erwarte ihn baldigst.
Nun, am gleichen Tag und auch am nächsten fuhr er nicht hin. Wir wollten Mayer nicht zeigen, wie dringend uns ein Abschluß erschien.
Ich ging erst einmal auf Wohnungssuche. Das ist in Hollywood kein Problem, jedenfalls war es damals keins. Schon am nächsten Tag fand ich eine schöne Villa des verstorbenen Komponisten Victor Herbert, in der es nicht weniger als sechs Klaviere gab, sowie eine kleine Orgel. Wie Imre dann feststellte, waren die Klaviere allerdings altersschwach und verstimmt, was ihn einigermaßen verstimmte, denn die Miete war nicht gering. Aber innerhalb von 24 Stunden hatte er einen wunderschönen Steinway-Flügel gemietet.
Noch bevor Imre zu Mayer gefahren war, kam ein Anruf. Mr. Laemmle würde Mr. Kálmán gerne sehen.
Imre fand, und wohl zu Recht, daß es nicht anginge, nachdem uns die MGM eingeladen und ja auch die Reise finanziert hatte, gleich zur Konkurrenz zu eilen, obwohl der junge Laemmle, Sohn von Carl Laemmle, der die Universal gegründet hatte, als deren Generaldirektor eine wichtige Person war. Imre erklärte, er könne erst mit Laemmle sprechen, nachdem er mit Louis B. Mayer gesprochen habe. Soweit ich weiß, kam es dann nie zu einer Unterhaltung zwischen Imre und Laemmle.
Eine Stunde später, Anruf von Ernst Lubitsch. Er war damals unbestritten der wichtigste Regisseur in Hollywood. Wir hat-

ten natürlich viele seiner Filme gesehen, Imre die Stummfilme, ich die Tonfilme, wie »Love Parade« und »Monte Carlo« und wie sie alle hießen. Lubitsch sagte, er habe durch Oscar Straus gehört, daß wir nach Hollywood gekommen seien, und ob wir nicht am Abend zu einem kleinen Diner kommen wollten. Und ob wir wollten!

Lubitsch hatte ein herrliches Haus in Bel Air. Außer uns waren nur noch Oscar und Klara Straus geladen. Es war sehr gemütlich. Es war sehr europäisch. Lubitsch sagte:

»Wenn ich Sie bäte, für einen meiner nächsten Filme die Musik zu schreiben ...«

Imre erwiderte:

»Gern ...«

Übrigens kam es nicht dazu, obwohl es später, darauf komme ich noch zurück, noch einmal so aussah, als ob.

Hollywood ... Hollywood damals, 1940, war noch das alte Hollywood, das heute nicht mehr existiert: Die prächtigen Häuser der Stars, zum Teil auch der Stars von gestern, die den Sunset Boulevard umsäumten, die in herrlichen Parks lagen, mit Swimming Pool, mit Tennisplätzen, die ganze Stadt eigentlich weniger eine Stadt als ein einziger Park, wo es nach Blumen duftete und vor allem nach Orangenblüten, wann immer die Orangenbäume blühten. Hollywood war ein Ort mit unendlichen Entfernungen, und es war völlig undenkbar, dort ohne Auto zu leben. Selbst die nächsten Nachbarn wohnten oft viele Kilometer weit entfernt, und öffentliche Verkehrsmittel gab es so gut wie keine. Eigentlich verdienten alle in Hollywood viel Geld, so jedenfalls kam es mir vor, mit den Statisten, mit den kleinen Angestellten kam ich ja gar nicht in Berührung.

Apropos Berührung: Auch die viel Verdienenden kamen miteinander nicht unbedingt in Berührung. Stars, die 5000 oder gar 10000 Dollar die Woche verdienten, verkehrten allenfalls mit Regisseuren, die gleich hoch bezahlt wurden, nicht aber mit Kollegen, die vielleicht nur 500 oder 1000 Dollar pro Woche vereinnahmten. Es gab da gewisse Klassen. Es gab sehr vieles, was man in Hollywood tat und was man nicht tat, das freilich sollte ich erst im Laufe der nächsten Monate lernen. Wir jedenfalls wurden überall eingeladen, bei uns fragte niemand, was Kálmán verdiente, der ja im Augenblick nichts verdiente, aber sein Name war eben ein Begriff. Ich wußte gar nicht, daß dies etwas Besonderes oder eine Ausnahme war, ich hielt es für selbstverständlich, daß die Leute sich um Emmerich Kálmán rissen!

Imre übrigens blieb der gleiche, der er gewesen war. Er wollte zum Beispiel nicht auf seine täglichen Spaziergänge am Abend verzichten. Und da geschah es einmal, daß er, als er den Sunset Boulevard entlangschlenderte, von einem Polizeiauto gestoppt wurde. Sie wollten seine Ausweise sehen. Er hatte natürlich keine bei sich. Sie fuhren ihn nachhause, und er holte seine Ausweise. Nun wollte er wissen, warum man sie verlange. Sie fragten, was er denn nachts auf der Straße zu tun habe. Nun, er hatte spazieren gehen wollen. Sie sahen einander an, sie zweifelten an seinem Verstand. Spazierengehen! Wer ging denn spazieren, wenn er ein Auto hatte!

Wir lernten wieder viele bemerkenswerte Menschen kennen. Zum Beispiel den Regisseur der Massenfilme Cecil B. de Mille. Es kam auch die große Filmschauspielerin Joan Crawford mit ihrer Tochter zu uns – originell war, daß Mutter und Tochter immer die gleichen sehr extravaganten Kleider trugen. Auch Irving Berlin kam, der berühmte Schlagerkomponist, der mindestens ein Dutzend Evergreens geschaffen hatte, von »Alexander's Ragtime Band« bis zu »White Christmas«. Er behauptete, Imres Musik zu kennen, was durchaus möglich war, denn Irving Berlin hatte einen großen Teil seines Lebens in New York zugebracht, und dort hatte man ja

wohl die »Czardasfürstin« und die »Gräfin Mariza« gespielt. Aber, obwohl beide Komponisten es gerne gewollt hätten, zu einem engeren Kontakt kam es dann nicht.
Es erschien eines Abends Max Reinhardt mit seiner Frau, der Schauspielerin Helene Thimig. Über die beiden brauche ich wohl nichts zu sagen, nichts über den größten aller Regisseure, nichts über diese bezaubernde, blonde, madonnenhafte Schauspielerin, die jahrelang mit ihm gelebt hatte, bis sie sich, erst vor kurzem, nachdem seine erste Frau endlich in die Scheidung eingewilligt hatte, heiraten konnten. Zusammen mit Max Reinhardt und der Thimig war auch Gottfried Reinhardt gekommen, der bei der MGM als Produzent arbeitete und sofort mit Imre Freundschaft schloß.
Apropos MGM. Aus Gründen, die ich längst vergessen habe, hatte Louis B. Mayer, der so darauf gedrängt hatte, daß Imre nach Hollywood kam, es nun gar nicht mehr so eilig, sich mit ihm zu unterhalten. Aber schließlich fand die Besprechung doch statt, deretwegen wir nach Kalifornien gefahren waren. Imre bat mich, ihn zu begleiten. Er hatte ja noch wieder große Schwierigkeiten mit seinem Englisch und diesmal kam es darauf an.
Wir wurden also in das weitläufige, cremefarbige, elegante Büro von Louis B. geführt, und von ihm aufs herzlichste begrüßt. War es nur Einbildung oder war es tatsächlich so, daß er mich noch etwas herzlicher begrüßte als Imre, auf den ja alles ankam?
Nach einigen kurzen Bemerkungen führte uns Louis B. in einen der benachbarten Räume, in dem sich ein Flügel befand und drei junge Mädchen.
»Ich dachte, daß sich vielleicht eine der jungen Damen dafür eignen könnte, in Ihrer Operette mitzuwirken.«
Es stellte sich dann heraus, daß er gar nicht mehr wußte, wie die Operette hieß, deren Verfilmungsrechte er gekauft hatte.

Jedenfalls animierte er Imre, doch etwas aus »seinem Werk« vorzuspielen. Imre setzte sich seufzend an den Flügel und spielte.

Louis B. fragte die Mädchen etwas naiv:

»Könnt ihr so etwas singen, Kinder?«

Zwei Mädchen, sie waren höchstens fünfzehn oder sechzehn Jahre alt, aber ungewöhnlich hübsch, machten dubiose Gesichter. Louis B. schickte sie hinaus. Die dritte durfte bleiben. Louis B. war der Ansicht, sie könnte singen, freilich konnte sie nicht gleich mitsingen. Sie kannte ja die Nummern gar nicht, die Imre zum besten gab.

Der Produzent stellte vor.

»Das ist eine unserer großen Hoffnungen: Miss Judy Garland!«

Ein Mädchen von allenfalls vierzehn oder fünfzehn Jahren, mit einem bildhübschen Gesicht, nicht so schlank, wie die beiden anderen, eher füllig, aber ungemein reizvoll. Sie hatte, wie wir erfuhren, bereits einen Riesenerfolg gehabt in dem Märchenfilm »Wizzard of Oz«. Aber sie war noch eine sogenannte »Jugendliche« und mußte noch zur Schule – zur Schule, die MGM im Studio für den Nachwuchs eingerichtet hatte.

Ein paar Worte hin und her, und dann wurde auch Judy Garland entlassen.

»Das wird unser Star!« erklärte Louis B., der noch immer keine Ahnung hatte, dem noch immer nicht eingefallen war, daß er die Gräfin Mariza erworben hatte, und daß es in dieser Operette wohl kaum eine Rolle für ein so junges Mädchen gab. Imre machte schließlich eine entsprechende Bemerkung, aber Louis B. schüttelte nur den Kopf.

»Wir müssen das Buch sowieso umschreiben!«

Imre war von Judy Garland beeindruckt. Später, auf der Nachhausefahrt, sagte er:

»Ich weiß nicht, ob dieses Mädchen je etwas von mir singen wird. Aber eines ist sicher: Sie wird ein großer Star werden!« Damit hatte er recht. Freilich, sie hat nie etwas von Kálmán gesungen.
Die erste Besprechung verlief ohne Resultat, bei einer zweiten Besprechung, zwei Tage später, ging es gar nicht mehr um die Mariza, sondern um einen Film, zu dem Imre die Musik schreiben sollte. Nach dieser Besprechung führte er uns in einigen Ateliers herum. Zwei Tage später Telefonanruf, man habe sich für einen anderen Komponisten entschlossen, Imres Musik sei zwar herrlich, doch wohl zu ungarisch für den projektierten Film.
Wieder eine neue Verhandlung. In der erklärte Louis B., man habe sich entschlossen, einige Nummern von Kálmán zu kaufen.
»Ich dachte eigentlich, Sie wollten die Gräfin Mariza . . . ?« Louis B. machte ein verständnisloses Gesicht. Es schien, als höre er diesen Titel zum erstenmal.
Es kam ein Abschluß zustande, kein sensationeller, es wurden nur einige Schlager gekauft.
So war Hollywood.
Es sah ganz so aus, als würden wir nie wieder etwas von Louis B. Mayer hören. Ich beschloß, etwas zu unternehmen. Ich tat, was ich so oft in schwierigen Situationen tat. Ich gab eine Party. Zu Ehren von Louis B. Mayer. Ich lud ihn und viele seiner nächsten Mitarbeiter ein, natürlich mit ihren Frauen – die von Louis B. Mayer kam übrigens nicht, sie ging nur ganz selten aus, wie ich später hörte. Es gab eine sogenannte Mulacsag-Party, ausschließlich mit ungarischen Gerichten und ungarischen Getränken. Der eigentliche Held der Party war wohl nicht Louis B., sondern Frau Pervich, die allgemein als Sensation gefeiert wurde.
Wir hatten auch ein kleines Zigeunerorchester engagiert, vier

Mann, die mit ungarischem Schwung schöne Melodien aus Kálmán-Operetten spielten, aus der »Csardaszfürstin«, der »Kaiserin Josephine«, natürlich aus der »Gräfin Mariza«. Das machte Stimmung. Als die Kapelle Kálmáns weltberühmten Schlager »Komm Zygan!« aus der »Gräfin Mariza« intonierte, stand Kálmán auf, ging zu dem Primas und bat ihn »Dieses Lied spielen Sie nicht weiter!«

Wir alle machten erstaunte Gesichter.

»Warum, Imre?« fragte ich.

»Ganz einfach«, erwiderte Imre mit Blick auf Louis B. »Dieses Lied ist nämlich schon an die Metro verkauft. Aber andere Lieder sind noch nicht verkauft.«

Übrigens verkaufte er nichts mehr an die Metro, schon gar keine komplette Operette. Er war tief enttäuscht.

Einer, der oft zu uns kam, war der Regisseur Reinhold Schünzel mit seiner Frau. Obwohl Halbjude, hatte er noch Anfang der Nazizeit in Berlin gefilmt. Der Generaldirektor der Ufa hatte ihn gehalten, weil seine Filme gut gingen. Doch dann hatte er den Film »Land der Liebe« gedreht; kurz vor der Premiere hatte sich Goebbels den Film vorführen lassen und erkannte sich selbst in einer Rolle als Karikatur. Das wäre in jedem Fall das Ende von Schünzels Aufenthalt in Deutschland gewesen. Man alarmierte ihn aufgrund der Reaktion von Goebbels, und Schünzel verließ binnen Stunden, zusammen mit seiner damals zehnjährigen Tochter und seiner zweiten Frau Mimmi, Deutschland. In Hollywood entdeckte er Lana Turner, machte mit ihr einen erfolgreichen Film und bekam weitere Aufträge.

Wir trafen ihn eines Tages zufällig, und er schien sehr bedrückt zu sein. Seine jüdische Mutter und andere jüdische Verwandte waren noch in Deutschland und er fürchtete, es würde ihnen Schlimmes zustoßen.

Kálmán tröstete ihn. Es sei sicher noch Zeit, die Verwandt-

schaft nach Amerika zu bringen. Schünzel nickte, nicht ganz überzeugt.
Ein paar Jahre später trafen wir ihn wieder in New York. Er machte ein noch ebenso beklommenes Gesicht.
»War es Ihnen nicht möglich, Ihre Familie nach Amerika zu bringen?« fragte ihn Kálmán.
»Aber das ist es ja gerade! Sie sind alle da! Alle! Alle!«
Und dann trafen wir Remarque wieder. Boni lebte ja vorwiegend in Hollywood, in einer Hotel-Suite in Beverly-Hills, und er war unglücklich. Seine große Liebe war Marlene Dietrich gewesen. Und eines Tages mußte er feststellen – ich kann hier nur sagen, was er mir erzählte – daß sie sich dem französischen Schauspieler Jean Gabin zugewendet hatte. Boni war tief betroffen. Er war geradezu untröstlich. Er wollte sich mit mir über die Sache aussprechen. Ich kam zu ihm ins Hotel und ich sehe ihn noch, wie er stundenlang hin und her ging und das alles nicht fassen konnte. Ich versuchte, ihn zu trösten. Und es geschah, was wir beide eigentlich nie für möglich gehalten hatten. Wir waren ja bis dahin Freunde gewesen, gute Freunde, aber doch eben nicht mehr. Und jetzt, plötzlich, war es mehr. Es schien mir die natürlichste Sache der Welt zu sein.
Die Beziehung sollte über Jahre und Jahre nicht abreissen. Er liebte mich.
Eines Vormittags erschien Louis B. in unserem Haus. Ich teilte ihm mit:
»Mein Mann ist bei der Paramount ...«
»Weiß ich, weiß ich, deswegen bin ich ja hier.«
Ich verstand nicht.
»Ich finde, wir sollten uns ein bißchen unterhalten. Wollen wir nicht eine kleine Spazierfahrt in meinem Wagen unternehmen?«
Warum nicht? dachte ich, vielleicht kam doch was für Imre

dabei heraus. Der große Wagen des Produzenten besaß eine Trennscheibe, so daß der livrierte Chauffeur nicht hören konnte, über was wir sprachen. Er kam sofort auf den eigentlichen Zweck seines Besuches.

»Ich habe einen Vorschlag für Sie, Vera. Sie würden ein großer Star bei uns werden. Sie sind fotogen, Sie sind auch gescheit. Ich weiß nicht, ob Sie spielen können, aber darauf kommt es im Film ja nicht immer an...«

Er ergriff meine Hand und rückte mir näher.

Ich löste mich von ihm.

»Wissen Sie, L.B., ich habe eigentlich keine große Lust, vor die Kamera zu treten. Ich habe das so lange nicht mehr getan. Was käme denn eigentlich dabei heraus?«

»Na, mindestens soviel, daß Sie sich einen Zobelmantel kaufen können und einen Rolls Royce dazu!«

»Aber das alles kann mir doch Imre kaufen, wenn ich Lust darauf habe.«

»Kann er Ihnen auch Ruhm kaufen?«

Jetzt mußte ich lachen.

»Wenn Sie vor zwölf Jahren gekommen wären. Ich glaube, dann hätte etwas aus der Sache werden können, oder soll ich sagen, aus uns? Denn darauf kommt es Ihnen doch wohl an, L.B.?«

»Ich habe schon manche schöne Frau protegiert. Und es hat sich immer für die betreffenden Frauen gelohnt.«

Ich sah ihn lange an. Und dann sagte ich:

»Nein.«

Langsam veränderte sich sein Gesicht. Dann nickte er. Er verstand. Er ließ mich ins Haus zurückfahren und verschwand. Auch ihn habe ich nicht mehr gesehen.

Manchmal erschien es mir, als sei die ganze Welt in Hollywood. Vicki Baum war dort, die bekannte Romanschriftstellerin. Sie gab keine großen Partys. Sie lud zwei, drei Freunde

ein, und, gebürtige Wienerin, kochte für diese, obwohl sie natürlich eine Köchin hatte und es ihr gut ging. Sie schrieb Drehbücher für MGM. Der Schauspieler Curt Goetz war bei ihr mit seiner Frau Valerie von Martens. Sie waren ebenfalls nach USA emigriert, aus politischer Überzeugung. Sie hatten in Europa viel Geld verdient, und, da Goetz Schweizer war, befand sich das Geld in Sicherheit. Sie hatten nicht nötig zu arbeiten, aber irgend etwas wollte er doch tun. Und so kaufte er eine Hühnerfarm, die er mit seiner praktischen Frau bewirtschaftete. Er war natürlich nicht gerade glücklich dabei und nach dem Krieg war er einer der ersten, die aus Hollywood verschwanden, um in der Schweiz, in Deutschland und in Österreich wieder mit seinem gewohnten Erfolg seine Stücke zu spielen.
Eine gewiße Überraschung war für uns die Bekanntschaft mit dem sehr umstrittenen Zwölf-Ton-Komponisten Arnold Schönberg. Ich gebe zu, daß ich nie eine Note seiner Musik verstanden habe, aber immerhin, er war ein bedeutender Mann. Das hatte mir Imre gesagt, und der mußte es ja wissen. Schönberg liebte es, lustige Geschichten zu erzählen. Unter anderem eine, die Mitte der zwanziger Jahre spielte. Damals war er Lehrer am Konservatorium in Wien gewesen.
»Meinen Schülern habe ich immer gesagt, studiert die Partituren der Operetten von Kálmán! Daraus können Sie lernen, meine Herren, wie man leichte Musik macht.«
Ich nehme an, es stimmte, was er uns sagte. Aber ob er es ernst meinte? Seine Musik war doch so ganz anders als die Kálmáns.
Fritz Lang tauchte immer mal wieder auf. Er war in Hollywood ebenso erfolgreich wie in Berlin. Er war ein gutaussehender Grandseigneur, trug allerdings kein Monokel mehr, das hätte man in Hollywood als zu preußisch empfunden, sondern Brille. Er machte mir immer noch Komplimente.

Ich habe ja erzählt, daß ich früher Statistin in seinem Film »Metropolis« war, und daß sich dort der dicke, ungemein begabte Kameramann Carl Freund für mich interessierte. Nun traf ich ihn wieder – nach so vielen Jahren. Er war auch in Hollywood eine große Nummer. Er drehte bedeutende Filme für MGM, aber gelegentlich auch für die Paramount. Wir schwelgten in Erinnerungen ...

Auch Oscar Straus war da, fröhlich wie immer, obwohl er eigentlich Grund genug gehabt hätte, bekümmert zu sein. Denn er war fast ohne Geld. Nicht, daß er keines verdient hätte! Aber er verspielte es, wie schon seit Jahren. In Hollywood selbst gab es keine Spielbanken, aber er fuhr dann über die Grenze nach Mexiko, das war eine Fahrt von nur wenigen Stunden und er kam erst zurück, wenn er nichts mehr hatte als das Reisegeld.

Und dann griff ihm Lubitsch unter die Arme. Er schrieb einen Walzer oder eine andere Nummer für den nächsten Lubitsch-Film und war aus dem Schlimmsten wieder heraus. Bis er auch wieder dieses Geld verspielte.

Seine Tantiemen aus Europa? Aus dem »Walzertraum«? Aus der »Dollarprinzessin«, und wie seine berühmten Operetten alle hießen? Diese Tantiemen lagen, wie die von Kálmán, auf irgendwelchen Sperrkonten. Er kam nicht an sie heran. Später verpfändete er sie dann einem Musikverleger, der ihm dafür eine Rente zahlte.

Es war alles ein bißchen undurchsichtig und keineswegs erfreulich.

Otto von Habsburg tauchte in Kalifornien auf. Er war ja nun der älteste Sohn des letzten österreichisch-ungarischen Kaisers. Er war 1918 abgesetzt worden, oder hatte selbst auf den Thron verzichtet, das heißt auf den österreichischen, nicht auf den eines ungarischen Königs. Infolgedessen konnte man, wenn man wollte, Otto von Habsburg als den rechtmäßigen

Thronfolger, nicht in Österreich, wohl aber in Ungarn bezeichnen. Nur, daß das praktisch ohne jede Bedeutung war, auch daß ein paar hundert oder vielleicht auch ein paar tausend Royalisten ihm mehr oder weniger geheim Treue geschworen hatten.

Er war nun also in Kalifornien, sogar in Los Angeles, und Imre hörte, ich weiß wirklich nicht mehr, wie, daß er daran interessiert sei, die Österreicher und die Ungarn, die sich in der Gegend befanden, kennenzulernen.

Imre meinte:

»Da kannst du ja mal wieder eine Party geben!«

Das würde auch ihn, Imre, erfreuen. Er sah ja so selten »seine« Ungarn. Ich beriet mich mit guten Freunden. Dann ergingen die Einladungen. Es wurde alles eingeladen, was irgendwie österreichisch oder ungarisch war oder gewesen war. Alles in der Villa wurde auf die Farben Österreichs und Ungarns abgestellt. Eine kleine Kapelle wurde engagiert, die ungarische Weisen spielen sollte, ein Kaplan erschien, um auf der Orgel einen schönen alten Choral, ebenfalls aus Ungarn, zu intonieren, und viele sangen mit.

Irgend jemand, ich glaube, es war Gottfried Reinhardt, war auf die etwas problematische Idee verfallen, einen Thron bei uns aufzustellen. Jawohl, einen Thron. In Hollywood bekommt man ja alles, sogar einen vergoldeten Thronsessel aus der Requisitenkammer irgendeiner großen Filmgesellschaft. Ich fand das alles ein bißchen gespenstisch. Diese Kaisertreuen schienen mir eher von gestern zu sein. Sie trauerten einer doch hoffnungslos vergangenen Zeit nach. Unsere Kinder machten verdutzte Gesichter. Und ich hatte Todesangst, daß sie zu lachen beginnen würden.

Ich muß für Otto von Habsburg sagen, daß er den Thronsessel aus der Requisitenkammer ignorierte. Er setzte sich jedenfalls nicht auf diesen Filmthron. Er unterhielt sich sehr angeregt mit vielen von uns, und er war offenbar dankbar für diesen Abend.

So vergingen die Wochen, so vergingen die Monate. Es geschah eigentlich nichts mehr, als daß wir Einladungen gaben und eingeladen wurden. Kein Anruf mehr von der MGM, keiner von der Paramount oder Universal. Aber natürlich wußten alle, daß Kálmán in Hollywood war.

»Ihr hättet nicht kommen sollen!« sagte Ernst Lubitsch zu uns, als wir zum Nachtessen bei ihm eingeladen waren. »Wenn Imre sich im äußersten Ende von Indien aufgehalten hätte, dann hätte Louis B. keine Kosten der Welt gescheut, um ihn nach Hollywood zu verfrachten. Aber wenn man in Hollywood ist, wird man fast immer übersehen.«

»Vielleicht hätte ich vor fünf oder sechs Jahren kommen sollen, als die MGM mir ein Angebot machte«, meinte Imre. »Jetzt hat man mich so zwischen den Zeilen wissen lassen, daß der Operettenfilm passé sei.«

»Unsinn! Das mag Louis B. im Augenblick denken«, erklärte Lubitsch. »Aber in ein paar Wochen, was sage ich, vielleicht schon in ein paar Tagen wird er ganz anderer Ansicht sein. Und vielleicht wird er Sie dann wieder holen, Imre.«

Die Unterhaltung mit Lubitsch fand übrigens an unserem letzten Abend in Hollywood statt. Wir waren fast sieben Monate lang in Kalifornien geblieben, und Imre hatte nichts erreicht oder so gut wie nichts.

Wir hatten seit langer Zeit eine Einladung nach Florida-Palm Beach zu einem reizenden Ehepaar. Mr. Nat Spingold war der Präsident der Columbia Filmgesellschaft, der größten Konkurrenz von MGM. Seine Frau Francis hatte sich als Designerin herrlichster Kostüme und Dekorationen einen großen Namen gemacht. Ich überredete meinen Mann, daß wir, bevor wir endgültig nach New York zurückkehrten, endlich einmal die Einladung nach Florida annehmen sollten. Im stil-

len hoffte ich, daß es Imre aufmuntern würde und möglicherweise konnte auch beruflich sich etwas Positives für ihn ergeben.
Nat und Francis waren besonders nette Gastgeber. Er, ein jovialer Herr in mittlerem Alter, seine Frau kaum jünger als er, aber quicklebendig und ziemlich extravagant. Wir blieben auf ihrem sagenhaften Besitz eine ganze Woche, während der sie für uns ein Fest nach dem anderen gaben. Alles von einer Großzügigkeit, die schon märchenhaft war.
Mr. Nat hatte ein Auge auf mich geworfen und mir machte es Spaß, wieder einmal ein wenig zu flirten. Er bemühte sich um mich, soweit es der gute Ton seiner Frau und Imre gegenüber zuließ. Es war eine herrliche Woche für mich gewesen. Als es nun langsam ans Abschiednehmen ging, fragte ich Mme. Francis:
»Was darf ich Ihnen zum Abschied aus Dankbarkeit für die wunderschöne Zeit, die Sie uns gemacht haben, schenken? Bitte wünschen Sie sich etwas, damit ich Ihnen nichts bringe, womit Sie nichts anfangen können!«
Francis überlegte schnell und sagte mir:
»Über einen vergoldeten Samowar würde ich mich sehr freuen. Der würde mich immer an die charmante Russin, an Sie, liebste Vera, erinnern!«
Ich machte ein erfreutes Gesicht, aber hielt die Luft an. Das war ein verdammt teures und eigentlich ziemlich unverschämtes Geschenk, was sie sich da wünschte.
Ich schaute mich in einigen Antiquitätenläden um und stellte fest, daß ein vergoldeter Samowar mindestens 500 Dollar kostete. Ich wußte, daß ich das Imre gar nicht sagen konnte, er hätte mich für verrückt gehalten. Aber was sollte ich tun? Ich wollte uns ja auch nicht blamieren.
Nat war mit mir allein in seinem Arbeitszimmer, er wollte mir ein besonders schönes Bild von einem seiner Stars zeigen. Ich

wußte, daß ich so gut aussah, wie in meinen besten Augenblicken. Wegen des Samowars hatte ich mir alles genau überlegt. Wer sollte, wenn nicht er, das Opfer für die anspruchsvollen Wünsche seiner Frau werden?
Selbstverständlich Nat selber! Was hatte er sie so verwöhnt, dafür sollte er bestraft werden. Alles das, sagte ich ihm so lustig und charmant als nur möglich. Er war hingerissen von meinem Witz und ich hatte Sorge, daß er mir mein teures Kleid zerreissen würde. Ich vertröstete ihn ... dann bot er mir selber an, den Samowar, was er auch kosten würde, zu bezahlen, respektive mir das Geld dafür zurückzugeben. Ich nahm es gern an.
Und kaufte den Samowar – den ich dann mit allen zärtlichen Abschieds- und Dankesworten an Francis überreichte. Als wir im Auto auf dem Weg zum Flughafen saßen, erzählte ich meinem Mann natürlich alles und er amüsierte sich köstlich darüber und sagte:
»Du bist doch das raffinierteste kleine, süße Aas, das es auf der Welt gibt!«
Imre meinte dann noch, und wie recht hatte er damit:
»Das teuerste Hotel ist – Gast zu sein!«
In glücklichster Laune flogen wir zurück nach New York und freuten uns auf unser Heim.
Das Jahr war 1941.
New York hatte sich irgendwie verändert. Mir kamen die Leute nervöser vor, fast ängstlich. Man sprach davon, daß die Vereinigten Staaten eventuell in den Krieg verwickelt werden würden. Die Mehrzahl der Amerikaner hoffte natürlich, daß dem Land der Frieden erhalten bleiben würde.
Eines Tages, es ging bereits auf den Herbst zu, lasen wir auf der ersten Seite der New York Times eine Nachricht mit der Überschrift:
»Pola Negri in Ellis Island festgehalten.«

Die Meldung besagte, daß die berühmte Filmschauspielerin nicht an Land gelassen wurde, sondern, wie so viele dubiose Emigranten, in Ellis Island darüber verhört werden sollte, warum sie erst jetzt aus Deutschland emigriert war, und daß sie nur gegen eine Kaution freikommen würde – 6000 Dollar! Man warf ihr vor, daß sie zu lange in Berlin gefilmt hatte und man vermutete, daß sie Spionageaufträge bekommen habe. Dies alles wäre gar nicht denkbar gewesen, wenn sie Anfang der zwanziger Jahre, als sie in Hollywood gefilmt hatte, Amerikanerin geworden wäre. Aber sie hatte ihre polnische Staatsbürgerschaft behalten.

Sie war also eine Staatenlose, wie ich es ja einmal gewesen war, ja, sie war schlimmer daran als eine Staatenlose.

Dieser Gedanke ließ Erinnerungen in mir wach werden, Erinnerungen an meine erste Pariser Zeit, in der sie so nett zu mir gewesen war und natürlich auch Erinnerungen an meine erste Berliner Zeit, in der ich in dem kleinen Kino um die Ecke ihre herrlichen Stummfilme gesehen hatte und mich in sie verliebt hatte.

Spontan erklärte ich beim Frühstück:

»Wir müssen ihr helfen, Imre!«

»Sie ist doch eine Nazi! Keinen Groschen für sie!« erklärte er.

Ich schwieg. Ich wußte, da war nichts zu machen. Ich wollte aber etwas machen. Eine Stunde später fuhr ich zu unserem Anwalt. In meiner Handtasche befand sich ein sehr kostbares Armband. Ich erklärte ihm:

»Verkaufen Sie es, oder wenn möglich, versetzen Sie es nur. Wir brauchen 6000 Dollar, um Pola Negri auszulösen. Sie ist eine gute Freundin.«

Er nickte. Er hatte die Morgenzeitungen gelesen.

Einen Tag später durfte Pola Negri Ellis Island verlassen. Ich stand am Pier, als der kleine Dampfer anlegte. Wir fielen uns in die Arme.

Sie weinte.
»Meine Kleine! Du hast mich also nicht vergessen . . .«
»Ich werde dich nie vergessen, Polita!«
Und dann sagte sie:
»Übrigens das mit der Spionage, das ist alles Unsinn . . .«
Was später auch offiziell bestätigt wurde.
Sie bezog ein eher zweitklassiges Hotel. Sie nahm Verbindungen mit Hollywood auf. Dort wollte man nichts von ihr wissen. Der Mann, der sie einst in Berlin groß gemacht hatte, Ernst Lubitsch, hatte eine Kampagne gegen die »Nazi-Spionin« entfesselt.
Aber sie gab nicht auf. Sie nahm einen Zug, nicht den eleganten Twentieth Century Express, nicht den feudalen Super Chief, sondern einen billigeren. Und, in Hollywood angekommen, begann sie zu kämpfen. Später fand sich ein Produzent, der einen Film mit ihr machte.
Ich blieb mit ihr in Kontakt. Ich bin es bis auf den heutigen Tag. Wann immer ich in Amerika bin, telefonieren wir miteinander oder sehen uns. Bei meinem letzten Besuch in New York war sie auch zufällig dort. Sie kam zu mir ins Hotel Plaza. Ein übergroßer Hut deckte ihr kleines Gesicht fast zu, was wohl auch beabsichtigt war. Wir hockten die halbe Nacht zusammen – Pola immer mit dem gewaltigen Hut auf ihren tiefschwarzen Locken. Ihre Figur war nach wie vor zierlich wie in jungen Jahren.
Wir hatten uns soviel zu erzählen und kamen buchstäblich vom hundertsten ins tausendste. Wir sprachen von heute und gestern . . .
Sie hatte immer noch nicht die große Liebe ihres Lebens vergessen können – den Mann, der in den zwanziger Jahren als der schönste Mann der Welt galt, Rudolf Valentino. Sie liebten sich bis zu seinem frühen Tode und nicht nur Pola weinte ihm damals bitterste Tränen nach. Die Frauen der ganzen

Welt konnten es nicht fassen, daß ihr Idol, der meist umschwärmte Stummfilmstar, tot sein sollte. Viele Frauen nahmen sich das Leben. Sein Tod löste ähnliche Folgen aus, wie der Tod des berühmtesten Popsängers, Elvis Presley.
Eine Frau wie Pola blieb natürlich nicht lange allein. Es war Charlie Chaplin, der ihr zu Füßen lag. Charlie sagte man unzählige Liebesaffären nach, mit Pola war es ihm früher einmal so ernst, daß er sie heiraten wollte. Den Verlobungsring, einen Solitär von 30 Karat, hatte er ihr schon geschenkt. Nur schweren Herzens trennte er sich für eine Woche von ihr, da man ihn zu Filmverhandlungen nach Berlin gebeten hatte.
Er wohnte »Unter den Linden« im Hotel Adlon. Wo er sich auch blicken ließ, umjubelten ihn die Berliner. Zu einem Filmabschluß ist es aber nicht gekommen.
Chaplin hatte von seinem kleinen Kollegen Erich Carow gehört, der der Liebling der Berliner war. Allabendlich fand sich in seinem Keller-Variété, mitten im Kiez von Berlin, am Weinbergsweg, alles vom Wedding und alles vom Kudamm ein und wollte sich über seine Klamotten totlachen.
Lucie Carow, Erichs Frau, eine hübsche aber pummelige Soubrette, spielte und sang in kleinen Sketchen und war ebenfalls sehr beliebt.
Eines Abends erschien völlig überraschend für alle der große Charlie mit seinem Anhang. Erich rannte und holte seinen besten Stuhl aus seinem Büro. Dieser Stuhl durfte nach Charlies Besuch von niemandem mehr benutzt werden. Er war für Carow und seine Lucie wie eine Reliquie.
Chaplin und Carow verstanden sich sofort. Sie waren beide aus dem Volke gekommen und volkstümlich geblieben. Denn auch Erich Carow war, obwohl er die kindlichsten Späße auf der Bühne trieb, der Komiker mit Herz und Verstand und wer einen Nerv für diese Komik hatte, sah einen Menschen, der hilflos allen Tücken des Lebens preisgegeben war und da-

durch tragikomisch wirkte. Die beiden Komiker spürten, daß sie viel Gemeinsames hatten. Ihre Kunst kam aus der gleichen Quelle, der Menschlichkeit.

Als Charlie nach Hollywood zurückkam, mußte er eine große Enttäuschung hinnehmen. Pola hatte sich inzwischen anders entschieden.

Eines Tages erschien auch meine Mutter in den Vereinigten Staaten. Sie hatte mir von Lissabon ein Telegramm geschickt, sie sei unterwegs. Ihr Schiff, kein sehr schnelles, legte in Baltimore an. Auch sie erwartete ich am Pier. Meine Mutter hatte sich nicht verändert. Sie sprach nur von sich und ihren Männern. Ich habe vergessen, mit wem sie damals liiert war oder ob sie damals mit jemandem liiert war. Vermutlich ja, sie konnte ja ohne Männer nicht leben. Der Krieg? Ach, der war lästig. Und da er sich so ausbreitete, schien es ihr oder dem Mann, mit dem sie zusammen lebte – oder vielleicht war sie sogar verheiratet –, ratsam, in den Vereinigten Staaten zu überwintern.

Zähneknirschend erklärte sich Imre bereit, für sie zu sorgen. Das kostete weitere Scheiben von unserer Salami, die in der Zwischenzeit wieder etwas gewachsen war, denn Hollywood hatte ja doch einiges gebracht. Aber es kostete nicht wenig. Und dann, Ende des Jahres, kam es zum Krieg. Man erinnert sich: Pearl Harbor. Krieg mit Japan als Folge. Und dann erklärte Hitler den Vereinigten Staaten den Krieg. In New York bekam man ihn vorläufig nicht zu spüren. Die Rationierungen begannen erst später, viel später und waren nicht vergleichbar mit denen in den kriegführenden Ländern Europas. Zwar gab es auch sogenannte Bezugsscheine für Schuhe und sonstige Kleidung; aber wer wollte, konnte doch alles haben. Ein Herr Pischach aus Wien versorgte uns, für Geld natürlich, mit soviel Karten, wie wir wollten. Und irgendwie kannte jeder einen Herrn Pischach.

Aber wir bekamen den Krieg doch zu spüren. Wir waren, nachdem Hitler den Krieg erklärt hatte, »Enemy Aliens« geworden, feindliche Ausländer. Denn Österreich gehörte zu Deutschland, und Ungarn mußte, obwohl Horthy das sicher nicht getan hat, Amerika ebenfalls den Krieg erklären.
Enemy Aliens! Was bedeutete das? Das bedeutete nicht, daß man uns verhaftete oder auch nur, daß man uns verbot, nach acht Uhr abends unsere Wohnung zu verlassen – in Hollywood wurden diese Restriktionen über die Enemy Aliens, also die deutschen und österreichischen Emigranten, verhängt. Aber unsere Konten wurden gesperrt. Imre hatte noch rechtzeitig einiges Geld von der Bank abgehoben. Aber dann, wie gesagt, war das nicht mehr möglich.
»Wir werden verhungern!« prophezeite er düster.
Um diese Zeit steckte er mitten in einer Arbeit. Genau genommen hatte er sie schon vorher begonnen. Es handelte sich um eine Operette, die er »Marinka« genannt hatte, nach der Hauptfigur. Das heißt, die Hauptfigur war in Wirklichkeit nicht eine Marinka, sondern die Baronesse Mary Vetsera, die im Jagdschloß Mayerling im Jahre 1889 zusammen mit dem Kronprinzen Rudolf von Österreich umgekommen war. Er hatte sie wohl erschossen. Eine Liebesgeschichte? Eine politische Geschichte? Das wurde nie richtig geklärt.
Wie dem auch sei, kaum ein Sujet für eine Operette. Aber das störte die Librettisten George Marion und Larry Hart nicht im geringsten, und obwohl in Österreich, in Deutschland, überhaupt in ganz Europa bekannt war, wie traurig diese Geschichte ausging, beschlossen sie, ihr ein Happy-End zu geben. In »Marinka« kamen die beiden Liebenden nicht historisch korrekt um, sondern setzten sich ab – ausgerechnet nach Mexiko.
Kálmán hatte schon eine ganze Zeit an dieser Operette gearbeitet, vor allem auch in Hollywood. Ich warnte:

»Es ist dir doch klar, daß die Operette mit einem solchen Text nie in Europa herauskommen kann . . .«
Imre winkte ab.
»Das ist nicht so wichtig. Wir sind in Amerika. Und das Wichtigste ist, daß wir einen Angel finden . . .«
Hier muß ich wohl etwas erklären. Broadway-Produzenten investieren nur selten ihr eigenes Geld, wenn sie etwas Neues herausbringen. Und schon gar nicht, wenn es sich um ein Musical oder eine Operette handelte. Denn das kostete für gewöhnlich so zwischen einer viertel und halben Million. Wir hatten einen Produzenten, das heißt, einen, der bereit war, die Operette »Marinka« herauszubringen. Und der suchte Geld. Und Geldgeber, das waren eben die Angels, wie man sie am Broadway nannte.
Wo sollten wir einen Angel finden, einen Mann, der eine Viertelmillion oder gar eine halbe riskieren würde? Für Komponisten mit einem Namen in Amerika, wie etwa Irving Berlin oder Cole Porter, wäre das eine Kleinigkeit gewesen. Aber so bekannt war Kálmán nun doch wiederum nicht in der Neuen Welt.
Da schien uns der Zufall zu helfen. Durch meine Freundin Marion Preminger hatte ich eine ihrer Freundinnen, eine gewisse Mrs. Ava Tierny kennengelernt, deren Mann übrigens auch ein Musical-Komponist war. Und die traf ich eines Tages zu einem Cocktail in einer Bar. Sie hatte einen Bekannten mitgebracht, einen großen, schlanken, gutaussehenden, aber recht nachlässig gekleideten Mann, so um die vierzig herum. Ich hatte keine Ahnung wie er hieß und erfuhr es auch nicht durch die Vorstellung. Die ging, wie üblich in Amerika, sehr salopp vor sich.
»This is Vera, and this is Howard.«
Als er einige Minuten später aufstand, um einen Bekannten am Nebentisch zu begrüßen, flüsterte Ava mir zu:

»Der Mann ist sehr reich! Millionen und Millionen! Der wäre doch was für euch!«
Ich begriff. Ein möglicher Angel.
Als dieser Howard zurückkam, dessen Nachnamen ich noch immer nicht kannte, schlug ich vor:
»Fahren wir doch zu uns nach Hause! Dort ist es gemütlicher!«
Ich konnte das umso eher sagen, als ich wußte, daß Imre nicht zuhause war.
Wir fuhren also zu uns, Howard hängte seinen Mantel und Hut in die Garderobe, ich führte ihn und Ava in den Salon, und dann stürzte ich in die Küche zur Pervich und rief:
»Frau Pervich, fahren Sie auf, was wir an Delikatessen im Haus haben. Wir haben einen sehr reichen Gast, und er wird die Operette meines Mannes finanzieren!«
Die Pervich, die uns zufällig gesehen hatte, als wir hereinkamen, lächelte ironisch:
»Derr? Sehen Sie sich doch sein armseliges Mäntelchen an und seinen zerknautschten Hut, was da in der Garderobe hängt! Der hat keinen Cent!«
Die Kinder kamen herbei. Ich jagte sie fort.
»Zurück in eure Zimmer und kein lautes Wort! Der Mann im Salon wird für Papi eine Operette finanzieren!«
Auch die Kinder inspizierten Howards Mantel und unansehnlichen Hut und waren eher geneigt, die Ansichten der Pervich zu teilen.
Charly sagte:
»Da hat die Mutti ja mal wieder was Besonderes aufgegriffen!«
Ich kehrte zurück in den Salon, innerlich wütend, äußerlich strahlend. Wir tranken einiges, und dann begann ich von der Operette meines Mannes zu sprechen, die er fertigzustellen im Begriff sei, und die nun herausgebracht werden müsse.

Howard hatte wohl schon einiges getrunken, als er mit in unsere Wohnung kam und nickte. Das klinge ja interessant, meinte er. Mehr sagte er vorläufig nicht.
Die Türglocke läutete. Das konnte nur Imre sein, dachte ich und befürchtete Schlimmes. Es war Imre, und ich hörte, wie ihm die Pervich die Tür öffnete. Ich entschuldigte mich bei meinen Gästen und ging hinaus. Imre war wieder mal mißgelaunt, ich weiß nicht mehr, warum. Ich flüsterte ihm zu, da säße ein Mann in unserem Salon, den habe Ava Thierny angeschleppt, er sei vielfacher Milliardär und könne vielleicht etwas für die Operette tun.
Die Pervich unterbrach mich:
»Schauen's, gnäd'ger Herr. Da schauen's nur den schäbigen Mantel und den Hut an. Und das ein Millionär! Es ist zum Lachen!«
Das sagte sie übrigens auf ungarisch. Ich hätte sie in diesem Augenblick umbringen können.
Imre wurde ärgerlich:
»Warum bringst du solche fremden Leute ins Haus?«
Ich flehte:
»Sei nett zu ihm, ich glaube, da ist etwas zu machen!«
»Ist doch alles Blödsinn!«
Imre betrat den Salon, aber er nickte unseren Gästen kaum zu.
Howard verstand erst nicht. Warum war der Mann der liebenswürdigen Gastgeberin so unliebenswürdig? Als Imre ihm überhaupt keine Antworten gab, stand er auf, schritt zur Tür, holte sich in der Garderobe seine Sachen und verschwand.
Ich war, um es gelinde zu sagen, betreten. Und Ava war es auch.
Zwei Tage später, es können auch drei oder vier gewesen sein, lasen wir in der Theater- und Filmrubrik der New York Ti-

mes, Howard Hughes, der bekannte Milliardär sei dabei, einen sehr teuren Film zu finanzieren. Ich glaube, er hieß »Hells Angels«. Millionen seien bereits investiert. Und darunter ein Bild des von Imre vertriebenen Howard.

Ich wurde wütend.

»Du bist wirklich ein Idiot! Diesen Mann hast du wie den letzten Dreck behandelt. Dir ist wirklich nicht zu helfen.«

Imre war tief beeindruckt. Er begriff, daß er einen Fehler begangen hatte.

»Veruschka, du mußt alles versuchen, um ihn wieder zurückzubringen!«

Ich hatte wenig Hoffnung, aber ich telefonierte mit Ava darüber. Sie winkte ab. Howard sei beleidigt. Howard wolle nicht einmal mehr mit ihr sprechen.

Howard Hughes verschwand aus unserem Leben. Ich las noch gelegentlich über ihn in den Zeitungen und vor nicht allzu langer Zeit von seinem eher traurigen Tod.

Imre war nun etwas vorsichtiger, wenn ich Leute einlud. Zu den Gästen unseres Hauses gehörte unter anderem der Arzt Gaylord Hauser, der gesundes Essen predigte – in einem Buch, das ein Bestseller wurde: »Es ist später als Du denkst«, aber auch in Vorträgen.

Er war übrigens mit der Garbo befreundet. Ich lernte sie dann später durch ihn kennen.

Ein anderer Gast: der Tenor Jan Pierce, etwa ein amerikanischer Richard Tauber. Und der Dirigent George Sebastian, der die emigrierte Sängerin Delia Reinhardt geheiratet hatte.

Es kam der Pianist Vladimir Horowitz, der Schwiegersohn Toscaninis, der sich nicht zu schade war, gelegentlich den anderen Gästen etwas vorzuspielen.

Es kam der spätere österreichische Protokollchef bei den Olympischen Spielen in Japan, J. Theodor Schmidt, Dodi genannt, der auch bei mir oft den Protokollchef spielte, das

heißt die Tischordnung machte, wenn eine große Party bevorstand.
Gelegentlich, aber wirklich nur gelegentlich, erschien auch die Frau des Präsidenten, Mrs. Ellinor Roosevelt, öfter schon Maria Jeritza, die Hochdramatische aus Wien, die an der Metropolitan Oper sang, aber sich nun zurückgezogen hatte – von der Bühne, aber keineswegs vom gesellschaftlichen Leben; sie war immer noch eine außerordentlich schöne und amüsante Frau. Oder es kam Alexander de Seversky, der Erfinder irgendeines wichtigen Flugzeugtyps.
Oder es kam, immer zur großen Freude Imres, der junge Komponist Erich Wolfgang Korngold, der nach seinen Opernerfolgen in Wien – »Violanta« und »Die tote Stadt« – von Max Reinhardt nach Berlin geholt worden war, wo er die »Fledermaus« neu bearbeitete und dirigierte und dann nach Hollywood ging, wo er zahlreiche Filmmusiken machte. Imre schätzte ihn außerordentlich, er war auch in gewisser Beziehung einmalig.
Ach, Imre! Er fiel von einer Depression in die andere. Es gab Wochen, in denen man kaum mit ihm reden konnte, und es gelang nicht einmal den Kindern, ihm ein Lächeln abzuringen. Es gab Wochen, in denen er immer nur grübelte, was er wohl falsch gemacht haben könne. Denn irgend etwas mußte schief gegangen sein. Wenn ich ihm davon sprach, daß es anderen, den meisten, die wir kannten, viel schlechter ging als uns, schüttelte er nur traurig den Kopf. Er wollte auch nicht wissen, was ja doch wohl auf der Hand lag, daß doch vor allem die politischen Entwicklungen die Schuld trugen, daß er nicht mehr in Wien leben, seine großen Erfolge dort haben konnte. Nein, dies alles wollte er nicht hören.
Seine Melancholie wirkte ansteckend. Es gab Stunden, in denen ich glaubte, es nicht mehr eine Minute in unserer Wohnung aushalten zu können, in denen ich bereit war, alles zu

tun, nur um die Wohnungstür hinter mir zuschlagen zu dürfen.

Eines Tages ging es wirklich nicht mehr. Wie so oft, hatte er wieder einmal davon gesprochen, daß wir sparen müßten. Nun ja, wir lebten wirklich nicht besonders sparsam, aber, wie ich sehr wohl wußte, das war nicht nötig, noch lange nicht nötig. Vielleicht würde es einmal so weit sein.

Imre sagte:

»Ich verdiene nichts ... und du verdienst nichts ...«

Ich sah ihn an.

»Willst du, daß ich Geld verdiene?«

Er antwortete:

»Warum nicht?«

Sicher meinte er es nicht so, aber diese zwei Worte lösten etwas in mir aus. Ich eilte fort. Als ich die Wohnung verließ, wußte ich noch nicht, wohin. Dann wußte ich es. Ich fuhr in ein Pelzgeschäft, in dem ich schon viel gekauft hatte. Der Inhaber war mir wohlgesinnt. Ohne Zweifel zählte er zu meinen Bewunderern. Einmal hatte er zu mir gesagt:

»Solche Mannequins müßte man haben, die so aussehen wie Sie!«

Jetzt stand ich ihm gegenüber:

»Erinnern Sie sich an Ihre Worte? Wollen Sie mich als Mannequin engagieren?«

»Sie als Mannequin? Aber soviel Geld habe ich ja gar nicht ...«

»Ich verlange nicht mehr, allerdings auch nicht weniger als die anderen Mannequins ...«

Er engagierte mich auf der Stelle, nicht als Mannequin, sondern als Verkäuferin, und nun verdiente ich. Nicht gerade ein Vermögen, aber doch recht anständig.

Imre war zuerst erschrocken, als ich ihm von meiner neuen Stellung erzählte. Er sagte etwas vom Haushalt und von den

Kindern, und wie das nun alles werden sollte, wenn ich den Tag über nicht zuhause sei, aber dann war er zufrieden. Die Salami würde also etwas länger halten . . .

Vor einer großen Premiere schlug mir der Inhaber des Ladens vor, einen Nerz in Platinfarbe auszuleihen und ihn eben zu dieser Premiere zu tragen. Imre wollte nicht glauben, daß es sich um ein Leihstück handelte, er war überzeugt, daß ich diesen wirklich teuren Pelzmantel erworben hätte.

Die Wirkung war, genau wie der Geschäftsinhaber es vermutete, eklatant. Alle unsere Bekannten und auch viele, die wir nicht kannten, staunten über diesen Pelzmantel.

Ein Gesellschaftskolumnist schrieb, daß ich die eleganteste Frau des Abends gewesen sei. Und ein anderer meinte, man wisse jetzt, nachdem man die schöne, elegante Frau gesehen habe, daß Emmerich Kálmán, der große ungarische Operettenkomponist, in New York sei.

Machte das Eindruck auf Imre? Ich fürchte eher, nein. Eigentlich hätte er sich doch freuen müssen. Aber er war wohl zu tief in seinen Depressionen verstrickt, als daß irgend etwas ihn erfreut hätte.

Und dann geschah es. Eines Tages stand ich im Laden mit einer Kundin beschäftigt, als ein Mann mittleren Alters hereinkam. Er war groß, er war schlank, er sah außerordentlich gut aus. Er hatte dunkles Haar und ausdrucksvolle Augen. Er fragte nach dem Inhaber. Er war ein Freund von ihm und kam, um ihn abzuholen. Schon als er den Mund öffnete, wußte ich, er war Franzose.

Und ich wußte auch, daß dieser Mann eine Rolle in meinem Leben spielen würde.

Neues Leben

Ich sah ihm nach, als er mit dem Inhaber des Ladens durch die Tür schritt.

Eine Verkäuferin bemerkte:

»Ein interessanter Mann.«

»Ja.«

»Ein Franzose. Ein de la Croix. Roland de la Croix, glaube ich.«

Ich sah ihn ein paar Tage nicht wieder. Und dann kam er, schon gegen Ladenschluß, mit einer eleganten Dame. Sie war älter als er. Mir war sie nicht unbekannt. Sie war schon einmal bei uns gewesen und hatte Verschiedenes probiert. Jetzt sprach sie mit dem herbeigeeilten Inhaber, und zwei oder drei Pelzmäntel wurden wieder für sie hervorgeholt. Sie probierte zwei und entschied sich dann für den zweiten.

Die Verkäuferin, die daneben stand, schrieb irgendetwas auf. Der Franzose zog ein Scheckheft aus der Tasche und schrieb einen Scheck aus.

Dann gingen die beiden. Er hatte mich sicher nicht bemerkt. Ich war schließlich nur eine Verkäuferin, – jedenfalls hier war ich es nur.

Oder hatte er mich doch gesehen?

Am nächsten Tag kam er zurück, ging in das Büro des Inhabers und kam gleich wieder mit ihm heraus. Ich wurde ihm vorgestellt. Es kam zu einem Gespräch, – konventionelle Worte, dann sprach er über die politische Situation, von der er viel zu wissen schien, während ich wenig Ahnung hatte.

Das war eine Woche vor Weihnachten. Zu Weihnachten schickte er mir Blumen, nicht nach Hause, – er wußte wohl gar nicht, wo ich wohnte, sondern in den Laden. Das freute mich. Ich hätte ihm gerne sogleich persönlich gedankt, aber ich konnte es erst nach den Feiertagen.

Am selben Tag war uns eine Einladung geschickt worden: von Ralph B. Strassburger, einem bekannten Multimillionär, der, wie ich bei dieser Gelegenheit von meinem Mann erfuhr, Anteile an vielen Zeitungen besaß. Ich kannte ihn auch, doch nur flüchtig. Aber es war mir nicht entgangen, daß er sich für mich interessierte. Doch das taten ja viele, ohne daß es von besonderer Bedeutung gewesen wäre.

Imre erklärte sofort, er würde nicht auf das Silvesterfest gehen.

»Aber wenn du gehen willst ...«

Natürlich wollte ich!

«Zu Silvester kann man doch nicht zu Hause hocken ...«

»Ich kann! Ich werde mit den Kindern etwas trinken. Und natürlich mit Frau Pervich.«

»Wenn du Silvester nicht feierst, wird das ganze Jahr mies!« sagte ich gemäß einem russischen Sprichwort.

Er winkte ab.

Ich versuchte es noch einmal, einen oder zwei Tage später.

»Wenn man nicht richtig Silvester feiert, wird man sich das ganze Jahr über schlecht fühlen und immer auf ein Unglück warten!«

»Das tue ich auch so. Nein, dieser Aberglaube ist lächerlich. Mich kriegst du jedenfalls nicht auf diesen Ball!«

Ich wurde ärgerlich, knallte die Tür zu und fuhr in mein Pelzgeschäft. Ich dachte:

»Jetzt bist du selbst schuld, wenn ich mich mit einem anderen amüsiere!« und rief Roland de la Croix an.

Er war sofort bereit.

»Natürlich führe ich Sie gern auf den Ball. Aber es werden dort viele Bekannte sein. Werden die nicht reden?«
»Das ist mir völlig egal! Unsere Bekannten kennen meinen Mann und wissen, daß er zu sowas nicht gern geht. Und sie wissen auch, daß ich nicht gern Silvester wie ein Hausmütterchen verbringe. Also ...«
Also gingen wir. Der Ball fand in dem Nachtclub »El Marocco« statt, einem der zwei oder drei elegantesten von New York, der für diese Nacht von dem Gastgeber gemietet worden war. El Marocco war ein bißchen marokkanisch eingerichtet oder jedenfalls so, wie sich New Yorker Innenarchitekten Marokko vorstellten.
Es war ein großer Ball mit einer tollen Stimmung. Wie Roland de la Croix prophezeit hatte, trafen wir viele Bekannte. Sie schienen es gar nicht seltsam zu finden, daß ich nicht mit meinem Mann zu dem Ball kam. Seine Freunde schienen es auch nicht merkwürdig zu finden, daß er eine Dame mitgebracht hatte. Sie wollten mir nur alle vorgestellt werden; sie sagten mir nette und schmeichelhafte Dinge. De la Croix sagte eigentlich gar nichts. Er sah mich nur immer an.
Vor Mitternacht rief ich noch einmal meinen Mann an.
»Willst du nicht kommen? Es ist so nett hier!«
»Nein, danke. Ich finde es hier auch sehr nett. Amüsier dich!«
»Ein fröhliches neues Jahr!«
»Ein fröhliches neues Jahr!«
Wir blieben bis gegen drei Uhr auf dem Ball. Ich hatte fast ununterbrochen getanzt und fast immer nur mit Roland, wie ich ihn jetzt schon nannte. Nun meinte ich:
»Ist es nicht Zeit, zu gehen?«
»Schon?«
»Schon? Es ist immerhin drei ...«
»Ich bin noch gar nicht müde.«
»Müde bin ich auch nicht ...«

»Dann kommen Sie doch noch zu mir. Ich meine, in mein Appartement. Ich habe im Hotel Waldorf-Astoria ein Appartement ...«
Ich wollte nein sagen, aber ich hörte mich zu meinem Erstaunen ja sagen.
In seinem Appartement angekommen, ließ ich mich in einen Sessel sinken. Er fragte, ob ich einen Drink wollte. Ich sagte ja, obwohl ich doch eigentlich nie trank. Auch diesmal rührte ich das Glas nicht an. Er hatte mich in die Arme genommen, wiederum schwieg er. Sein Mund suchte den meinen ... und es geschah.
Es war, – und ist auch heute noch, wenn ich daran zurückdenke, eigentlich etwas ganz Selbstverständliches gewesen. Etwas, das sicher nicht von uns geplant war. Es mußte auf uns zukommen, – und wir waren glücklich. Ich war so glücklich wie seit Jahren nicht mehr. Vielleicht war ich so glücklich wie überhaupt noch nie in meinem Leben. Jedenfalls kam es mir so vor.
Später, als mich Roland nach Hause fuhr, dachte ich: Morgen beginnt wieder das Zusammenleben mit Imre, der vermutlich wieder depressiv sein wird, und den Kindern, die nicht immer leicht zu zähmen sind, weil wir sie zu sehr verwöhnt haben. Wir? Ich ... Morgen, schon in wenigen Stunden ... Hätte ich das alles nicht geschehen lassen dürfen? Hatte ich meinen Mann betrogen? Hätte ich ein schlechtes Gewissen haben sollen?
Ich hatte keins. Ich war froh. Ich kannte eigentlich nur Frauen, die ihre Männer betrogen, entweder gelegentlich oder auch am laufenden Band. Und sie fanden gar nichts dabei. Und die Welt, daß heißt ihre Bekannten, hielten das eher für selbstverständlich. Betrogen ... mit Remarque, das war anders. Das war ein Freund, und ich hatte ihn trösten wollen. Aber ich hatte nicht das Gefühl, daß ich damit Imre etwas

weggenommen hätte. Und nun? Diesmal hatte ich das Gefühl, daß ich ihm etwas wegnahm. Aber er war ja so viel älter als ich oder besser, ich war so viel jünger als er. Konnte er eigentlich verlangen, daß ich neben ihm keinen anderen Mann sah? Ich weiß, damals, als ich ihn kennenlernte, am Anfang unserer Liebe, hatte ich mir geschworen, daß er der Einzige bleiben würde. Aber damals kannte ich das Leben noch so wenig.

Verwirrt fuhr ich im Lift zu unserem Appartement hinauf. Ja, ich hatte Imre etwas weggenommen, und doch hatte ich ihm nichts weggenommen.

Bei uns daheim schlief alles, begreiflicherweise. In meinem Schlafzimmer fand ich herrliche Blumen und ein Kärtchen von Imre:

»Es ist schwer, mit allen Deinen unbekannten Kavalieren das Rennen aufzunehmen, auch habe ich die Impression, daß Du meine Blumen nicht mehr benötigst. Trotzdem schicke ich Dir diesen Strauß, der alten Tradition zuliebe, und dazu meine besten Wünsche und meine treue Liebe – so wie einmal in der alten, von Dir längst vergessenen Zeit. Alles Gute für Dein neues Leben.«

Ahnte er etwas? Aber das war ja unmöglich! Es war wohl eine Geste der Großzügigkeit. Er wollte damit sagen, er gebe mich frei für ein neues Leben –, das heißt, Bälle oder Partys auch ohne ihn.

Aber das legte sich bald. Als ich gegen Mittag aufstand, ein wenig verschlafen, war er noch nett und gütig, aber schon im Lauf des Nachmittags begann er wieder zu nörgeln. Der Abend des Neujahrstages war für uns beide ziemlich schrecklich. Und die nächsten Tage waren geradezu unerträglich. Es gab ständig Vorwürfe, doch nicht etwa Vorwürfe, die ich wirklich verdiente, nein, es ging um Kleinigkeiten, um Dinge, die nicht der Rede wert waren.

Und das sollte ich lebenslänglich auf mich nehmen?
Man sagt, daß durch psychische Depressionen oft physische Krankheiten hervorgerufen werden. Bei mir war es jedenfalls so. Ich bekam heftige Kopfschmerzen, die ich bisher nie gekannt hatte, und sie wurden so schlimm, daß ich nachts nicht mehr schlafen konnte. Imre holte Dr. Pierre, den wir von Paris her kannten. Er stellte eine Stirnhöhlenvereiterung fest. Es sollte eine Operation vorgenommen werden.
Dann lag ich in einer Klinik in einem verdunkelten Zimmer. Die Operation war für Ende der Woche geplant. Meine Kinder besuchten mich und auch Imre, der mir zudem täglich Blumen überbringen ließ, stets mit einem Kärtchen voller Liebesbezeugungen. Ich war tief gerührt, aber ich konnte und wollte es nicht leugnen: mein Herz gehörte nicht mehr meinem Mann allein.
Roland kam jeden Tag. Und jeden Tag wiederholte er, was er in der ersten Nacht angedeutet hatte und was ich damals nicht hatte hören wollen. Nämlich:
»Geh fort von deinem Mann! Lasse dich scheiden! Heirate mich!«
»Es ist so schwer... Ich kann ihm das nicht antun...«
»Früher oder später mußt du es ihm ja doch sagen!«
Ich war sehr verwirrt, und das machte mich unglücklich. Übrigens erfuhr ich erst jetzt, was Roland eigentlich war. Ein Diplomat – mehr wollte er nicht sagen.
»Du arbeitest für die französische Regierung? Für Vichy?«
»Um Gottes Willen, nein! Für de Gaulle...«
Ich konnte mir darunter nichts vorstellen, und ich weiß auch heute noch sehr wenig darüber.
Doch meine Kopfschmerzen wurden besser. Sie verschwanden geradezu. Dr. Pierre stand vor einem Rätsel. Er und seine Kollegen entschieden, daß eine Operation völlig überflüssig sei.

Ich fuhr also wieder nach Hause, und Imre nahm sich zusammen, war die Liebe und Fürsorge in Person. Ich konnte ihm doch nicht sagen, daß ich mich von ihm trennen wollte. Und da waren ja die Kinder. Sicher war ich keine musterhafte Mutter, dazu liebte ich das Leben, mein Leben, viel zu sehr. Ich war nun einmal nicht die Frau, die in ihren Kindern aufgeht, aber ich liebte sie doch auf meine Weise. Ich war glücklich, daß Charly eine außerordentliche Begabung für Musik zeigte, ich freute mich, daß Lily so hübsch wurde und daß Yvonka so reizend war. Aber manchmal war ich auch ungeduldig mit den Kindern, und dann setzte es gelegentlich eine Ohrfeige, deren Berechtigung vielleicht zweifelhaft war.
Und wie standen meine Kinder zu mir? Sie waren glücklich, weil sie fanden, daß ich die schönste Mama der Welt sei – wie sie es ausdrückten. Ob sie mich liebten? Ich glaube, sie liebten Frau Pervich mehr. Von der kam ja alles, was sie mochten: das gute Futter. Die Pervich war für sie Mutter und Großmutter zugleich.
Ich hatte manchmal ein schlechtes Gewissen. Hätte ich mehr für meine Kinder tun sollen? Aber was? Und wie? Vielleicht hatten meine geringen Fähigkeiten, sie zu erziehen, damit zu tun, daß meine Mutter mich auch nicht richtig erzogen, ja, sich kaum um mich gekümmert hatte.
Ich dachte in diesen Wochen oft über meine Mutter nach: Sie rief mich eines Tages an. Sie hatte wieder einmal geheiratet. Es war, wenn ich mich recht erinnere, ihre fünfte Ehe. Ich wünschte ihr alles Gute, zweifelte aber im stillen, daß diese Ehe sehr viel länger halten würde als die anderen. Mamatschka würde immer wieder einen neuen Mann suchen und eine neue Liebe, weil sie im Grunde genommen immer noch den Mann suchte, den sie als Sechzehnjährige geliebt hatte – Konstantin Konstantinowitsch.
Es war ein merkwürdiges Verhältnis zwischen uns. Kein

Zweifel, für sie war eigentlich alles sehr bequem geworden. Solange ich mit Imre verheiratet war, hatte sie keine Sorgen: er würde zahlen.

Ich sagte:

»Vielleicht werde ich mich von Imre trennen . . .«

Meine Mutter wollte »alles« wissen. Ich teilte ihr das Notwendigste mit.

Sie geriet außer sich.

»Du bist verheiratet! Und das bedeutet, daß du auch verheiratet bleiben mußt!«

Ausgerechnet sie verlangte das von mir.

Immer wieder flüchtete ich zu Roland. Er hatte ein größeres Appartement genommen im Waldorf Astoria Tower. Ich ging so oft zu ihm, wie ich es irgendwie einrichten konnte – und dann waren wir glücklich miteinander. Ich war überzeugt: Ich hatte den Mann meines Lebens gefunden.

Freilich, ich wußte auch, daß es so nicht weitergehen konnte. Irgend einmal mußte ich mich entscheiden. Das heißt, ich hatte mich entschieden, aber ich mußte es Imre mitteilen. Schließlich war er ein Mann, der es nicht verdiente, betrogen zu werden. Ich empfand weniger die Tatsache, daß ich mich einem anderen Mann hingab, als Betrug, als vielmehr, daß ich es Imre verheimlichte.

Roland wurde ungeduldig. Er sagte, es sei einfach nicht richtig, meinen Mann so im unklaren zu lassen.

»Ich bin gern bereit, selbst mit ihm zu sprechen.«

»Um Gottes willen, nur das nicht! Mein Mann wäre tief gekränkt, wenn ich es ihm nicht selbst sagen würde.«

Aber ich verschob diese Aussprache von Tag zu Tag. Sollte ich den großen Schritt tun? Sollte ich mich scheiden lassen? Hatte ich überhaupt noch eine Wahl? Gewiß, wir waren nun vierzehn Jahre verheiratet. Das war wohl das entscheidende Problem . . .

Jedesmal wollte Roland wissen:
»Hast du deinem Mann endlich alles gesagt?«
»Nein, aber ich werde es noch heute tun...«
Dann kam ich zu Imre und brachte es doch nicht übers Herz. Ich lebte in ständigem Zwiespalt. Ich war schon wieder recht elend, zu elend, um meine Aufgabe im Pelzladen auszufüllen. Ich gab meinen Job auf.
Und dann kam es zu dem entscheidenden Eklat.
Wir, Imre und ich, erhielten von Tierny und seiner Frau Ava eine Einladung – wieder einmal in den Nachtclub »El Marocco«. Diesmal war nicht das ganze Etablissement gemietet, wir hatten nur einen größeren Tisch für etwa zehn Personen. Die anderen Eingeladenen tranken viel, wurden lustig. Es wurde getanzt, Imre, der mitgekommen war, tanzte natürlich nicht, war jedoch, wie mir schien, ausnehmend gut gelaunt. Jedenfalls für seine Lebensart.
Dann kam Roland herein. Er trug noch seinen Mantel und hatte den Hut in der Hand. Er sah sich um, sah mich und ging wieder hinaus.
Mir klopfte das Herz bis zum Hals. Ich war froh, daß er fortgegangen war, und doch wieder traurig. Und dann kam er zurück. Er trat an unseren Tisch. Er grüßte niemanden. Er nahm mich bei der Hand, er führte mich auf die Tanzfläche, und wir begannen zu tanzen. Ich sah noch, wie die anderen erstarrten.
Vielleicht hatte der eine oder andere etwas von meiner Affäre mit Roland gehört. Imre jedenfalls hatte bis dahin nichts geahnt. Jetzt mußte er wissen, daß der Mann, der seine Frau vom Tisch gerissen hatte, ihr Liebhaber war.
Ich flehte Roland an:
»Führe mich an den Tisch zurück! Das gibt eine Katastrophe!«
Roland hörte nicht auf zu tanzen.

»Dazu ist es auch die höchste Zeit!«
Ich spürte, er war dumpf entschlossen, einen Eklat heraufzubeschwören.
Ich sah nur noch, wie Imre aufsprang und auf uns zuging. Die anderen Tanzenden wichen zurück, plötzlich waren wir allein auf der Tanzfläche. Wir hörten auf zu tanzen.
Imres Gesicht war dunkelrot. Er brüllte schreckliche Dinge, auf ungarisch und auch auf deutsch. Roland verstand kein Wort. Das schien Imre völlig rasend zu machen.
Er schrie mich an:
»Alles, was du trägst, deine Perlen, deine Brillanten, hast du von mir! Du bist nichts als das, was ich aus dir gemacht habe. Alles gehört mir! Du gehörst mir!«
Tierny war aufgesprungen, stand jetzt neben Imre, legte beruhigend die Hand auf seinen Arm und wollte ihn fortführen. Aber Imre machte sich mit einer ungeduldigen Bewegung frei und schrie mich weiterhin an:
»Du bist nichts! Du hast nichts!«
Das war mir zuviel. Ich riß mein Perlenkollier herunter und warf es ihm vor die Füße. Ich zog die Ringe ab und warf sie hin. Thierny sammelte die Schmuckstücke schnell ein.
»Du sollst alles haben!« schrie ich nun und riß mir das Kleid vom Leib. Ich stand tatsächlich in der Unterwäsche da.
Roland zog seinen Smoking aus und legte ihn mir um die Schultern. Er zog mich mit sich hinaus.
»Nun werden sie etwas zu reden haben!« flüsterte ich. Und dann schwieg ich. Ich weiß nicht, wie wir ins Auto kamen, wie in das Appartement von Roland. Er war unendlich behutsam mit mir.
Vielleicht war es das, was mir den Rest gab. Ich begann zu weinen.
Er flüsterte:
»Chérie, es mußte doch einmal Klarheit geben. Jetzt weiß

dein Mann alles, und nun steht einer Scheidung wirklich nichts mehr im Weg...«

Trotzdem fuhr ich am nächsten Morgen wieder nach Hause. Jetzt war ich es, die Klarheit wollte.

Imre wurde totenbleich, als ich von Scheidung sprach. Er sagte nichts. Ich ertrug dieses Schweigen nicht, mit Mühe unterdrückte ich meine Tränen. Ich sagte:

»Es gibt keinen Menschen auf der Welt, den ich höher einschätze als dich. Aber Roland ... Wir haben so vieles gemeinsam ...«

Ich sprach weiter und weiter und ich sagte sicher sehr viel Unsinn. Imre war immer noch still. Hätte er mir nur eine Szene gemacht! Hätte er geschrien und getobt – alles wäre besser gewesen als dieses Schweigen.

Ich stürzte aus dem Haus. Ich winkte dem ersten Taxi.

»Fahren Sie in den Central Park!«

Ich ließ ihn stundenlang im Central Park umherfahren, dann ging ich wieder in unsere Wohnung und sofort in mein Zimmer. Dort lag wieder einmal ein Brieflein von Imre:

Meine liebe Veruschka!

Ich will Dir von ganzem Herzen danken für Deine Liebe und Güte. Blut ist doch kein Wasser. Du hast mir oft und oft bewiesen, daß Du mit Gefühlen der tiefsten Freundschaft mit mir verbunden bist, und weil ich Dir für diese Freundschaft so dankbar bin, darf ich jetzt im letzten Moment mit meiner Sentimentalität nicht alles verderben. Uns trennt der große Altersunterschied. Ich habe meinen Boden verloren und kann nur zurückschauen auf alte schöne Zeiten. Du aber bist jung und frisch, und Du schaust in die Zukunft. Meine Musik kauft niemand, Deine Schönheit und Jugend sind aber Werte, die hier einen großen Preis haben. Du sollst diese Güter nicht verschwenden für jemanden wie mich, der es nicht schätzen

konnte. Mache Dir keine Vorwürfe und sei bitte nicht böse, daß ich die Sache zu tragisch genommen habe. Ich verspreche Dir, daß ich in Zukunft alles realistischer nehmen werde. Gott gebe Dir Glück und Zufriedenheit, alles, was ich Dir nicht geben konnte. Vielleicht wird es Dir nun zuteil und denke daran: Ich wurde in den letzten Jahren viel geschlagen und verwundet, aber meine persönliche Ehre ist mir geblieben und heute noch wertvoller als früher. Ich bin heute eine lächerliche Figur, – es muß etwas getan werden, daß ich wieder unter Menschen gehen kann.
Denke daran, daß Dein Leben neben mir Dir nicht gefallen hat und auch in der Zukunft nicht gefallen würde.
Also: Kopf hoch.
Es küßt Dich in treuer Liebe Dein Imre.

Am nächsten Morgen zog ich aus. Auch in den Tower des Waldorf Astoria, aber nicht in das Appartement Rolands. Er hatte mir ein eigenes gemietet. Ich fühlte mich frei, ich konnte wieder atmen, ich brauchte nicht mehr zu lügen, brauchte nicht mehr Theater zu spielen. Und ich war sicher, daß ich richtig gehandelt hatte.
Warum war ich eigentlich so sicher? Es klingt heute naiv, wenn ich es hinschreibe. Ich war so sicher, daß Roland der Mann meines Lebens war, weil ich mit ihm Silvester verbracht hatte! Und weil ich als Russin daran glaubte, daß das Erleben während der Silvesternacht entscheidend ist.
Ich fuhr zum Anwalt. Der hatte Verständnis. Eine Scheidung in Reno sei das Vernünftigste, sagte er. Ich sollte wegen seelischer Grausamkeit auf Scheidung klagen.
Ich fuhr also nach Reno im Staate Nevada. Das war fast so weit wie Hollywood. Ich hatte auf Rolands Wunsch auch den letzten Schmuck, den ich von Imre besaß, zurückgegeben. Ich nahm nur das Notwendigste an Kleidung mit und nicht

einen einzigen Pelzmantel. Roland sagte mir, wenn ich etwas brauchte, sollte ich es kaufen. Er war bereit, alles zu bezahlen. Aber das wollte ich eigentlich nicht.

Reno. Es ist ein eher winziges Städtchen in dem nicht stark bevölkerten Staat Nevada, und hat ein himmlisches Klima, ganz trocken, eigentlich immer warm, wenn auch nicht so warm wie Kalifornien. Das Städtchen selbst ist recht elegant. Fast in jedem zweiten Haus eine Bar oder ein Nachtclub. Denn hierher kommen die Leute aus ganz Amerika, um sich scheiden zu lassen: die Reichen jedenfalls, die es sich leisten können.

Eine Scheidung ist in Reno nicht weiter kompliziert. Aber um sie zu bekommen, muß man Einwohner des Staates Nevada sein. Und um das zu werden, muß man dort ununterbrochen sechs Wochen gelebt haben, nicht mehr, nicht weniger. Diese Scheidungserleichterung ist also im Grunde nichts anderes als ein Trick, um den Fremdenverkehr zu heben.

Ich zog auf den Rat von New Yorker Freunden in einen kleinen Bungalow, der auf der Ranch del Monte stand. Die Ranch verfügte über einen Reitstall, was mir angenehm war, da ich gern ritt. Neben Pferden gab es auch sehr viele Cowboys oder, was ich allerdings erst im Lauf der Zeit herausbekam, junge, gut aussehende Gigolos, die sich als Cowboys kleideten, weil das in Reno sozusagen stilgerecht war.

Sie schliefen auch mit den Damen, die sich einsam fühlten, und das taten viele von ihnen. Da gibt es eine Geschichte – ich weiß nicht, ob sie wirklich passiert ist, aber sie ist lustig genug, daß sie damals die Runde machte:

Eines Tages ging eine der New Yorker Damen aus der Gesellschaft zum Direktor der del Monte-Ranch, um sich zu beschweren und ihren Umzug in ein Hotel in Reno anzumelden. Der Mann war bestürzt und fragte sie, ob vielleicht einer der Cowboys zudringlich geworden sei.

»Zudringlich? Ach, nein. Es ist ja ganz nett, mit ihnen zu schlafen. Das ist es nicht, aber das Essen ist so entsetzlich auf der del Monte-Ranch!«
Ich telephonierte täglich mit New York, mit meinen Kindern, dem Kinderfräulein und mit Frau Pervich. Ich hatte das Gefühl, daß ich noch für den Haushalt verantwortlich sei.
Wir ritten viel und spielten Golf. Das Leben war eigentlich ganz hübsch, und doch gab es junge Frauen, die recht unglücklich waren, nun, da sie die Scheidung, die sie verlangt hatten, bekommen würden.
Eine sagte: »Ach Kinder, mit meinem Bobby zu leben, war ziemlich schlimm. Aber ohne ihn zu leben, ist noch viel schlimmer!«
Die junge Frau packte ihren Koffer, zog ihren Scheidungsantrag zurück und fuhr wieder gen Osten, in der Hoffnung, es würde gut gehen.
Ich hatte keine solchen »Rückfälle«, obwohl ich fast jeden zweiten oder dritten Tag ein kleines Brieflein von Imre bekam. Er fühlte sich noch immer mit mir verheiratet, und genau genommen war er es auch noch. Und Roland kam zu jedem Wochenende mit einem Clipper angeflogen, und wir blieben zwei Tage und Nächte zusammen und schmiedeten viele Pläne für die Zukunft.
Ich war schon vier Wochen in Reno, als etwas Schlimmes geschah. Eine reichlich nervöse junge Frau lud mich und einige andere aus der Ranch in ihr Appartement im Hotel Riverside ein, das genau fünfzig Meter von dem Gerichtsgebäude, wo die Scheidungen ausgesprochen wurden, entfernt war. Wir sollten feiern. Sie hatte nämlich ihr Examen bestanden. Examen – das hieß im Slang von Reno »Scheidung«.
Sie schien glücklich. Und sie trank immer wieder auf ihre Scheidung. Als wir eintrafen, war sie schon ziemlich alkoholisiert. Wir stießen auf ihre Zukunft an. Plötzlich, von einer

Sekunde zur anderen, wurde sie totenbleich. Ihre Blicke wanderten hin und her, sie schien uns gar nicht mehr zu sehen. Wir waren erstaunt, aber keiner von uns sagte etwas. Sie sagte: »Ich bin so glücklich.«
Und dann geschah das Furchtbare. Sie rannte auf den Balkon hinaus und stürzte sich vom sechsten Stock in die Tiefe. Uns blieb der Atem weg. Tagelang konnten wir uns von diesem Erlebnis nicht erholen. War das eine Warnung für uns alle? Sollte man vielleicht doch nicht so leicht bereit sein, das Leben, das man bis dahin geführt hatte, aufzugeben? Ich wurde nachdenklich. Ich dachte an die Briefe, die ich so oft von Imre bekam. Seelische Grausamkeit! Das war nun wirklich eine Lüge.
Imre nahm es ironisch und unterschrieb seine Briefe stets mit: »Dein grausamer Imre.«
Seinen letzten Brief erhielt ich wenige Stunden bevor ich vor Gericht erscheinen mußte.
»Es tut mir wirklich leid, daß ich Dir nun nicht mehr schreiben soll. Es war so angenehm, mich mit Dir immer wieder aussprechen zu können. Nun, Veruschka, alles Gute, und Mut!«
Und wieder unterschrieb er: »Dein grausamer Imre.«
Eine Stunde später stand ich vor dem Richter. Er wollte wissen, worin die seelische Grausamkeit bestehe, deren ich laut Klageschrift meinen Mann bezichtigte. Ich antwortete auf Rat meines Anwalts: »Er spielte nachts immer Klavier, wenn ich schlafen wollte.«
Genau dreißig Sekunden später war ich geschieden. Als ich eine Stunde später das Urteil schriftlich in der Hand hielt, begann ich zu weinen. Nun gab es kein Zurück mehr. Ich wußte, daß Roland schon alles für unsere Heirat vorbereitet hatte. Er war glücklich, als er wenige Minuten später am Telephon erfuhr, daß alles vorbei war. Er beschwor mich, den nächsten

Zug nach New York zu nehmen. Und warum auch nicht? In Reno war alles für mich gelaufen.
Je näher ich New York kam, desto glücklicher war ich. Bald würde mich Roland in seine Arme schließen.
Einfahrt in die Grand Central Station. Es war acht Uhr dreißig morgens, ein Sonntag. Ich sah Roland sofort. Er half mir aus dem Zug, umarmte und küßte mich und überreichte mir einen wunderschönen Blumenstrauß. Glücklich gingen wir dem Ausgang zu. Da sah ich Imre hinter einem Pfeiler stehen, still und traurig. Er trug noch den gleichen Anzug, in dem ich ihn das letzte Mal gesehen hatte. Ja, ich glaubte, noch dieselbe Krawatte zu erkennen, die recht zerknautscht wirkte. Da waren auch Madame Alice und die Kinder. Sie rannten zu mir, sie umarmten und küßten mich. Ich ließ Roland stehen und ging auf Imre zu, umarmte und küßte auch ihn, und fühlte Tränen über sein Gesicht laufen.
Die Kinder riefen:
»Mami, jetzt kommst du doch wieder zu uns?«
Ich verlor nun völlig die Fassung. Dann stand Roland neben mir, ergriff meine Hand und riß mich fort. Er war empört.
»Sowas habe ich überhaupt noch nicht erlebt! Wenn bei uns in Frankreich eine Frau geschieden wird, dann ist sie geschieden, dann küßt sie nicht mehr ihren geschiedenen Mann!«
»Er ist immerhin der Vater meiner Kinder ... Verstehst du das nicht?«
»Nein, das verstehe ich nicht.«
Schweigend fuhren wir in sein Appartment im Waldorf Astoria Tower. Ich war völlig aufgewühlt und durcheinander.
»Laß mich allein«, bat ich. »Ich muß erst wieder zu mir kommen.«
Er zeigte Verständnis.
»Ich gehe hinunter in die Bar, ich brauche einen Drink. Wenn du Lust hast, kannst du nachkommen.«

Ich hatte keine Lust. Ich nahm ein Taxi und fuhr zu Imre und den Kindern. Ich wußte auch nicht genau, warum. Ich wollte sie nur sehen und dann wieder verschwinden. Aber da hatte ich nicht mit der Pervich gerechnet. Die hatte ein Essen für mich vorbereitet. Meine Lieblingsspeisen natürlich. Ich blieb eine Stunde, dann fuhr ich wieder zurück ins Waldorf Astoria.

»Du bist eben eine Russin«, entschuldigte mich Roland – eigentlich nur bei sich selbst. Und dann war alles, wie es gewesen war.

Ein paar Tage später flogen wir nach Mexico City. Dort heirateten wir.

Zurück nach New York. Ein geräumigeres Appartement im Waldorf Astoria Tower. Ein paar Wochen war alles herrlich. Aber dann bekam ich wieder Kopfschmerzen. Ich konsultierte Dr. Pierre, der mich, als ich vor einem knappen Jahr diese schrecklichen Kopfschmerzen durchgemacht hatte, operieren lassen wollte.

Roland sagte:

»Wir werden nach Brasilien fliegen. Nach Rio de Janeiro.«

»Warum?«

»Das kann ich dir nicht sagen. Es ist eine geheime Mission.«

»Für wen?«

»Für de Gaulle. Aber verlange nicht, daß ich dir mehr sage. Es ist wirklich geheim.«

Ich war empört.

»Vor deiner jungen Frau hast du schon Geheimnisse!«

»Ja. Und solange ich Diplomat bin, wirst du dich daran gewöhnen müssen, daß es Dinge gibt, die ich nicht mit dir besprechen kann.«

Er hatte recht. Außerdem – was verstand ich schon von diesen Dingen?

Dr. Pierre war entschieden dagegen, daß ich mit nach Rio de

Janeiro fahren sollte. »Wir können die Operation nicht allzu lange hinausschieben. Wenn Sie jetzt fahren, kommen Sie in einem Sarg zurück...«
So drastisch drückte er sich aus.
Roland verstand. Dann würde er eben ohne mich fliegen. Es war ja nur für ein paar Wochen, diese Trennung mußte eben überstanden werden. Wir konnten ja miteinander telephonieren.
Wir nahmen Abschied. Es war nun schon der zweite innerhalb weniger Monate, und dabei kannten wir uns erst ein knappes Jahr.
Und dann war ich allein. Nun hatte ich viel Zeit, mich den Kindern zu widmen. Ich traf sie nicht immer, aber doch oft in meiner früheren Wohnung, und dann kam es wohl vor, daß ich auch Imre wiedersah. Manchmal war es mir, als gehörte ich noch immer zu meinen Kindern und zu meinem ehemaligen Mann. Der war übrigens wie ausgewechselt, immer liebenswürdig und voller Verständnis.
Charly hatte einige Kompositionen fertiggestellt. Er war jetzt vierzehn Jahre alt und spielte mir aus ihnen vor. Lily war zwölf und Yvonka, an der ich am meisten hing, war gerade sechs Jahre alt geworden und ging nun auch zur Schule. Imre war glücklich, wenn ich mit den Kindern redete oder spielte und er dabeisitzen konnte.
Viele meiner Bekannten kamen nicht mehr. Sie hätten wohl auch nicht verstanden, daß ich wieder so oft dort war. Nur Oscar Straus und seine Frau Klara erschienen gelegentlich zu einem Abendessen. Und Frau Pervich übertraf sich dann selbst, denn sie schwärmte für Oscar Straus. Oscar und Klara taten so, als sei zwischen Imre und mir alles beim alten. Aber es war nicht alles beim alten. Ich fühlte mich durchaus nicht mehr als die Frau des Hauses, ich gab keine Anweisungen mehr, nicht einmal Anregungen. Gerade weil ich mit Imre

wieder gut stand, wußte ich, daß ich ja eigentlich doch zu Roland gehörte. Und ich zählte die Tage, um nicht zu sagen die Stunden, bis zu seiner Rückkehr.
Mein Gesandheitszustand verschlechterte sich schnell. Dr. Pierre erklärte entschieden:
»Es muß jetzt eine Operation gemacht werden!«
Ich wollte mit der Operation warten, bis Roland zurückkam. Aber das konnte noch Wochen dauern. Er wurde in Rio viel länger festgehalten, als ursprünglich geplant war.
Dr. Pierre sagte, er könnte für einen so langen Aufschub der Operation die Verantwortung nicht übernehmen.
Zufällig war ich an einem der nächsten Tage mit Georges Balanchine zusammen, der ehemals russische Choreograph Balanchivadze, der seine ersten großen Erfolge unter Diaghilew in Paris gefeiert hatte, noch vor dem Ersten Weltkrieg, und der längst eine Berühmtheit in Amerika geworden war. Er kam mit seiner Frau Vera Zorina, einer Berlinerin, die ihrerseits in einem New Yorker Musical auch einen großen Erfolg gehabt hatte. Ich erzählte den beiden von der bevorstehenden Operation.
»Nicht operieren!« rief Balanchine mit einer gewißen Heftigkeit. »Fahr schon morgen zu Dr. Simon Ruskin. Er ist Spezialist für so etwas. Er hat Jan Kiepura geheilt, der unter schrecklichen Kopfschmerzen gelitten hat. Und ohne Operation. Kiepura war in wenigen Wochen gesund.«
Am nächsten Morgen fuhr ich zu Dr. Ruskin, der mich sofort in Behandlung nahm. Er hatte ein neues, damals noch unbekanntes Mittel, das es erst kurz vor dem Krieg gab. Wenige Ärzte benutzten es, die meisten hatten ein gewisses Mißtrauen gegen dieses Sulfonamid.
In der Tat, das Mittel half auch bei mir. Ich fühlte mich von Tag zu Tag besser, ich hatte wieder Freude am Leben. Roland war überglücklich, als ich ihm am Telephon sagte, daß wohl

auch eine ohne Operation alles wieder gut werden würde. Glücklich war auch Remarque, der in Hollywood von meiner Krankheit gehört hatte. Er schickte mir Rosen, und ich dankte ihm mit einem kurzen Brief, und er antwortete:

Liebste Veruschka!

Vielen Dank für Deine Zeilen. Ich bin so froh, daß es Dir wieder gut geht und Du Dich Deines Lebens freust. Wir brauchen Dich alle! Kleine selbständige Sonnen sind so selten in unserer politischen Welt.

Tausend Grüße

Dein Troubadour.

Als ich die Klinik verließ, wußte ich, daß es nur noch Tage dauern konnte, bis Roland zurückkam. Er war nun zwei Monate fort gewesen, und ich sehnte mich schrecklich nach ihm. Zwar sah ich die Kinder immer noch und auch Imre gelegentlich, aber nun zog ich mich in unsere schöne Wohnung im Waldorf Astoria Tower zurück. Ich sah viele Bekannte und Freundinnen, und wir redeten über dies und das. Vom Krieg? Ja, auch vom Krieg, aber doch nur gelegentlich. Man spürte ihn nicht in New York. Gewiß, es gab einige Einschränkungen, sogenannte Bezugscheine für bestimmte Sachen, aber das hielt sich alles in Grenzen.

Dann kam ein Kabel von Roland: »Meine Mission beendet!« Und fast gleichzeitig ein Telephonat: »Chérie, morgen kannst du mich auf dem Airport La Guardia in Empfang nehmen!« Ich konnte die ganze Nacht nicht schlafen, so glücklich war ich. Und ich war trotzdem schon früh auf und stürzte in den Frisiersalon des Waldorf Astoria. Ich wollte für ihn schön sein. Immerfort sah ich auf die Uhr. War es schon Zeit? Ach, es war noch immer nicht Zeit! Aber trotzdem fuhr ich los und war viel zu früh auf dem Flughafen.

Dort gab es viele Menschen, die auf die eintreffende Maschine warteten. Damals war der La Guardia-Flughafen noch der

einzige in New York. Es war kurz vor Weihnachten, und man erwartete Verwandte oder Freunde, die über die Festtage kommen sollten.
Es war noch eine Stunde bis zur Ankunft des Clippers. Aber die Stunde verging, und kein Clipper kam. Eine weitere Stunde. Ich versuchte irgendwo zu erfahren, wie lange ich noch warten müßte. Es konnte sich nur um eine Verspätung handeln. Aber ich bekam keine vernünftige Auskunft. Irgendwie sprach es sich herum – es wurde von keiner offiziellen Information bestätigt –, daß wegen starkem Nebel die Maschine umgelenkt werden müßte.
Am Informationsschalter zuckten die Beamten die Achseln. Die anderen, die auch auf das Flugzeug warteten, wurden nervös. Wir begannen miteinander zu sprechen. Die Zeit schleppte sich hin. Wieder eine Stunde. Noch eine Stunde. Schließlich wurde durch Lautsprecher verkündet, der Clipper aus Rio de Janeiro werde erst morgen früh in New York landen.
Ich hatte ein schlechtes Gefühl. Was konnte diese Nachricht bedeuten? Sollte ich warten? Aber ich konnte doch nicht die ganze Nacht warten! Keine weiteren Informationen von der Flughafenleitung. Es war sechs Uhr geworden und schon stockfinster.
Ich fuhr nach Hause. Dort begann ich zu beten. Früher hatte ich so oft Befreiung im Gebet gefunden. Diesmal nicht. Ich hastete von einem Raum in den anderen. Was tun? Aber ich konnte nichts tun! Ich rief Oscar und Klara Straus an.
»Wollt Ihr nicht zu mir kommen?«
Und dann rief ich auch Imre an. Das war gewiß in dieser Situation etwas erstaunlich. Aber ich hatte das Gefühl, er würde nicht nein sagen. Und er sagte auch nicht nein. Er kam – nicht der verlassene Gatte, sondern der zuverlässige Freund. Er fragte mich nicht, warum ich ihn gerufen hätte. Er

hielt es wohl für selbstverständlich, in einer so schweren Stunde an meiner Seite zu sein.
Ich telefonierte mit der Hotelleitung. Konnte sie nicht in Erfahrung bringen, wann der Clipper nun kommen würde oder ob er überhaupt gestartet war? Der Mann an der Rezeption telefonierte mit dem La Guardia-Flughafen. Nichts. Keine neuen Nachrichten. Man würde bis zum nächsten Morgen warten müssen. Das waren nur noch ein paar Stunden.
Ich drehte das Radio an. Aber auch die Nachrichten brachten nichts Neues über die Ankunft des Clippers.
Oscar Straus sagte:
»Warten wir auf die nächsten Nachrichten. Sie kommen ja in einer knappen Stunde.«
Die nächsten Nachrichten? Es gab in dieser Zeit so viele Nachrichten. Es war Krieg. Eine Stunde später erfuhr ich zwischen den Nachrichten von Kriegsschauplätzen: Der Clipper aus Rio de Janeiro war im Nebel abgestürzt.
Ich war wie versteinert. Ich wollte aufstehen. Ich wollte etwas sagen. Ich konnte nichts sagen. Mir wurde schwindlig.
Imre sagte:
»Vielleicht ist er doch nicht mit dieser Maschine geflogen.«
»Ich muß es wissen ...« stöhnte ich.
Imre fuhr mit mir mit einem Taxi zum Flughafen hinaus. Der war wieder voller Menschen. Sie alle hatten die entsetzliche Nachricht vernommen. Sie wollten wissen: Sind alle umgekommen, die in dem Flugzeug waren? Hat einer überlebt? Wir fragten nicht mehr höflich, wir schrien, wir klammerten uns an die Beamten, die immer nur versicherten, sie wüßten auch nichts. Und sicher wußten sie nichts, und sicher taten wir alle ihnen leid.
Alle blieben die ganze Nacht. Wir wollten etwas wissen. Wir wollten alles wissen. Der Lautsprecher verkündete aber nur, daß keine weiteren Details über das Unglück durchgekom-

men seien. Viele Frauen weinten. Ich weinte nicht. Ich war nicht einmal dazu mehr fähig.
Imre sagte:
»Es hat doch keinen Zweck, hier zu warten. Wir erfahren sicher alles über das Radio.«
Er brachte mich zurück in die Wohnung. Oscar und Klara Straus hatten gewartet. Alle redeten jetzt auf mich ein, es sei doch gar nicht sicher, daß Roland diese Maschine genommen habe, man dürfe nicht vorzeitig die Hoffnung aufgeben.
Ich hatte das Gefühl, es besser zu wissen. Und doch blieb mir nichts übrig, als zu warten. Ich nahm eine starke Schlaftablette, ging zu Bett und fiel in tiefen Schlaf.
Ich wurde geweckt. Ich fuhr hoch. Wieviel Uhr war es? Was war geschehen?
Oscar und Klara Straus standen an meinem Bett. Die New York Times hatte bereits die Liste der Opfer des Unglücks veröffentlicht. Rolands Name stand auf der Liste.
Die Welt ging für mich unter.

In Florenz: mit der Schauspielerin Paulette Goddard, Frau von Erich Maria Remarque

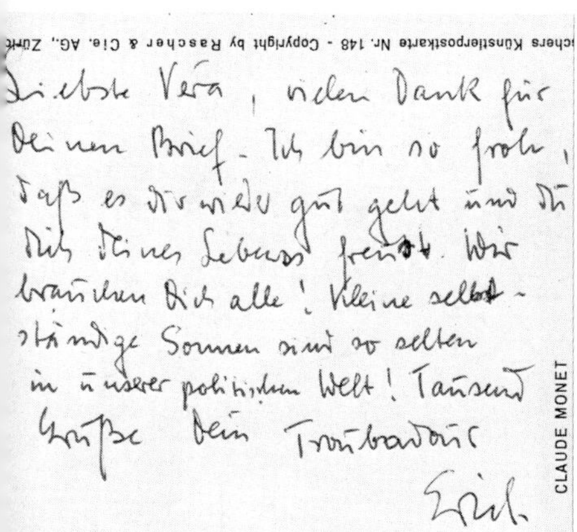

chers Künstlerpostkarte Nr. 148 - Copyright by Rascher & Cie. AG., Zürc

Liebste Vera, vielen Dank für Deinen Brief. Ich bin so froh, daß es Dir wieder gut geht und Du Dich Deines Lebens freust. Wir brauchen Dich alle! Kleine selbständige Sonnen sind so selten in unserer politischen Welt! Tausend Grüße Dein Troubadour

Erich

CLAUDE MONET

Erich Maria Remarque, der mein Leben sehr beeinflußte

In einem Schicksalsjahr meiner Ehe

Vera, Roland de la Croix und Herbert Marshall

Vierzehn der elegantesten Frauen der USA werden prämiert, zweite von links: Vera Kálmán

Diner bei uns in New York: Gräfin Colalto, ich, Salvador Dali, Herzogin Marta von Habsburg *(v.l.)*

Gloria Swanson bei unserem letzt
Treffen in Hollywood

Mit meiner Freundin Anna Moffo

Zu Besuch bei Gitta Alpar in Palm Springs

Imre spielt Charly, Lily und mir in unserer New Yorker Wohnung seine neuesten Melodien vor. Zu Gast war der Librettist Oscar Hammerstein

Zsa Zsa Gabor. Eine langjährige Freundschaft verbindet mich mit der ganzen Gabor-Familie

Vera in New York

1953 in unserem Pariser Haus: Kálmáns Ernennung zum Ritter der Ehrenlegion durch Joseph Paul-Boncour, den ehemaligen Ministerpräsidenten von Frankreich

In Paris: Wohltätigkeitsfest zu Gunsten einer Künstler-Altershilfe mit Staatspräsident Vincent Auriol *(rechts)*

Meine Freundin Domenica Walter beglückwünscht Lily nach ihrer Trauung

Mit meinem Sohn Charly auf dem Weg zur standesamtlichen Trauung meiner Tochter Lily in Paris

In Paris erhielt ich für meine Kochkunst die Auszeichnung »La chaine de Rotisserie«. Neben mir meine Tochter Lily

Mit dem Arzt und Schriftsteller Gaylord Hauser im weltberühmten »Maxim«

Erfolg

Ich weiß nicht mehr, wie die nächsten Tage, ja, wie die nächsten Wochen vergangen sind. Ich sah niemanden und wollte auch niemanden sehen. Ich verließ das Appartement nicht mehr, meist nicht einmal mein Schlafzimmer, ich aß nur mechanisch, was mir der Zimmer-Service heraufschickte.
Die einzigen, die gelegentlich in meine Einsamkeit vordrangen, waren Oscar Straus und seine Frau Klara. Weihnachten nahte heran. Ein Telefonat von Imre.
»Du wirst doch Weihnachten bei deiner Familie verbringen?«
Meine Familie ... War sie denn noch meine Familie?
Aber ich ging zu ihnen. Die Kinder hielten es für selbstverständlich, daß ich kam, und sie zeigten es mir. Imre war besonders nett und lieb zu mir. Es war deutlich, daß ich ihnen durch meine Abwesenheit weh getan hatte, auch wenn sie es mir nicht sagten.
Ein paar Tage später erschienen wieder einmal Oscar und Klara Straus im Waldorf Astoria.
»Warum gehst du eigentlich nicht zu Imre zurück? Es ist doch unsinnig, daß ihr beide alleine lebt ...«
Zuerst schüttelte ich den Kopf. Ich konnte unmöglich zurück zu ihm, nach dem was ich ihm angetan hatte. Aber wenn ich zwei oder drei Tage nicht bei der Familie gewesen war, spürte ich so etwas wie Sehnsucht.
Ein anderer, der mir sagte, ich sollte zurückgehen, war Molnar.
»Wenn du mir einen guten Grund nennen kannst, warum du

dich hier in einem Hotel vergräbst...? Hast du überhaupt genug Geld, um zu leben...?«
»Ich weiß nicht. Als ich Imre verließ, war es eine Bedingung Rolands, daß ich nichts mit mir nahm. Aber Roland hatte mir Vollmacht über seine Bankkonten gegeben, und ich habe natürlich den Schmuck, den er mir geschenkt hat. Nein, Geldsorgen habe ich wohl nicht. Und schlimmstenfalls könnte ich wieder in das Pelzgeschäft zurück.«
Wieder ein paar Tage später. Genau genommen war es ein Abend, und ich war mit Imre allein. Und er sagte:
»Veruschka, das Schicksal wollte es so, wie es gekommen ist. Sträube dich nicht. Komm zu uns zurück, und alles, was zwischen uns gewesen ist, soll vergessen sein.«
Vergessen! Wie konnte ich vergessen! Roland...
»Du mußt nur eine Bedingung erfüllen. Du mußt so kommen, wie du von uns gegangen bist. Ich will nicht, daß du die Pelze, die er dir geschenkt hat, mitbringst, oder die Schmuckstücke... Du mußt das verstehen.«
Und ob ich das verstand! Es war das gleiche Verlangen, das Roland an mich gestellt hatte, und das war noch gar nicht so lange her. Ich mußte lächeln.
Noch konnte ich mich nicht entscheiden. Und doch, ich kam immer öfter zu meiner Familie. Die wenigen Freunde, die uns aufsuchten – es waren wirklich nur wenige –, hielten es für selbstverständlich, mich dort zu finden.
Eines Tages, das mochten wieder Wochen später sein, sagte mir Imre: »Ich habe mich mit Oscar und Klara Straus beraten, sie halten es für das Vernünftigste, daß wir wieder ein Ehepaar werden.«
Sie hatten mir übrigens dasselbe gesagt. Das Vernünftigste! Als ob Vernunft unser Leben regiere. Ich hatte meine Bedenken. Natürlich gehörten wir irgendwie zusammen. Aber ich hatte nun so lange gelebt, ohne jeden Tag die Ausbrüche Im-

res befürchten und ohne unter seinen Depressionen leiden zu müssen.
Aber dann fand ich doch, daß es sinnlos sei, mich zu sperren. Imre würde sich im Grunde genommen nicht ändern, aber er war nicht nur ein schwieriger Mensch, er war auch ein herrlicher Mensch.
Ich schwankte immer noch. Da nahm er mich eines Tages liebevoll in seine Arme und sagte:
»Deine wildesten Jahre sollten doch auch eigentlich vorbei sein. Du hast doch bewiesen, daß du mehr sein kannst als schön und dich amüsieren.«
Und als ich immer noch keine Miene machte, Ja zu sagen, drohte er mir schalkhaft:
»Denke daran, wenn mir etwas passiert, – bist du nur mit einem Dollar in meinem Testament. Du gehst leer aus!«
»Das ist mir wurscht«, antwortete ich ihm sogleich.
Und es war mir wirklich gleichgültig. Ich würde auch ohne ihn sicherlich nicht als arme Frau leben müssen.
Imre holte die Kinder herbei.
Sie baten so eindringlich:
»Mutti, geh mit Pappi auf die City Hall, wir wollen doch richtige Eltern haben!«
Da konnte ich nicht widerstehen und ich sagte:
»Ja!« und heulte ein bißchen – vor Freude.
Wir meldeten uns bei der »City Hall«, dem Standesamt, an, mußten aber vorher, wie es üblich ist, den Wassermann-Test über uns ergehen lassen. Das ist eine Vorsichtsmaßregel der Behörden, um festzustellen, ob keiner der Heiratskandidaten etwa die venerische Krankheit hat. Man muß also zu einem Arzt gehen, der einem etwas Blut von einem Finger abnimmt. Imre trug seinen verbundenen Finger, als hätte man ihm den Arm abgenommen. Im Fahrstuhl zur City Hall, wo wir nun beide angetreten waren, schimpfte er noch mit mir:

»Was muß ich deinetwegen alles leiden! Nichts kann ich tun, nicht einmal Klavier spielen!«
Ich blieb ganz still. Er drohte mir mit seinem dicken Verband.
»Jetzt kannst du dich von mir aus so oft du willst scheiden lassen, ich werde dich nie wieder heiraten! Schau meinen Finger an!«
Er hielt ihn mir unter die Nase, als hätte ich ihn abgehackt.
Wir heirateten also wieder. Die Kinder waren dabei, küßten uns ab und schenkten mir Blumen. Frau Pervich und Mme. Alice waren unsere Trauzeugen. Dann gingen wir in das Hotel Plaza und feierten. Die Kinder durften Champagner trinken und auf das Wohl der Eltern anstoßen. Wir waren sehr lustig, ja ausgelassen.
Ich war nun also wieder offiziell Vera Kálmán und war doch sehr glücklich, daß alles so gekommen war. Als ich das erste Mal so blutjung Frau Kálmán geworden war, hatte ich von einer Ehe und Familie keine Ahnung. Nie hatte ich in einer richtigen Familie gelebt. Inzwischen wußte ich es, wußte auch, was es bedeutete, Kinder großzuziehen.
Am Abend blieb ich in unserer Wohnung. Und da geschah etwas seltsames. Ich glaubte, mir würde die Decke auf den Kopf fallen. Es war seltsam in der Tat. Zwar hatte ich hier jahrelang gelebt und war in den letzten Wochen und Monaten, zuletzt sogar täglich hierher gekommen, aber nun hatte ich doch das Gefühl, wir sollten eine neue Ehe auch in einer neuen Umgebung beginnen.
Ohne Imre etwas davon zu sagen, ging ich wieder einmal auf Wohnungssuche. Und eines Tages, als wir spazierengingen und er in die alte Wohnung zurück wollte, sagte ich:
»Nicht hier. Wir wohnen jetzt nicht mehr am Central Park West. Wir wohnen in der Park Avenue 417 an der 55. Street.«
Imre schluckte es. Er hätte damals alles geschluckt. Und es gab ziemlich bald einiges zu schlucken.

Vor dem Arbeitszimmer meines Mannes lag eine sehr große Veranda, auf der sich ab und zu einige Tauben einfanden. Unsere sehr tierliebende Pervich hatte das beobachtet und die hungrigen Tiere taten ihr leid. Sie kaufte Vogelfutter und mischte das mit ihrem selbstgebackenen Brot. Der Erfolg war bald nicht zu übersehen, täglich kamen mehr und mehr Tauben und fraßen sich satt. Sie gurrten und stritten miteinander, es war ein regelrechter Kampf und sie machten dabei einen fürchterlichen Lärm.

Imre war außer sich:

»Ich kann nicht mehr arbeiten! Ich kann mich überhaupt nicht konzentrieren, so ein Getöse ist das von den Viechern!«

Da hatte ich eine Idee. Als Frau Pervich zum Einkaufen außer Haus war, besorgte ich mir einen großen Korb, streute den ganzen Boden voll Futter und wartete, was nun geschehen würde. Und sie kamen, wie ich es erwartet hatte, in hellen Scharen. Als sie wieder um ihr Futter kämpften, klappte ich den Deckel des Korbes eilig zu. Mein Mann hatte meine Idee großartig gefunden, aber natürlich wollten wir die armen Tiere nicht in dem Korb zugrundegehen lassen. Ich ließ den Korb in den Kofferraum meines Wagens stellen und fuhr mit Imre nach Long Island Great Neck. Dort öffneten wir den Korb und die Tauben flatterten alle höchst aufgeregt davon. Wir waren glücklich, daß sie ihre Freiheit wieder hatten und wir unsere Ruhe. Niemand hatte unsere Aktion bemerkt, und wir hüteten auch unser Geheimnis. Imre ging in sein Arbeitszimmer, ich ging zum Telefon, um bei einer Reinigungsanstalt zwei Männer zur Reinigung der total verschmutzten Veranda zu bestellen. Während ich noch verhandele, ruft Imre mich laut lachend:

»Veruschka, häng ein und komm her!«

Ich lief in sein Zimmer, – und siehe da, die ganze Bagage war zurückgekehrt und wartete auf das Futter. Was blieb uns üb-

rig, als unserer Pervich mit Nachdruck zu untersagen, daß sie weiterhin Futter für die Tauben auf die Veranda stellte. Nur mit viel Unmut wurde unsere Anweisung von ihr befolgt.
Die Wohnung war gar nicht sehr viel teurer als die alte, und Kálmán konnte es sich leisten. Er brauchte nicht mehr von der Salami abzuschneiden. Er war wohlhabend geworden. Das hatte nichts mit seinen Kompositionen zu tun. An denen verdiente er im Augenblick nichts oder so gut wie nichts, da ja unsere Einkünfte gesperrt waren.
Woher kam das Geld? Seinerzeit, als ich nach Reno zur Scheidung fuhr, lernte ich wenige Tage vorher eine Amerikanerin kennen, die mir erzählte, daß ihr Freund, ein Börsenmakler, durch Spekulationen viel Geld verdiene. Der Zufall wollte es, daß ich ihn noch am gleichen Tag während einer Cocktail-Stunde kennenlernte. Er sagte:
»Wenn Ihr Mann mir 5000 Dollar gibt, kann ich für ihn Papiere kaufen, an denen er in Kürze viel Geld verdienen dürfte!«
Ich lebte damals nicht mehr bei Imre, rief ihn aber an und erzählte ihm die Geschichte. Normalerweise hätte Imre sich allenfalls über meine Naivität mokiert. Aber der Mann, der Teddy hieß oder sich so nannte, war geborener Ungar. Das flößte ihm ein gewisses Vertrauen ein. Und so entschloß er sich, von seiner Salami 20000 Dollar abzuschneiden. Er sollte es nicht bereuen. Schon nach zwei oder drei Tagen hatte er 2000 Dollar verdient. Er faßte nun, um diese Zeit war ich längst in Reno, Vertrauen zu Teddy und zur Börse. Er hatte eine neue Leidenschaft entdeckt: das Spekulieren. Vielleicht hätte er das alles abgelehnt, wenn seine künstlerischen Ambitionen erfüllt worden wären. Aber da er nichts zu tun hatte...
Später machte er sich von Teddy frei, das heißt, er arbeitete nur noch gelegentlich mit ihm, begann aber nun, auf eigene

Faust zu spekulieren. Er las die Börsenberichte in dem Wall Street Journal, aber nicht nur das, er saß auch stundenlang am Radio und hörte, wie dies oder jenes Papier in Rio de Janeiro oder Buenos Aires oder in Toronto, oder wo immer es Börsen gab, stand, nützte die Margen aus, kaufte, verkaufte, je nachdem. Ich war erstaunt, als ich davon hörte. Ich hatte ihn immer für einen eher unpraktischen Menschen gehalten. Unsere Freunde, die von dieser neuen Tätigkeit Imres erfuhren, waren verblüfft. Ein Künstler schien doch gewöhnlich weltfremd zu sein, Imre war es eben nicht. Und er verdiente weiter Geld an der Börse. Es ist nicht übertrieben zu sagen, daß, wenn man heute auf sein Leben zurückblickt, er zwar viel Geld mit seinen Kompositionen verdient hat und immer noch verdient, aber auch ein Vermögen an der Börse machte.

Der Krieg ging zu Ende. Eine Hoffnung flammte in mir auf. Würden wir zurück nach Europa kommen? Viele unserer Freunde hatten dieselbe Idee. Aber von einer Rückkehr konnte vorläufig überhaupt nicht die Rede sein. Europa war für die Amerikaner und die Einwohner Amerikas vorläufig gesperrt, und wie sich herausstellen sollte – auf Jahre hinaus. Eine Ausnahme wurde mit Marlene Dietrich gemacht. Sie war offiziell nach Paris eingeladen worden, um die höchste Auszeichnung, die Frankreich zu vergeben hat, in Empfang zu nehmen. Es ist das »Kreuz der Ehrenlegion«! Ich gab aus diesem Anlaß für Marlene ein kleines Diner. Sie kam in ihrer Offiziersuniform, die sie außerordentlich gut kleidete. Remarque und einige andere gute Freunde nahmen an dem Diner teil, und wir feierten Marlene und die Beendigung des Krieges.

Wir mußten uns also wohl oder übel damit abfinden, daß New York vorläufig unser Domizil bleiben würde, und das bedeutete unter anderem, daß wir wieder Versuche unternehmen sollten, das letzte noch nicht aufgeführte Werk Kálmáns, die »Marinka«, zur Aufführung zu bringen. Das mußte irgendwie finanziert werden – aber wie? Das war die Frage. Man mußte Leute kennenlernen, die Geld hatten. Und dazu mußte man Partys geben.

Ich gab also wieder meine in New York bereits bekannten Partys, nur daß sie jetzt in der geräumigeren, luxuriöseren Wohnung noch prächtiger wurden. Das war, zumindest nach meiner Ansicht, auch notwendig, wenn wir reiche Leute interessieren wollten. Einmal gab ich, auf Anraten meiner Freunde Oscar und Klara Straus, sogar eine Party für nicht weniger als 200 Personen. Ich wollte das Essen und die Getränke dazu kommen lassen, aber Frau Pervich war empört.

»Das mache ich doch alles alleine!«

Und sie machte es alleine.

Die Party sollte 2000 Dollar kosten, und sie kostete es auch. Welches Wunder, dieses eine Mal tobte Imre nicht! Vielleicht, weil er mich nicht schon wieder verscheuchen wollte, vielleicht, weil er wußte, daß es um »Marinka« ging, nicht zuletzt, weil die Ausgaben nicht seine geliebte Salami gefährdeten, sondern weil er es sich jetzt leisten konnte, einmal eine solche Summe hinzulegen.

Die Party fand im Herbst 1946 statt, und einer unserer prominentesten Gäste war Grace Moore. Traurig, daß man heute sagen muß, wer sie war. Sie war eine bekannte Opernsängerin, die dann zu dem lukrativeren Musical abgewandert war und gelegentlich Musical-Filme in Hollywood machte. Sie war unbeschreiblich schön, und ihre Stimme war einmalig. Sie war hauptsächlich gekommen, um Imre zu sagen, wie herrlich sie seine Musik fand, vor allem die zu »Kaiserin Josephine«.

Sie hatte sie gelegentlich eines Konzerts gehört, wo Imre in der Carnegie Hall, einige Wochen zuvor eigene Kompositionen dirigiert hatte. Solistin war Gitta Alpar gewesen. Auch

von der muß man heute leider sagen, wer sie war. Sie war in dem Vor-Hitler-Berlin eine ganz berühmte Opern- und Operettensängerin gewesen, nicht unbedingt schön, aber sehr reizvoll, mit einer herrlichen Stimme. Sie hatte auch im Film Erfolg gehabt und hatte das Filmidol des deutschen Publikums, den attraktiven Gustav Fröhlich, geheiratet.
Als Hitler kam, wurde es schwierig. Gustav Fröhlich, blond, blauäugig, hatte keine Schwierigkeiten, in Deutschland weiter zu bleiben. Die Alpar war Tochter eines ungarischen Rabbiners. Vielleicht hätte sie, als Frau Fröhlichs, weiterhin in Berlin leben können, aber sicher nicht dort singen. Darum zog sie es vor, nach England zu gehen, wo sie als Revue-Star gefeiert wurde. Sie war in den späten dreißiger Jahren von London nach New York gekommen, um von dort aus Hollywood zu erobern. Dies mißlang – ich weiß selbst nicht, warum. Sie saß nun in New York und war schon halb vergessen.
Eines Tages hörte sie von Kálmáns Konzert und fragte mich, ob ich bei Imre nicht intervenieren könne, damit sie in diesem Konzert auftrete. Dies wäre doch eine große Chance für sie! Imre ließ sich überreden, obwohl er gar nicht so begeistert von der Idee war, denn wer in New York kannte schon die Alpar? Aber sie ließ nicht locker, und infolgedessen ließ ich nicht locker. Und sie wurde angagiert. Obwohl das Konzert ein schöner Erfolg war – sogar Arturo Toscanini soll anwesend gewesen sein –, die Alpar gefiel überhaupt nicht. Ihre herrliche Stimme von einst hatte doch wohl gelitten.
Nun ja, dieses Konzert mit dem Toscanini Orchester von 100 Mann hatte also auch Grace Moore gehört, und sie konnte sich nicht genug tun mit Lobeshymnen für die Musik.
Sie sagte:
»Ich bin jederzeit bereit, die ›Josephine‹ im Film zu singen. Freilich. Ernst Lubitsch müßte Regie führen.«

»Warum nicht?« schmunzelte Imre, dem ja nichts Besseres hätte passieren können.
Grace Moore hatte bereits an Lubitsch telegraphiert und zeigte uns das Telegramm.
»musik kaiserin josephine von kalman einfach himmlisch stop rolle so wunderbar für mich dass ich alle pläne umstellen würde stop werde so dünn wie sie wollen um einen vollkommenen engel zu spielen ...«
Dann sagte die Moore zu Imre:
»Ich weiß, Sie haben in Hollywood Pech gehabt, aber Sie gehören trotzdem hin! Wir sehen uns also dort. Ich fliege demnächst wieder hin.«
Vorher hatte sie eine Konzerttournee in Europa zu absolvieren, natürlich nicht in Deutschland oder in Österreich, denn dahin konnte man ja noch nicht, wohl aber in England und in Skandinavien.
Und dann lasen wir in der Zeitung: Am 26. Januar war das Flugzeug, mit dem sie vom Flugplatz Kastrup bei Kopenhagen gestartet war, abgestürzt. Alle Passagiere waren tot. Ein schlimmer Schlag für die Film- und Theaterwelt. Ein schlimmer Schlag auch für Imre und mich. Und Lubitsch sollte nie die »Kaiserin Josephine« machen.
Inzwischen waren wir mehr als fünf Jahre in den Vereinigten Staaten gewesen, – Sumner Welles hatte seinerzeit sein Versprechen wahr gemacht und uns Einwanderungsvisen besorgt –, und wir wurden vorgeladen, um den Eid als neugebackene Staatsbürger abzulegen. Wir hatten für die Vorbereitung auf die sogenannte Prüfung – man wurde über die Verfassung und die Geschichte der Vereinigten Staaten gefragt – einige Zeit gebraucht. Dann gingen wir zu dem betreffenden Amt, betraten ein geräumiges Zimmer, wo ein liebenswürdiger Beamter vor einer amerikanischen Flagge saß und uns einige Fragen stellte. Es war klar, daß das für ihn nur eine Formsache war.

Er wollte uns einbürgern. Uns? Nein, Imre und die Kinder! Aber ich wurde zu unserer Verblüffung abgelehnt.
»Ich kann Sie nicht einbürgern, Mrs. Kálmán, Sie sind zu deutsch eingestellt!« Und er führte mit einem Blick auf die Papiere vor ihm aus: »Wir haben genaue Informationen. Sie wünschten den Deutschen den Sieg in diesem Krieg. Sie denken und fühlen nicht amerikanisch!«
Ich war viel zu verdattert, um zu widersprechen. Bevor ich ein Wort gefunden hatte, waren wir auch schon wieder draußen. Natürlich übergab ich die Sache unserem Anwalt. Der stellte Recherchen an. Und richtig: Ich war denunziert worden, und zwar von niemand anderem als von dem Gärtner, der in unserem Garten in Hollywood gearbeitet hatte. Ich mußte damals wohl irgendwann einmal über Hollywood gestöhnt und ausgerufen haben, daß ich mich nach Europa sehne. So etwas ähnliches jedenfalls. Und das hatte genügt, um mich zu disqualifizieren. Nun, die Sache wurde in Ordnung gebracht, und ein paar Monate später hatte auch ich meine Staatsbürgerschaft und auf Antrag einen funkelnagelneuen amerikanischen Paß.
Zu dieser Zeit hatten wir viele Prominente zu Gast. Da kam der französische Dichter Jean Cocteau, dem es irgendwie gelungen war, von Paris aus, wo er den Krieg miterlebt hatte, nach Amerika zu kommen. Da dürften wohl einflußreiche Leute mitgeholfen haben, denn die Premiere des Films »Der Doppeladler«, gedreht nach seinem Theaterstück, stand gerade bevor.
Greta Garbo kam, diese unberechenbare Frau, die damals Weltruhm genoß und die »Göttliche Garbo« genannt wurde. Sie ging im allgemeinen nie auf Gesellschaften, aber mein Mann kannte sie schon aus ihrer Anfangszeit in Berlin und so hatte sie die Einladung angenommen. Aber als sie sah, wie viele Menschen da waren, wollte sie gleich kehrt machen,

zumal sie ein ganz gewöhnliches Straßenkostüm trug. Wir ließen es natürlich nicht zu, daß sie fortging, und als sie unter den vielen Leuten Jean Cocteau erblickte und sie sich jetzt kennenlernten, da war der Kontakt und die Sympathie auf Anhieb derartig stark, daß sie die ganze Nacht beisammen saßen und herzliche Freundschaft schlossen, die bis zu seinem Tode anhalten sollte. Sie sagte mir beim Abschied, daß es ein wunderschöner Abend gewesen sei, nicht zuletzt deshalb, weil Imre ihr zuliebe an den Flügel gegangen war, was er bei unseren Gesellschaften nicht oft tat.

Eine andere, heute längst Vergessene, schon damals fast Vergessene: Fritzi Massary. Sie war in Berlin Revuestar und Operettendiva gewesen. Eine außerordentliche Frau, künstlerisch viel größer als die meisten Operettensängerinnen. Sie hatte übrigens in Berlin die »Czardasfürstin« herausgebracht, angebetet von den Kritikern der Hauptstadt und geliebt vom Publikum. Ohne Zweifel war sie die populärste Bühnenkünstlerin Deutschlands – bis Hitler kam.

Obwohl Österreicherin, verließ sie als Jüdin sofort Berlin und ging mit ihrem Mann, dem Komiker Max Pallenberg nach Wien, dann in die Schweiz. Sie trat nur noch selten auf, eigentlich nur in Wien. Dann kam es zu einer Tragödie. Pallenberg, der im Sommer Gastspiele in tschecho-slowakischen Bädern Marienbad und Karlsbad gab, stürzte in einem kleinen Flugzeug ab. Fritzi Massary verwand diesen Verlust nie. Sie ließ sich noch einmal von Noel Coward überreden, in London ein Stück, das er eigens für sie geschrieben hatte, zu spielen, aber dann ging sie in die Vereinigten Staaten. Man machte ihr Angebote, aber sie wollte nicht mehr. Sie hat diesen Schwur auch gehalten. Aber privat war sie durchaus nicht nur die trauernde Witwe, sondern eine ungewöhnlich liebenswerte und gescheite Frau.

Eine ebenfalls hochintelligente Frau war Salka Viertel, die zusammen mit ihrem Mann, einem interessanten Regisseur, Bertold Viertel, an unseren Empfängen teilnahm. Sie war die Beraterin von Greta Garbo und hat auch einige Drehbücher für sie geschrieben. Unter den Refugees war sie die stärkste Persönlichkeit, man empfand sie geradezu als Präsidentin der Refugees. Doch trotz ihrer Erfolge und ihres großen persönlichen Ansehens konnte sie in Hollywood niemals so richtig heimisch werden.

Ganz selbstverständlich nahm Jimmy Walker bei uns an allem teil. Er war lange Jahre Bürgermeister von New York gewesen, und sicher gäbe es viele Anekdoten von ihm zu erzählen, – doch nur eines ist mir von ihm wirklich in Erinnerung geblieben. Ich habe vor und nach ihm keinen Mann gekannt, der solche Mengen Whisky vertragen konnte wie Jimmy. Das war einmalig.

Durch Domenica Walter, von der ich noch berichten werde, hatten wir den Herzog von Windsor und seine Gattin kennengelernt, die ebenfalls zu unseren Gästen zählten. Die Herzogin war, wie fast in jedem Circle, die bestangezogenste Frau des Abends.

Zwei ganz besonders liebe Menschen waren der große und berühmte Komponist Zoltan Kodaly und seine Frau. Kodaly und Imre kannten sich schon vom Budapester Konservatorium her, wo sie beide bei dem sehr geschätzten Lehrer Professor Koessler zu gleicher Zeit studierten. Nun waren sie beide nicht mehr die Jüngsten. Kodalys ernste, schwere Musik wurde zwar künstlerisch hoch bewertet, brachte aber niemals soviel ein wie eine erfolgreiche Operette. Darüber sprachen wir und da sagte Frau Kodaly so nett:

»Joi, joi, Imre, Sie haben immer noch soviel Erfolg mit Ihren Operetten. Wie oft habe ich meinem Mann gesagt: Schreib doch auch einmal eine so lustige Operette wie Kálmán Imre!«

Wir lachten alle sehr über den Wunsch von Frau Kodaly.

Es gab auch Partys, die mehr nach dem Geschmack Imres waren, zu denen ich vor allem seine Landsleute einlud, Ungarn, die in New York lebten, und nicht unbedingt erfolgreich waren, eher namenlose Refugees. Zu einer dieser Partys, ich weiß nicht mehr warum, lud ich die schöne Antonie Strassmann ein, im Vor-Hitler Berlin Schauspielerin und Fliegerin, beste Freundin von Elli Beinhorn. In der Emigration hatte sie eine bedeutende Stellung in einem Industrieunternehmen. Sie brachte Curt Riess mit, damals recht bekannt als Mitarbeiter großer Zeitschriften und als Korrespondent berühmter Zeitungen und als Verfasser von Büchern, die auf Bestseller-Listen erschienen.
Es war eine nette Gesellschaft. Unsere Ungarn aßen eine enorme Menge von den Pervich-Köstlichkeiten. Wenn sie aber einmal nicht den Mund voll hatten, sagten sie Kálmán eher unangenehme Dinge. Sie waren überzeugt davon, daß Kálmán es in Amerika nie als Musiker schaffen würde, er sei zu altmodisch. Nun gut, das mochte ihre Ansicht sein, aber warum es ihm auch noch sagen?
Die Strassmann und Curt Riess hörten sich das alles an, plötzlich sagte Riess in seiner trockenen Art:
»Warum werfen Sie eigentlich die Leute nicht raus, Herr Kálmán? Sie müssen sich das doch nicht alles von Menschen gefallen lassen, die nur gekommen sind, um sich vollzustopfen!«
Einen Moment lang war es ganz still. Unsere ungarischen Vielfresser sagten gar nichts. Aber sie hörten nicht auf zu essen . . .
Curt Riess war schon öfter bei uns gewesen, vor dem Krieg. Nach Eintritt Amerikas in den Krieg war er in die Navy geholt worden und wurde dann nach Übersee geschickt. Es war Erich Maria Remarque, der Riess bei uns eingeführt hatte, und der wiederum brachte Carl Zuckmayer zu uns und später

auch Hans Habe. Auch Habe ging dann in den Krieg. Wenn diese vier beisammen saßen, wurde heftig diskutiert. Sie wußten so viel über die Ereignisse in der Welt, von denen Imre und ich so wenig wußten, und mit denen die sogenannte Gesellschaft Amerikas nicht behelligt werden wollte.
Und dann gab ich eine Party, die schicksalshaft in unser Leben eingreifen sollte. Ich gab sie, wie im Grunde genommen fast alle, um sogenannte Angels zu finden, Leute, die bereit waren, Geld in eine Produktion der »Marinka« zu stecken. Eingeladen war, wie schon öfters zuvor, der Produzent Julius Löwenthal, der natürlich genau wußte, was ich wollte und mir alle Daumen hielt.
Ich beobachtete meine »Angels«. Lady Mendl hatte ich es zu verdanken, daß ich sie alle einmal beisammen hatte, unter einem Hut sozusagen. Jetzt konnte ich den einen gegen den anderen ausspielen.
Die Stimmung war glänzend, ein Teil der Gäste, nicht nur die Herren, auch unsere Damen hatten dem Alkohol fleißig zugesprochen, man kokettierte, flirtete, lachte. Als die Stimmung auf dem Höhepunkt war, sagte ich zu Imre:
»Gehe ans Klavier und spiele aus deiner ›Marinka‹.«
Ich bat um Ruhe, und Imre spielte, widerwillig wie immer in solchen Situationen. Ich stellte mich neben den Flügel, und obwohl ich wußte, wie er es haßte, wenn ich seine Sachen mitsang, tat ich es. Mit meinem russischen Akzent sang ich die englischen Texte, – kein Mensch verstand sie.
Kálmán winkte mir zu und sagte:
»Hör auf, wir kriegen sonst nicht einen Groschen!«
Aber er hatte sich geirrt. Er kannte so wenig die amerikanische Mentalität, und hielt es nicht für möglich, daß die Leute bei meiner Singerei ohne Stimme, auch nur den geringsten Eindruck von seiner Musik haben konnten. Doch ein Beifallssturm brach los, und selbst Rubinstein und Milstein so-

wie Remarque, die zu den Gästen gehörten, lobten die Musik und schürten auf diskrete Weise die Begeisterung – und siehe da, es meldeten sich die »Angels«. Eine gewisse Mrs. Kent erklärte sich sofort bereit 50000 Dollar zu investieren, ein Zeitungsmagnat Mr. Annenberg nannte die gleiche Summe, und im Nu waren 150000 Dollar zusammen, und in den nächsten Tagen weitere 100000 in kleineren Beträgen. Löwenthal erklärte sich bereit, die fehlenden 250000 zu riskieren. Genauen Bericht über alles gab Elsa Maxwell, die gefürchtetste Kolumnistin, an die Zeitungen. Sie war natürlich immer dabei. Wehe dem Gastgeber, der sie nicht eingeladen hätte.

Als alle fort waren, und ich sehr erschöpft vor meinem Spiegel saß und die dicke Schminke vom Gesicht strich, saß Imre dabei und sagte:

»Jetzt bist du wieder meine Veruschka! Du warst wie immer die Schönste, aber ohne deine große Toilette bist du wieder mein ›kleines Veilchen‹, das ich liebe!«

Er nahm mich zärtlich in seine Arme. In seiner Operette »Das Veilchen vom Montmartre« hatte er bei der Titelrolle an mich gedacht.

Schon sehr bald ging es mit Hochdruck an die Vorbereitungen zu »Marinka«. Die Atmosphäre war der Theaterproduktion günstig. Seit Kriegsende fühlten sich die Menschen gelöster und nur allzu bereit, sich zu amüsieren. Imre war glücklich, daß es wieder einmal Proben gab, die er so lange hatte entbehren müssen. Übrigens gingen die Proben keineswegs reibungslos vonstatten. Nicht nur, daß der Komponist manchmal anders wollte als die Librettisten oder die Librettisten anders als der Komponist, in Amerika, das lernten wir nun, sprachen auch die »Angels« mit, und die hatten ja auch ihre Erfahrungen, gute, wenn sie mit dem Geld, das sie investiert hatten, Geld verdienten, schlechte, wenn sie es verloren.

Und dann kam die Premiere! Der Produzent hatte »Marinka« im Wintergarden herausgebracht, im größten Musical-Haus am Broadway. Es war eine hervorragende Produktion. Ein rasender Erfolg. »Kálmán«, rief das Publikum und Imre mußte sich oftmals verbeugen. Und nachher gingen wir alle – der Komponist, die Librettisten, der Produzent, die wichtigsten Darsteller, darunter Reinhold Schünzel als Kaiser Franz Joseph, wie das so üblich war, zu Sardi, dem Theaterlokal in New York, in dem die Schauspieler, Autoren, Musiker saßen. Dort aß man etwas, aber nicht viel, denn man war zu aufgeregt. Man trank etwas und wartete.

Worauf?

Auf die Morgenzeitungen, die die Kritiken bringen sollten. Das ist so in New York. Dort stürzen die Kritiker aus der Vorstellung heraus und schreiben sogleich ihre Kritiken. Manchmal warten sie nicht einmal das Ende eines Stückes ab, weil sie zu einer bestimmten Zeit ihre Arbeit abliefern müssen. Wir warteten also. Es wurde zwölf, es wurde eins, gegen halb zwei gingen einige von uns hinaus zum Zeitungsstand an der nächsten Ecke und kamen mit Zeitungen beladen zurück. Wir lasen begierig. Einige Kritiken waren nicht besonders gut, andere waren hervorragend, insbesondere die New York Times, die ja für den Besuch eines Stückes entscheidend ist. Sie lobte sehr die Musik, den Text mit Maßen.

Wir saßen dann noch eine Weile bei Sardi und spürten, wie entsetzlich erschöpft wir waren.

Wir kamen todmüde, doch sehr beglückt in unsere Wohnung zurück. Ich legte mein wunderschönes schwarzes Spitzenkleid ab. Mit diesem Kleid von »Valentina« war ich kurze Zeit vorher bei einem Treffen der High Society zu den zehn elegantesten Frauen von New York gewählt worden. Was das bedeutete, kann nur der ermessen, der die Toiletten der Damen selber gesehen hatte. Die Trägerinnen dieser einzigarti-

gen Modelle gehörten allesamt der hohen Geldaristokratie von Amerika an. Für jeden anderen wären sie unerschwinglich gewesen. Es gab kein Modell unter 1000 Dollar – ein hübsches Kleidchen im Warenhaus kostete damals 25 Dollar.
Imre und ich waren sehr still. Er nahm mich sanft in seine Arme, küßte mich und überreichte mir ein winzig kleines Päckchen.
»Ich danke dir, mein Liebes«, sagte er zärtlich, – »und öffne das Päckchen.«
Ich tat es und wurde gleich wieder hellwach. Ein Ring mit einem riesengroßen Brillanten strahlte mir entgegen.
»Er heißt Golconda«, sagte Imre, »er soll dir dein Leben lang Glück bringen!«
Ich war sprachlos und wollte garnicht mehr ins Bett gehen, so aufgeregt war ich. Diesen herrlichen Stein, erzählte mir Imre, hatte er bei dem berühmtesten Juwelier der Welt, bei Harry Winston, erworben. Nur schwer trennte sich Winston von den auserlesenen Steinen, von denen es nur sehr wenige käuflich zu erwerben gab. Sie waren meist in festen Händen und erbten sich in den Familien fort.
Als ich mich einigermaßen beruhigt hatte, legte ich den wunderbaren Ring zu meinem anderen Schmuck, den ich in einer Kassette aus Ebenholz aufbewahrte. Zu der Premiere hatte ich meine sehr schöne Smaragdgarnitur getragen. Imre beobachtete mich, als ich mit größter Sorgfalt meine Juwelen in die Kassette tat und sagte dann lachend:
»Du siehst, es läppert sich so langsam zusammen!«
Eines Tages wurden wir von der Haushälterin von Damon Runyon, einem hervorragenden Autor und Journalisten, angerufen. Runyon ließ uns fragen, ob wir mit ihm soupieren möchten. Wir sagten sofort zu. Er litt an einem sehr fortgeschrittenen Kehlkopfkrebs und konnte nicht mehr sprechen. Die Verständigung mit ihm ging schriftlich vor sich. Trotz-

dem blieb eine Unterhaltung mit ihm immer von ungemeinem Reiz. Er hatte Esprit und Witz und war so dankbar, wenn man einen Abend mit ihm verbrachte.

Imre liebte es, ins Kino zu gehen, und am meisten liebte er Cowboyfilme, wo es nur so knallen mußte und die Toten kaum zu zählen waren. Mir machte es immer großes Vergnügen, wenn er, wie ein kleiner Junge, sich über Gerechtigkeit und Ungerechtigkeit der kämpfenden Banditen und Cowboys aufregen konnte. Wie paßte das nur zu dem zartbesaiteten, feinfühligen Mann?

Ich fühlte mich einige Zeit lang nicht ganz wohl und ging zu Dr. Pierre. Ich weiß heute nicht mehr, worum es sich handelte, – es war wohl nur eine Kleinigkeit. Aber ich hatte es eilig, und ich war, wie immer, ungeduldig. Ich ärgerte mich, als die Sprechstundenhilfe mir sagte, ich möge mich doch bitte einige Minuten gedulden, es würde nicht lange dauern, aber es sei noch ein Patient bei Dr. Pierre.

Im Wartezimmer saßen nur drei Leute, ein Herr, der eine französische Zeitung las, und zwei Damen, die miteinander französisch sprachen. Die eine trug einen Schleier, der bis zum Mund herunter hing. Sie hatte eine Stimme, die mir auffiel, und von der ich das Gefühl hatte, daß ich sie schon irgendwann einmal gehört hatte. Wenn ich nur ihre Augen sehen könnte!

Sie zog einen Spiegel aus der Tasche und einen Lippenstift, und ich hörte, wie sie zu der anderen auf französisch sagte: »Das ist eine typische Amerikanerin, jung, schön und ungeduldig!«

Auch ich zog einen Spiegel aus der Tasche und zog mir mit einem kleinen Pinsel, wie sie neuerdings in Amerika üblich waren, die Lippen nach. Ich hörte die Dame mit dem Schleier ihre Begleiterin fragen:

»Glauben Sie, man könnte von ihr erfahren, wo es solche

Pinsel für die Lippen gibt? Ich würde gern welche mit nach Paris nehmen.«
Ich sagte, ebenfalls auf französisch: »Ich bin keine Amerikanerin, und den kleinen Pinsel, der Ihnen so gut gefällt, will ich Ihnen gerne schenken.« Und ich fuhr fort: »Ich weiß zwar nicht, wer Sie sind, Madame, aber ich bin sicher, daß ich Ihnen nicht zum ersten Mal in meinem Leben begegne.«
Sie schlug den Schleier zurück. Herrliche grüne Augen. Ich wußte, das war die Frau, die ich nur einige Sekunden lang in Nizza gesehen hatte, damals, als sie das Hotel Negresco verließ, um ihren weißen Rolls Royce zu besteigen.
Der Herr faltete seine Zeitung zusammen und stellte vor: »Mme. Domenica Walter aus Paris.«
Sie sagte: »Ich weiß wirklich nicht, wo wir uns begegnet sind ...«
Ich sagte es ihr. Und dann begannen wir, von diesem und jenem zu sprechen.
Dr. Pierre erschien, um Mme. Walter zu sich hereinzubitten. Sie sagte, sie hätte keine Eile, und er solle mich ruhig vorziehen. Ich hatte nun plötzlich auch keine Eile mehr und ließ sie zu Dr. Pierre gehen. Nachher setzten wir unser Gespräch in irgendeiner Bar fort. Sie kam einige Tage später zu einer größeren Party zu uns, – M. Walter hatte absagen müssen. Wir wurden Freundinnen. Wir trafen einander hier und dort. Wir sprachen über alles mögliche. Sie war eine so kluge Frau, die so viel vom Leben wußte, mehr als irgend jemand, den ich bisher kennengelernt hatte. Wir sprachen über Leben und Sterben, über die Liebe, über die Angst. Sie war kritisch mir gegenüber, sie fand, daß ich das Leben zu leicht genommen hätte, es bestehe nicht nur aus Abwechslung, Amüsement, es sei dazu da, uns nachdenklich zu machen. Ich hörte ihr zu wie einem Propheten. Ich war ihr völlig verfallen. Innerhalb von wenigen Tagen hatte sie den größten Einfluß auf mich – einen

größeren auch als Imre. Erst später sollte ich begreifen, daß sie nicht ganz die ideale Frau war, die ich damals in ihr sah und der ich einen Platz in meinem Herzen einräumte.
Lily war jetzt sechzehn Jahre alt und sollte, wie das in Amerika so üblich ist, bei einem Debütantinnenball vorgestellt und so in die Gesellschaft eingeführt werden. Das galt natürlich nur für die sogenannten guten Familien, die der »Gesellschaft« angehörten, was immer man darunter verstand. Ich, als die Mutter, mußte die Tochter einführen. Wir hatten für Lily ein wunderschönes weißes Kleid gekauft. Sie war klein und zierlich und hatte meine Augen. Sie sah entzückend aus und war entsetzlich aufgeregt. Die ganze Familie mußte sie und ihr Kleid bewundern, bevor wir beide zum ersten Ball fuhren. Es gab dabei noch eine kleine Szene. Yvonka hatte uns beim Ankleiden zugesehen – sie war jetzt zehn, und plötzlich rief sie mit weinerlicher Stimme:
»Mutti, du bist so schön, und Lily darf jetzt mit dir auf den Ball gehen!«
Ich beruhigte sie:
»Wenn du sechzehn bist, Yvonka, gehe ich doch auch mit dir auf deinen Debütantinnenball!«
Und sie:
»Aber Mutti, dann bist du doch schon alt und nicht mehr so schön wie jetzt!«
Darüber weinte sie bittere Kindertränen.
Ich mußte erst ein paarmal schlucken, bevor ich ihr erklärte, daß ich wohl in sechs Jahren noch nicht so furchtbar alt sein würde.
Ich trug bei diesem Ball, der in einem wundervoll geschmückten Saal des Waldorf-Astoria stattfand, ein Chiffonkleid in royalbleu und einen bodenlangen Chinchillamantel. Imre fand, wir könnten uns sehen lassen.
Die jungen Männer kamen entweder im Smoking oder in der

Uniform der Militärakademie von West Point, wo sie zu zukünftigen Offizieren ausgebildet wurden. Unter den Debütantinnen befand sich ein schönes, aber vor allem apartes Mädchen mit Namen Jacqueline Bouvier. Damals konnte keiner ahnen, daß sie einmal als Mrs. John F. Kennedy an der Seite des amerikanischen Präsidenten stehen und eine der schwersten Schicksalsstunden ihres Landes erleben würde.
Die jungen Menschen, obwohl vom Elternhaus an größere Empfänge gewöhnt, waren ziemlich aufgeregt. Es war der Abend, an dem sie erwachsen waren oder wenigstens glauben durften, erwachsen zu sein.
Ein sehr gut aussehender junger Mann, Lord Anthony Furness, wurde Lily vorgestellt, und sie tanzten fast den ganzen Abend zusammen. Es war ein Sohn von Lady Thelma Furness aus London, die jahrelang die sozusagen offizielle Freundin des Prince of Wales gewesen war. Ihre Zwillingsschwester, Gloria Vanderbilt, wie sie sehr schön, war auch auf dem Ball erschienen.
Lily war über alle Maßen glücklich. Sie hatte Erfolg bei vielen der jungen Herren.
Ich fand auch, daß sie reizend war, und dachte eigentlich zum ersten Mal daran, daß sich, wenn sie einmal ans Heiraten denkt, viele interessante Männer um sie reißen würden.
Es sollte anders kommen, ganz, ganz anders ...
Zu den Angels, die »Marinka« mit 10000 Dollar mitfinanziert hatten, gehörte auch ein älterer Herr, namens Kamitzky. Er war reich, aber geizig. Zehntausend Dollar aus ihm herauszuholen, war gar nicht so einfach gewesen. Und die Premiere der »Marinka« war kaum vorüber, da meldete sich der kleine, unansehnliche Mann schon wieder bei uns und wollte sein Geld zurückhaben, natürlich mit Prozenten. Wir verwiesen ihn an Mr. Loewenthal, den Produzenten.
Ich weiß nicht, ob er sein Geld gleich zurückbekommen hat.

Ich weiß nur, daß er bald darauf etwas Unerwartetes tat – er starb. Natürlich war es Ehrensache für uns alle, auf seiner Beerdigung zu erscheinen. Wir standen ein paar Reihen hinter der in tiefstes Schwarz gehüllten Witwe und dem etwa vierzigjährigen Sohn, zusammen mit vielen Leuten aus vielen Shows, die er alle mitfinanziert hatte. Der Rabbiner fand schöne Worte für den Toten, – er sei ein guter Mensch gewesen, habe ein edles Herz gehabt und habe ein Leben lang für seine Familie gearbeitet.
Da unterbrach ihn der Sohn und erklärte aufgebracht:
»Was erzählen Sie da für Märchen, Rebbe? Mein Vater ein guter Mensch? Das ist doch eine glatte Lüge! Er war der schlimmste Geizhals und hat meine arme Mutter nur gequält. Und mich hat er nichts lernen lassen, weil ihn das Geld gekostet hätte! Er war überhaupt kein richtiger Vater ... So, und nun können Sie weitermachen!«
Wir alle senkten die Köpfe. Die Situation war doch sehr peinlich. Aber auch komisch. Später, als wir uns zu einem Abschiedstrunk in seiner Wohnung zusammensetzten, wußte keiner mehr was Nettes über ihn zu sagen. Da erbarmte sich seine Witwe und meinte mit einem tiefen Seufzer: »Nu, Pfirsiche hat er nebbich gern gegessen!«
Wenigstens das, dachte ich.
Wieder hatte Imre seine Depressionen, – und, fast schlimmer noch, auch die Kinder waren oft traurig. Hatte sich das auf sie vererbt? Umso belastender für mich, die Optimistische und Fröhliche in der Familie, die die anderen immer aufheitern mußte.
Franz Molnar, der uns häufig besuchte, sagte einmal:
»Wir Ungarn haben mit den Russen manches gemeinsam. Wir Ungarn haben aber so schweres Blut wie Blei, und die Russen haben trotz Melancholie leichtes Blut!«
Molnar gehörte auch zu denen mit schwerem Blut, was man

nach den charmanten Komödien, die er geschrieben hatte, gar nicht hätte glauben sollen. Er war noch immer mit der bildschönen Schauspielerin Lilly Darvas verheiratet, aber sie lebten getrennt voneinander. Er im Hotel Plaza, sie etwa dreihundert Meter weiter in einer hübschen Wohnung, zusammen mit dem Schauspieler Hans Jaray. Ebenfalls im Plaza wohnte die Freundin Molnars, Wanda Bartha, die er sehr liebte. Vergebens bot ihm die Darvas die Scheidung an, damit er Wanda heiraten konnte. Er zögerte noch. Er ahnte nicht, wie wichtig es für seine Freundin war, legitim zu werden. Und dann schluckte sie Schlaftabletten und man fand sie am nächsten Morgen tot in ihrem Hotelzimmer. Das erschütterte ihn tief. Nur mit Mühe fand er die Kraft, zusammen mit uns allen zu ihrer Beerdigung zu fahren. Dabei klammerte er sich an mich.

»Veruschka, hätte ich bloß auf dich gehört!«

Denn ich hatte ihm immer wieder geraten, seine Freundin zu heiraten. Zwar hatte ich nicht gewußt, wie unendlich wichtig es für sie war, aber ich sah einfach nicht ein, warum er sie nicht heiratete, nachdem er mit ihr zusammenlebte und sie so rührend für ihn sorgte.

Gott sei Dank hatten wir nicht nur solche traurigen Erlebnisse in unserem Freundeskreis. Da war zum Beispiel die bezaubernde Filmschauspielerin Bébé Daniels, die Partnerin des bekanntesten Stummfilmkomikers Harold Lloyd. Sie kam eines Abends zusammen mit Harry und Ava Tierny zu uns und gab eine köstliche Geschichte zum besten, die sie zusammen mit den Tiernys erlebt hatte:

Miss Daniels mußte zu einer Premiere nach London. Es gab kein Ausweichen, denn es war ein »Royal Command«, – und damals mußte man noch mit dem Schiff fahren. Zwanzig Freunde brachten sie auf das Schiff, und in ihrer Kabine nahmen sie einen Abschiedstrunk, der sich aber zu einer lautstarken Feier ausweitete. Als der Stewart ihre Freunde aufforderte, das Schiff zu verlassen, waren sie alle volltrunken. Dreimal kam der Stewart, ohne Erfolg. Plötzlich aber merkten sie, daß das Schiff bereits auf hoher See war. Nun gab es kein Zurück mehr. Wohl oder übel mußten alle die Reise mitmachen, sie dauerte vier Tage. Tierny sprachen sie aus Scherz schuldig und er bezahlte die Tickets, während Ava erst einmal an Deck ging, um für alle wenigstens Zahnbürsten zu kaufen. In London nahmen sie an der Premiere teil und bestiegen wieder gemeinsam das Schiff, das sie nach New York zurückbrachte. »Es war die verrückteste Premiere meiner Karriere«, erzählt Bébé Daniels lachend, – »aber auch die erfolgreichste, denn ich hatte mir ja meine eigene Claque mitgebracht!«

Wieder einmal erschien meine Mutter mit tiefernster Miene und schwarzen Kleidern. Ich erkundigte mich nach ihrem Mann.

»Er ist tot«, antwortete sie ohne jede Regung. Und als ich ihr mein Beileid bezeugen wollte: »Mach kein Theater, er war es nicht wert. Und es ist schon das Beste, daß er tot ist!«

Sie zeigte keine Spur von Trauer mehr.

Ich sagte zaghaft:

»Das wird ein bißchen langweilig für dich werden, immer so alleine zu sein . . .«

»Ich allein?« Sie lachte. »In New York gibt es wohl genug heiratsfähige Männer, meine ich. Ich habe fünf Männer gehabt, so wird sich wohl auch noch der sechste finden. Nein, ich bleibe nicht lange allein. Mach dir darüber keine Sorgen!«

Wenn ich sie so betrachtete, mußte ich zugeben, daß sie immer noch eine attraktive Frau war und auch noch nicht zu alt, für neue Liebesabenteuer. Gut, daß sie das Leben so leicht nahm. Ich freute mich für sie. Ich hing immer noch sehr an ihr.

Meine kleine Lilitschka kam eines Tages überraschend zu

Hause an. Sie war immer noch, seit ihrem 13. Lebensjahr, in der Klosterschule Mary Mount. Yvonka besuchte später auch diese Schule. Die Mädchen erhielten hier, neben dem üblichen Lehrplan, auch Anleitungen zum tadellosen Benehmen. Lily benahm sich wie eine kleine Lady, – und nun war sie fristlos entlassen worden? Ich verstand zunächst nicht recht warum. Der offizielle Grund: Man hatte sie dabei ertappt, wie sie ein streng verbotenes Buch las: »Forever Amber«. Gewiß, das war nicht die richtige Lektüre für sie, aber wenn ich an das denke, was man heute liest, waren diese Memoiren einer sehr erotischen jungen Dame doch eher harmlos. Nun, sie hatte Pech gehabt, daß gerade sie erwischt worden war, denn alle Mädchen, alle ihre Freundinnen, hatten das Buch gelesen. Ich hielt die Sache nicht weiter für tragisch, wenn ich daran dachte, was ich mir so angesehen hatte, als ich sechzehn war!

Wenn es nur das gewesen wäre – aber Lily fing an, mir ernsthaft Sorgen zu machen. Eines Tages beobachtete ich, wie sie sich an unsere Bar schlich und sich ein Glas genehmigte. Was sollte ich dazu sagen? Ich selbst trank fast nie etwas, und mein Mann nur, wenn er erkältet war. Als ich so nebenbei zu Lily sagte, daß ich sie Whisky trinken gesehen hätte, meinte sie lachend, sie habe schon in der Klosterschule getrunken.

»Wie alle meine Freundinnen übrigens! Meist Whisky!«

»Warum habt ihr das scheußliche Zeug getrunken?«

»Erstens half es uns gegen den Hunger, den wir oft hatten, und dann half es uns gegen die Prüfungen.«

»Hat es dir denn geschmeckt?«

»Überhaupt nicht! Aber die Wirkung war angenehm!«

»Du weißt, daß du in deinem Alter noch keinen Alkohol trinken sollst. Pappi haßt geradezu den Whisky und nennt ihn ›Wanzentinktur‹.«

Meine Vorhaltungen machten wenig Eindruck auf sie. Ich

habe mich damals gefragt, wie wohl der Alkohol in die Klosterschule eingeschleust worden war.
Überhaupt wurde es mit allen drei Kindern ziemlich problematisch. Untereinander hatten sie immer Kriegsstimmung. Jedes meiner drei wollte bei mir an erster Stelle stehen. Es war reine Eifersucht. Lily sparte das ganze Jahr ihr Taschengeld, um mir das Schönste zum Geburtstag oder zu Weihnachten schenken zu können, es war rührend. Charly tröstete sich, wenn ich die Mädchen bevorzugte, mit dem Vater. Sie hatten beide eine innige Freundschaft, und Molnar sagte einmal so nett:
»Wenn Imre auf der Straße über den Damm geht, steht Charly am Fenster und schaut, ob ihm auch nichts passiert!«
Wir waren schon ein ziemlich verrückter Verein – heiße Liebe oder Bomben und Granaten!
Lily wurde wohl oft zu Partys eingeladen. Da trafen viele Jugendliche zusammen und das Stärkste, was sie zu trinken bekamen, war Coca Cola mit einer Spur Rum. Mein Mann war gegen solche Einladungen, aber man konnte der Jugend nicht alles verbieten. Das einzige, was ich von ihnen verlangte, war, daß sie um zehn Uhr abends zuhause waren. Wenn sie später kamen, setzte es Ohrfeigen. Weinend versicherten sie dann, die anderen hätten noch bleiben dürfen, – und sie alle waren aus besten Häusern. Lily vertraute mir an, daß sie Sachen beobachtet habe, für die sie wirklich noch viel zu jung war. Imre, als er davon erfuhr, war entsetzt. Er sagte:
»Was sind das da für Probleme, die auf uns zukommen!«
Er fühlte sich solchen Dingen überhaupt nicht gewachsen. Je älter Lily wurde, je mehr junge Männer sich für sie interessierten, umso klarer wurde es: Sie machte sich nichts aus diesen jungen Männern, sie fand sie zu oberflächlich. Und wenn sie sich schon einmal für einen etwas älteren Mann interessierte, dann handelte es sich stets um einen Europäer, der bei uns

verkehrte. Und es war nur logisch, daß sie dann immer wieder die Frage stellte:
»Können wir denn nicht zurück nach Paris?«
Imre arbeitete an einer neuen Operette, die einzige mit einem amerikanischen Hintergrund. Sie sollte »Arizona-Lady« heißen. Er wäre auch gerne nach Europa zurückgekehrt, aber da war Charly, der an der Columbia Universität Musik studierte, und es war Imres Ansicht: eine bessere Ausbildung könne er nirgends haben. Charly komponierte übrigens bereits, unter anderem ein »Flaggenlied«, und gelegentlich einer Studentenfeier dirigierte er es mit einem Studentenorchester ein, und der Studentenchor sang dazu. Wir waren zu dieser Feier eingeladen und sehr stolz auf Charly.
Wir hatten natürlich sofort Kontakt mit Europa gesucht. Wir schickten Care-Pakete an unsere Freunde, die ja meist hungerten. Und wir schickten auch Geld. Lange Zeit gelang es uns nicht, mit der Familie meines Mannes in Verbindung zu treten. Und dann erreichte uns eine schreckliche Nachricht. Zwei Schwestern meines Mannes, Ilonka und Mileke, waren eines Tages von der Gestapo verhaftet und fortgebracht worden. Wohin? Auch dies brachten wir heraus – auch, daß sie nicht mehr am Leben waren.
Imre saß da mit dem betreffenden Schreiben in der Hand, er sah die Schrift und sah sie doch nicht. Dicke Tränen liefen ihm über die Wangen. Sein Gesicht war ausdruckslos, wie versteinert.
Ich ergriff seine Hand. Sie war eiskalt.
Von diesem Tag an klagte er über Schmerzen in der Herzgegend. Dr. Pierre wurde gerufen und kam mit einem Spezialisten. Der riet zur völligen Ruhe und zu einem Aufenthalt am Meer, wo die Luft sauberer sei.
Als Imre sich wieder etwas besser fühlte, fuhren wir nach Atlantic City, – das waren nur etwa zwei Stunden von New

York. Dort erholte er sich zusehends, und wir konnten bald spazierengehen.
Einmal kamen wir an einem Fischer vorbei, der am Strand auf eine Anzahl von Fischen schlug, um sie zu töten. Das Blut dieser Fische floß in Strömen. Imre blieb abrupt stehen, machte ungläubige Augen und begann dann zu röcheln. Er sackte zusammen.
Ich schrie nach einem Arzt. Es waren viele Menschen am Strand, aber es dauerte doch lange, bis ein Arzt zu uns vordrang. Wir brachten Imre ins Hotelzimmer zurück.
»Ein Schlaganfall«, stellte der Arzt sachlich fest, »aber glücklicherweise wohl ein leichter. Am besten, Sie lassen Ihren Mann ins Krankenhaus bringen.«
»Wäre New York nicht besser? Wir könnten ihn doch in einer Ambulanz hinfahren. Und dort hat er einen Arzt, der ihn kennt.«
So fuhren wir mit einer Ambulanz nach New York zurück, und Dr. Pierre untersuchte ihn gründlich.
»Es ist wirklich nichts«, beruhigte er mich, »er wird sich bald erholen.«
Freilich, er brauchte Ruhe, größte Ruhe. In der Tat, Imre erholte sich bald, aber er war nicht mehr der alte. Das Sprechen fiel ihm jetzt sehr schwer. Darunter litt er und fand sich doch im Lauf der Zeit damit ab.
Ich atmete auf. Zu früh, wie sich bald herausstellen sollte.

Geliebtes Paris

Weihnachten 1948.

In Deutschland, Österreich, Rußland, wohl auch in England, ist Weihnachten ein eher ernstes und würdiges Fest. In Paris und auch in New York ist es ein betont lustiges Fest. Man singt, man tanzt, auch in Lokalen, vor allem in Lokalen.

Ich kam auf die Idee, und Imre war ganz dafür, für unsere europäischen Freunde ein Weihnachten, wie sie es gewohnt waren, zu arrangieren. Einen frischen Tannenbaum bekam ich allerdings nicht und mußte mir einen aus Papiermaché anfertigen lassen. Ich lud alle unsere europäischen Freunde ein, besorgte Geschenke, bestreute den künstlichen Weihnachtsbaum mit falschem Schnee.

Es war keine sehr große Party – allenfalls zwanzig Gäste.

Und nun war Heiliger Abend, und die Gäste sollten bald kommen. Die Kinder liefen aufgeregt hin und her, an der Tür läutete es immerzu, weil noch Päckchen von unseren Freunden abgegeben wurden und vor allem auch Blumen. Ich erinnere mich an alles, als sei es gestern gewesen. Ich ging den Korridor entlang und sah, daß Imre aus dem Badezimmer trat. Kein Zweifel – er wankte. Ich stürzte hinzu und konnte ihn gerade noch halten. Seine linke Gesichtshälfte war total verzerrt. Er war aschgrau im Gesicht. Ich schrie nach Frau Pervich. Wir führten ihn vorsichtig in sein Zimmer zurück und legten ihn aufs Bett. Er war nicht voll bei Bewußtsein, aber ohnmächtig war er auch nicht. Ich ging zum Telephon und rief Dr. Pierre an. Er sagte, er würde sofort kommen.

Sofort ... Das war für uns eine Ewigkeit.
Von der Straße her hörte ich Weihnachtslieder, die von der Heilsarmee gesungen wurden, und dazwischen Sirenen der Polizei oder des Unfallkommandos oder was weiß ich, – dazu Glockengeläut von der nahen Kirche.
Starb Emmerich Kálmán?
Dr. Pierre erschien. Kurze Untersuchung. Diagnose: Schlaganfall, diesmal ein schwerer. Absolute Bettruhe.
»Ich schicke eine Nurse, die in zwei Stunden bei Ihnen sein sollte. Und morgen früh kommt eine andere. Er muß ständig beobachtet werden.«
Die ersten Gäste kamen. Wir schickten sie alle wieder fort. Sie gingen betreten.
Dann war es wieder ruhig in der Wohnung. Ich setzte mich an Imres Bett. Ich betete. Gott konnte nicht so hart sein, den Kindern ihren Vater zu nehmen – und mir meinen Mann.
Erstaunlicherweise erholte sich Kálmán schon nach wenigen Tagen. Es ging langsamer als das erste Mal, viel langsamer, und nach einer Woche war er noch keineswegs wieder der alte. Ich ging in die nahe Kirche, zündete eine Kerze an und dankte Gott.
Nach Dr. Pierre war das Wichtigste, daß Imre von Aufregungen verschont blieb. Ich erledigte das Notwendigste. Zum Beispiel die Honoraraufstellungen, die vom Rundfunk, der ASCAP, der GEMA und anderen Institutionen eintrafen. Ich beantwortete Briefe, so gut ich es vermochte. Ich hatte eigentlich keine Ahnung von dem Geschäftlichen, aber ich sagte mir, nun müßte ich ja wohl dies alles übernehmen – vielleicht für immer.
Jetzt erst wurde mir bewußt, wie sehr ich Imre liebte, trotz allem, was zwischen uns vorgefallen war, trotz Roland, trotz der Scheidung.
Imre schien unendlich dankbar, daß ich immer da war.

»Wie groß bist du, wenn es darauf ankommt, und wie klein im Kleinen. Wer soll dich jemals wirklich kennen«, sagte er zu mir.
Und eines Tages – nach drei Wochen, nach fünf Wochen? – konnte er wieder an allem teilnehmen. Und das Erstaunlichste: seine Schaffenskraft hatte nicht gelitten, er wollte wieder arbeiten. Er saß wieder an seinem Schreibtisch, er beendete die Instrumentation der »Arizona Lady«.
Alte Freunde, wie Remarque, kamen oft. Auch Mme. Walter erschien. Eine Überraschung: ein Telegramm aus Deutschland von dem Regisseur Fritz Fischer. Er teilte uns mit, daß er beabsichtige, in einem 2500 Personen fassenden Zirkusgebäude in Frankfurt die »Csardasfürstin« neu herauszubringen. Ob Herr Kálmán wohl Lust hätte, mit seiner Familie an der Premiere teilzunehmen?
Imre sagte sofort: »Ich komme. Wir kommen!«
Denn es war ihm klar, daß, wenn er nach Frankfurt fuhr, wir alle fahren mußten. Wir packten also unsere Koffer. Noch dachte niemand an eine endgültige Übersiedlung nach Europa. Wir würden natürlich zurückkehren. An Bord der »Queen Elizabeth« waren wir alle sehr vergnügt. Die Schwierigkeiten der letzten Monate schienen vergessen.
Landung in Le Havre. Dummerweise hatten wir keine Hotelzimmer reserviert, und zu einer Fahrt nach Paris fühlte sich Imre noch zu schwach. Wir stiegen also in irgendeinem Hotel ab, nahe dem Hafen, von dem wir sofort wußten, daß es drittklassig war. Was wir nicht wußten: daß es ein Puff war. Infolgedessen konnten wir in dieser Nacht kaum ein Auge zu tun.
Imre hatte sich viel vorgenommen. Er wollte vor allem einmal zur Kur nach Baden-Baden, das hatte ihm Dr. Pierre geraten. Dann wollten wir nach Wien, wohin der Bundespräsident uns eingeladen hatte, nach Stockholm, wo König Gustav V. ihm

einen Orden überreichen wollte. Ein bißchen viel, fand ich. Imre überschätzte wohl seine Kräfte.
Vor allem ging es zuerst einmal nach Paris, und wir stiegen in dem hübschen Hotel Lancaster unweit der Champs Elysées ab und ließen dann unser altes Haus in der Avenue Foch öffnen. Es machte einen düsteren Eindruck. Alles war verhängt, die Jalousien heruntergelassen, überall Spinnweben. Da würde erst einmal ein Heer von Putzfrauen antreten müssen. Wertvolle Möbel fehlten, wertvolle alte Bilder und auch Gobelins. Irgendjemand mit wahrem Kunstverstand hatte hier einen Raubzug unternommen. Später erfuhren wir, daß diese Kostbarkeiten in Görings »Karinhall« gelandet waren.
Die Zeit in Paris war zu kurz, um in das Haus übersiedeln zu können. Immerhin sorgte eine Innenarchitektur-Firma dafür, daß alles in Ordnung sein würde, wenn wir zurückkämen.
Imre, den die Reise doch angestrengt hatte, wollte früh zu Bett gehen, auch Lily, und die kleine Yvonka mußte sowieso früh schlafen gehen. Aber Charly, der mit seinen siebzehn Jahren nun schon ein junger Mann war, bat mich:
»Mutti, laß uns doch zusammen ein bißchen ausgehen.«
Ich wollte es ihm nicht abschlagen, und wir nahmen ein Taxi und ließen uns in eine Tanzbar fahren. Es war übervoll dort, hatte aber eine tolle Atmosphäre. Wir tranken etwas und fühlten uns – heute würde man sagen high – also waren in bester Stimmung.
Als die Band eine kleine Pause machte, setzte sich Charly ans Klavier und spielte eine eigene Musik. Es war eigentlich das erste Mal, daß er öffentlich spielte. Der große Applaus machte ihn stolz und mich natürlich auch.
Dann trat die Band wieder an. Sie spielten ganz ausgezeichnet. Plötzlich stand vor mir, ich konnte es erst gar nicht glauben, der weltberühmte Tänzer Gene Kelly, den ich zwar aus

vielen Filmen kannte, aber bis jetzt nicht persönlich. Er zog mich auf das Tanzparkett. Es war eine Wonne mit ihm zu tanzen, und ich sagte es ihm auch. Aber auch er gab mir ein kleines Lob und meinte:

»Sie sind sicher einmal Tänzerin gewesen.«

Ich hatte aber niemals in meinem Leben Tanzunterricht gehabt. Als wir am anderen Morgen unsere überraschenden Erlebnisse erzählten und es durch ein Autogramm von Gene Kelly bezeugen konnten, wurden wir von Lily und Yvonka sehr bewundert.

Nun ging die Reise weiter, vorerst einmal, übrigens per Wagen, nach Zürich. Imre atmete auf, als er die Stadt wiedersah.

»Hier sollte man wohnen!« erklärte er.

Aber weder die Kinder noch ich waren dafür. Paris sei doch viel lustiger, ja, selbst New York, als diese ernste und betont bürgerliche Stadt.

Wir konsultierten Ärzte, und sie alle stimmten überein, daß Baden-Baden und seine Heilquellen im Augenblick das Beste für Imre seien. Also nach Baden-Baden. Auf dem Weg dorthin kamen wir durch Orte und Städte, die arg zerbombt waren. Imre wurde sehr traurig, wenn er die Ruinen sah.

In Baden-Baden konsultierten wir natürlich wieder einen Arzt, und der meinte, meine Pflege sei sehr rührend, aber es wäre doch besser, wenn eine geschulte Schwester meinen Platz übernehmen würde. Er schlug eine Schwester Irmgard aus Göttingen vor. Irmgard Spiess. Sie kam, und Imre schloß sie sofort in sein Herz. Sie hatte, was in solchen Fällen wichtig ist, sein vollstes Vertrauen, sie durfte sogar in seiner Gegenwart rauchen, – sonst wäre sie wohl wieder nach Göttingen zurückgefahren, denn rauchen mußte sie. Und er rauchte nun auch, was ihm der Arzt eigentlich verboten hatte, aber da es ihm so viel Spaß machte, sahen wir darüber hinweg, solange es in Grenzen blieb.

Und dann ging es nach Frankfurt. Wir wurden aus Baden-Baden mit mehreren Wagen geholt. In der Aufregung ging mir Charly verloren. Schade, daß er nun nicht mit dabei sein würde...

Als wir nach Frankfurt kamen und auf den Zirkus zufuhren, gab es einen Regen von Extrablättern, die wie vom Himmel fielen. Ein Willkommensgruß für Imre. Er war so gerührt, daß er fast weinte.

Das Riesenhaus war total ausverkauft. Fritz Fischer empfing uns am Eingang, ebenso eine Abordnung der Stadt Frankfurt, und wir nahmen in unserer Loge Platz. Es wurde dunkel. Die »Csardasfürstin« begann. Riesenapplaus nach dem ersten Akt. Pause, in der Abordnungen in unsere Loge kamen. Dann wieder Verdunkelung. Nur ein Scheinwerfer, und der richtete sich auf den Kapellmeister, der das Zwischenspiel zwischen den beiden Akten dirigieren sollte. Es war Charly, den man hinter unserem Rücken geholt und der nur eine halbe Stunde gehabt hatte, um die Sache mit dem Orchester zu probieren. Mein Mann war wieder den Tränen nahe.

Die Aufführung – Fritz Fischer, F.F. genannt, veränderte jeweils die Operetten, das heißt, er machte aus ihnen eher Revuen – ließ das Publikum vor Begeisterung toben. Blumen über Blumen. Imre mußte mit den Darstellern auf der Bühne erscheinen. Man wollte, daß er einige Worte spreche. Er murmelte nur – und kaum einer im Publikum verstand es: »Danke, danke, das war der schönste Tag in meinem Leben.«

Zurück nach New York. Schwester Irmgard wurde mitgenommen, denn Imre konnte sich nicht mehr vorstellen, ohne sie zu sein. Sie ordnete sich in unseren Haushalt ein, – nicht ganz einfach, denn Frau Pervich wurde sogleich eifersüchtig.

Charly ging wieder zur Universität und überraschte mich zu meinem Geburtstag mit einer neuen Komposition, dem »Hudson-Klavierkonzert«.

Unsere Tochter Lily verliebte sich Hals über Kopf in einen jungen Franzosen namens Claude, der blendend aussah, aber vielleicht doch etwas zu jung war. Sein Vater, einer der bekannteren Gastronome von Paris, hatte ihn nach New York zur Ausbildung geschickt. Lily wollte Claude unbedingt sofort heiraten. Er wurde also zu uns eingeladen. Ich fand ihn reizend, jedoch noch nicht erwachsen genug. Imre war strikt gegen diese Heirat. Er sagte, für beide sei es noch zu früh. Er dachte wohl immer noch an Lord Anthony Furness. Lily und er waren nach dem Debutantentag Freunde geworden, aber in der letzten Zeit hatten wir kaum noch von ihm gehört. Und Lily liebte nur Claude. Ihr brach fast das Herz, als er nach Paris zurück mußte, und sie mußte ihm schwören, so bald wie möglich nachzukommen. Er schrieb ziemlich regelmäßig. Er telegraphierte oft. Und Lily lag ihrem Vater in den Ohren, nach Paris reisen zu dürfen.

Imre willigte schließlich ein. Ich sollte Lily natürlich begleiten, und ich entschloß mich, Yvonka mitzunehmen, während Imre und Charly in New York blieben, wo Charly sein Studium fortsetzen und beenden sollte. Freilich war Imre noch keineswegs damit einverstanden, daß Lily und Claude ein Paar werden sollten. Aber er wollte Lily glücklich sehen. Es wurde ausgemacht, daß nichts Definitives unternommen würde, bevor Imre und Charly nachkamen.

Also wieder nach Paris! Übrigens war auch Frau Pervich mitgekommen, denn nun wollten wir in unser kleines Haus in der Avenue Foch einziehen, und ich war entschlossen, mich von nichts mehr aus Paris wegbringen zu lassen. Paris war eben doch meine große Liebe.

Ich sah oft Domenica Walter, die auf größtem Fuß lebte. Kein Wunder, ihr Mann war schwerreich, besaß unter anderem große Kupferminen unweit von Oujda in Marokko; eine Zeitlang hieß es sogar, man habe Uran dort gefunden. Im-

Auf einer Party in Wien mit Curd Jürgens . . .

. . . sowie Werner Pochat, Anita v. Karajan, Dr. Peter Stern und Lida Baarova

Filmproduzent Arthur Brauner mit seiner Frau Maria

Hildegard Knef mit ihrer kleinen Tochter Tinta, meinem Patenkind

Auf einer Karajan-Party: mir gegenüber Hildegard Knef im Gespräch mit Herbert von Karajan

Eliette von Karajan mit Stavros Niarchos

Tina Onassis, Baron Geszmann von Waldeck, Hildegard Knef

merhin beschäftigte er Tausende von Arbeitern, hatte Häuser, Schulen, Moscheen gebaut, sogar eine eigene Eisenbahn, – eine ganze Stadt war entstanden.
Zu Hause gab es Tränen. Claude hatte etwas mit einem anderen Mädchen angefangen, und Lily hatte es herausbekommen. Nun wollte sie nichts mehr von ihm wissen. Sie war todunglücklich. Vergebens sagte ich ihr, Claude sei wohl ihrer Tränen nicht wert gewesen und sie solle die Dinge leichter nehmen. Etwas leicht zu nehmen, war freilich nicht Lilys Art. Vielleicht hätte ich mich damals intensiver mit der Sache und vor allem mit Lily beschäftigen sollen, anstatt, wie es meine Art war, alles auf die leichte Schulter zu nehmen.
Dabei schien mir der weitere Verlauf der Dinge recht zu geben. Lily war mit Bekannten ausgegangen und hatte einen jungen Amerikaner kennengelernt, der als Besatzungssoldat nach Paris gekommen war und noch immer seine Uniform trug, denn er besaß keinen Zivilanzug. Sein Name war Alain Daunis, er war bildhübsch, groß, blond, ein liebenswürdiger Mensch, ein netter Kerl. Er kam nun oft zu uns, er war offenbar in Lily »verknallt«. Ich redete ihr zu, ihn doch ein wenig näher zu betrachten, da die Sache mit Claude zu Ende zu sein schien. Die beiden wurden gute Kameraden – vorläufig.
Inzwischen waren Imre und Charly in Begleitung von Schwester Irmgard ebenfalls nach Paris gekommen. Meinem Mann ging es unterschiedlich, berühmte Ärzte wurden konsultiert, aus Paris, aus München, aus der Schweiz. Immer wieder hatte er Herzanfälle, er mußte sich schonen.
Wir wurden viel eingeladen, aber Imre konnte nun nicht mehr mitgehen, selbst wenn er es gewollt hätte. Doch er hatte sich aus dem gesellschaftlichen Leben nie etwas gemacht. Im Gegensatz zu früher war er jetzt dafür, daß ich die Einladungen annahm. Ich sollte mich amüsieren!
Auf einer dieser Gesellschaften begegnete mir ein reizendes

Ehepaar – Walter Jurman und seine bildhübsche ungarische Frau Yvonne. Jurman war vor einigen Jahren durch seine Musik zu dem großen amerikanischen Film »San Franzisco« weltbekannt geworden. Viele Schlager von ihm waren Hits. Jurman sagte mir:
»Ich bin Meister Kálmán zu großem Dank verpflichtet. Als ich, noch ganz jung, in der Edenbar in Wien als Barpianist auftrat, machte mir Kálmán Mut, selber zu komponieren. Ich befolgte seinen Rat, ging in die Staaten und machte dort schnell Karriere!«
Lady Mendl war in Paris und gab einen großen Empfang für Aga Khan. Er war damals schon ein alter, schwerkranker Mann und wurde im Rollstuhl gefahren. Die Begum aber war immer noch eine wunderschöne Frau. Wir hatten sofort Kontakt miteinander. Ich war aber voller Unruhe und blieb nicht lange.
Schwester Irmgard sagte mir:
»Sie haben fast zwei Stunden gebraucht, um sich für den Empfang zurechtzumachen und dann kommen Sie schon nach einer halben Stunde zurück!«
Eines Tages fiel mir auf, daß Imre, obwohl er nun doch schon an die siebzig war, immer noch keine grauen Haare hatte. Bis ich einmal, etwas früher von einer Besorgung zurückkehrend, ihn dabei erwischte, wie er sich von Schwester Irmgard die Haare färben ließ. Er war also immer noch eitel.
Ich lächelte:
»Laß doch deine Haare grau werden, ein Mann mit grauen Schläfen ist doch viel interessanter!«
Schwester Irmgard war auch gegen das Färben, aber Imre deutete auf mich:
»Dieses Kind sieht so jung aus, da will ich nicht so alt wirken!«
Ich fand das eigentlich rührend.

Alain Daunis und Lily waren sich nähergekommen, das heißt, sie hatte nun Claude endgültig vergessen und fand Alain eigentlich »ganz nett«. Wenig später, und sie hatte sich in ihn verliebt. Mir schien es an der Zeit, daß er ihren Vater kennenlernen sollte, denn ich glaubte, das sei vielleicht ein für ihn akzeptabler Schwiegersohn.
Als es so weit war, kaufte ich Alain ein weißes Hemd, einen blauen Anzug, und stahl eine Krawatte aus Imres unsagbar reichem Krawatten-Reservoir. Bei der Vorstellung erkannte Imre seine Krawatte sofort wieder und lachte, sagte aber nichts. Alain aß mit Mordsappetit. Die Pervich war selig darüber, daß es ihm so gut schmeckte.
Mein Mann freilich hatte wieder einmal Bedenken, – die hatte er ja immer. Ich redete ihm zu. Er gab schließlich seine Zustimmung.
Später sollte ich es bitter bereuen, daß ich mich so sehr für Alain eingesetzt hatte.
Vorerst ging es aber einmal ans Heiraten. Ich richtete den beiden eine kleine entzückende Wohnung ein, engagierte einen farbigen Diener und eine Köchin, die beide antreten sollten, wenn das Paar von der Hochzeitsreise zurück war.
Standesamtliche Trauung. Ich war doch ein bißchen erregt, und Tränen standen in meinen Augen. Meine Lily! Nun würde sie von uns scheiden, und wohl für immer. Auch Frau Pervich war auf dem Standesamt dabei. Lily war ja »ihre« Litschka. Trauzeugen: M. und Mme. Walter.
Das Hochzeitsessen fand natürlich bei uns statt. Dreißig Personen, unter anderem so Prominente wie der Schriftsteller André Maurois, Elizabeth Arden, ihre Konkurrentin Helena Rubinstein, beide mit ihren hochadeligen Männern, und selbstverständlich durfte Josef Paul-Boncour nicht fehlen. Die Pervich übertraf sich selbst. Es gab ihr berühmtes Kaiser-Menü, das nicht enden wollte. Wir alle nahmen minde-

stens ein Kilo zu. Und als alles vorbei war, verlangten die Gäste stürmisch, daß sie hereinkomme, und als sie kam, wurde ihr applaudiert wie einem Star nach einer großen Premiere. Als sich unsere Tochter verabschiedete, war Imre sichtlich bewegt. Verständlich! Ich hatte schon auf dem Standesamt ein wenig geweint. Wir beide konnten nur hoffen, daß Lily glücklich werden würde, und im Augenblick sah es auch so aus.

Die Ärzte hatten Imre nahegelegt, nach Bad Vittel zu gehen, einem wunderschönen, ruhigen Ort. Der Brunnen von Vittel sollte Imre gut tun. Es war eine ruhige, aber angenehme Zeit. Da kamen die ersten Kartengrüße des neugebackenen Paars aus Spanien. Seltsam: als ich diese Karten in Händen hielt, kamen mir, der ewigen Optimistin, Zweifel. Wie oft hatte mich Imre ausgelacht bei meiner liebsten Redensart: »Das klappt sich schon!« – jetzt machte ich mir Sorgen.

Imre hatte mir zugehört und sagte dann sehr nachdenklich: »Du hast in deiner Kindheit nie mit Puppen spielen können und du hast unsere drei Kinder zur Welt gebracht, um mit ihnen wie mit Puppen zu spielen. Wenn ich in Wien in den Park schaute und dich mit den Kindern toben sah, kamst du mir nicht viel älter vor als unsere Kinder. Aber diese drei Puppen in deinen Augen sind kleine Menschen mit Blut, Herz und Seele – das hast du erst sehr spät begriffen.«

»Es scheint sich nichts zu klappen«, sagte ich sehr traurig, und Imre war natürlich nur zu bereit, meine leise aufkommenden Zweifel zu teilen.

»Ich war nie dafür! Ein hübscher Junge, gewiß. Aber was tut er eigentlich, um sich seinen Lebensunterhalt zu verdienen?«

Ich hätte sagen können, daß Lilys Mann ja nichts verdienen mußte, aber ich hielt es nicht für klug und schwieg.

»Ich will dir sagen, was er tut! Nichts tut er! Freunde hat er und wohl auch Freundinnen, die reich genug sind, um ihn

durchzufüttern. Ich habe ihn einmal gefragt. Er sagte, er würde sehr gern in irgendeiner größeren Industriefirma Generaldirektor werden. Generaldirektor! Darunter will er es nicht tun, scheint mir.«
Auch in Vittel trafen wir interessante Leute – es scheint mein Schicksal zu sein, überall interessante Menschen kennenzulernen. Einer von ihnen war Edgar Faure. Er hatte gehört, wie ich mit einer Bekannten Russisch sprach, und kam auf mich zu. Er selber sprach ausgezeichnet russisch, obwohl er gebürtiger Franzose war, und er freute sich, wieder einmal Gelegenheit zu haben, in Russisch eine angeregte Unterhaltung führen zu können. Nebenbei erfuhr ich – er war ein eher bescheidener Mann –, daß er einmal französischer Ministerpräsident gewesen war und in der Politik noch eine große Rolle spielte. Eine wie bedeutende, sagte er mir nicht.
Lily war inzwischen in Madrid angelangt. Sie telephonierte mit uns fast täglich. Etwa, daß sie sich bei dem Pariser Modeschöpfer Balenciaga, der in Madrid eine Filiale besaß, elegante Kleider bestellt habe. Wir sprachen auch von dem Restaurant »Horcher«, das bald nach dem Krieg in Madrid eröffnet worden war. Dieses Restaurant »Horcher« gab es einmal in Berlin und war in den zwanziger Jahren das Stammlokal vieler prominenter Schauspieler und Sänger gewesen, in den dreißiger Jahren Lieblingslokal Görings. Und Göring, als er sah, daß Berlin verloren war, erlaubte Horcher, mit Familie und mit – und das ist erstaunlich – seinem kostbaren Weinkeller, nach Madrid auszufliegen. Bei Horcher aß man – und ißt man – wie sonst fast nirgends auf der Welt.
Irgendwie gefiel mir die Stimme meiner Tochter nicht. Aber ich unterdrückte böse Vorahnungen. Und dann kam ein Telegramm, daß sie die Hochzeitsreise abbrechen würden und nach Vittel kämen. Als sie erschienen, wußte ich Bescheid. Lily war todunglücklich.

»Ich will mich von Alain trennen!« erklärte sie mit Bestimmtheit.
Ich sah Imre an. Er sagte:
»Wenn du es willst ...«
Auch ich nickte. Wir fuhren zusammen nach Paris zurück, und Lily ging in die von mir eingerichtete Wohnung. Alain ging mit, was mich einigermaßen erstaunte. Aber täglich erschien Lily bei uns, klagte, Alain sei ihr gleichgültig und gehe ihr auf die Nerven. Sie wußte wohl nicht, was sie wollte. Einmal sofortige Trennung – und dann überhaupt keine Trennung. Und das sollte nicht nur ein paar Wochen so gehen. Das sollte noch fünfzehn Jahre lang so gehen. Und in der Zwischenzeit ereignete sich einiges.
Alain trank gern und konnte es wohl vertragen, und er verleitete auch Lily zum Trinken. Wenn sie mir die Wahrheit sagte – und ich glaube, das tat sie noch –, trank sie anfangs nur mit, um ihm einen Gefallen zu tun. Zunächst wenig, dann immer mehr. Glücklicherweise blieb es Imre verborgen, wie unglücklich seine Tochter war. Seine Zeit, an allem teilzunehmen, war ja bemessen. Für ihn gab es aber auch immer wieder erfreuliche Dinge. Im Gegensatz zu Amerika schätzte und spielte man in Europa nach wie vor Kálmán. Die Musikabteilung des Bayerischen Rundfunks interessierte sich für ihn. Ihr Leiter, Alfred Schröter, besuchte uns in Paris. Man habe die »Arizona-Lady« auf Band aufgenommen, sie sollte demnächst gesendet werden. Amüsante Stunden, die Imre mit diesem Mann verbrachte.
Josef Paul-Boncour kam oft. Er war inzwischen der Ratgeber de Gaulles geworden, vielleicht der wichtigste. Ihm verdankte es Imre, daß er Offizier der Ehrenlegion wurde, die höchste Auszeichnung, die man in Frankreich erhalten kann. In Wien, wohin wir gelegentlich fuhren, ernannte man ihn zum Professor. Dann fuhren wir, wie geplant, nach Schwe-

den, wo der König ihm einen Orden verlieh. Die Columbia Universität in New York machte ihn zum Doktor h.c.
Das alles beeindruckte mich ungeheuer – ihn beeindruckte es nicht. Ich war so glücklich darüber, daß er nun Offizier der Ehrenlegion war, daß ich in ein Spezialgeschäft lief, mir fünfzig rote Rosetten kaufte und sie an alle seine Anzüge und Mäntel heftete, und zum Spaß auch an einige seiner Schlafanzüge. Dann lachte er, und er lachte so selten!
Als wir in Wien waren, erfuhren wir, was aus unserem schönen Haus geworden war. Während des Krieges war es zum Lazarett geworden, einige Jahre nachher hatte es die UNESCO gepachtet, und später wurde es ein Heim für Musikstudenten. Das freute Imre.
»Es wird also dort wieder Musik gemacht! Das ist schön!«
Übrigens wurde später eine Gedenktafel für Imre an diesem Haus angebracht.
1953 verschlechterte sich sein Zustand. Er tat zwar alles, damit wir es nicht merkten, aber ich erkannte es. Ich ging nicht mehr viel auf Gesellschaften, um bei ihm zu sein, und sorgte dafür, daß immer ein paar Freunde zu uns kamen, um ihm Gesellschaft zu leisten. So kam unter anderen auch der Romanschriftsteller Maurice Dekobra, dessen uralten Bestseller aus den zwanziger Jahren »Madonna im Schlafwagen« Schwester Irmgard Imre vorlas.
Wieder Ferien. Diesmal auf dem Bürgenstock nahe bei Luzern, über dem Vierwaldstättersee. Imre konnte und sollte auch nicht mehr viel laufen, aber man konnte dort in der Sonne sitzen und Tee trinken und die herrliche Gegend betrachten.
Immer wieder kamen zwei hochgewachsene, ältere Herren an uns vorüber. Sie sahen beide sehr interessant aus und sprachen deutsch miteinander. Imre erkannte sie schließlich durch ihre Bilder in den Zeitungen. Es handelte sich um

Dr. Chaim Weizmann, der den jungen Staat Israel mitgeschaffen hatte. Der andere war Konrad Adenauer.
Eines Tages blieben sie unerwartet vor uns stehen. Adenauer redete Imre an, – er wollte ihn beglückwünschen, denn er sei der erfolgreichste Operettenkomponist der Gegenwart, seine Operetten würden ja wieder überall in Deutschland gespielt, jetzt, »wo der Spuk zu Ende ist«.
Weizmann stellte sich vor, lud ihn ein, nach Israel zu kommen.
»Das darf ich, man hat mich ja schließlich zum Präsidenten gemacht!« bemerkte er bescheiden.
In Israel würde man sicher gern seine Operetten spielen.
Als die beiden weitergingen, sagte Imre:
»Siehst du, das bedeutet mehr als alle die Orden, die man mir verliehen hat. Nach Israel möchte ich wohl noch einmal reisen!«
Aber das ging nicht mehr. Sein Gesundheitszustand ließ das nicht mehr zu. Und so lief die »Csardasfürstin« in Tel Aviv an, ohne daß er dabei war.
Einige Wochen später wieder in Paris. Es waren nur noch wenige Tage bis zu Imres Geburtstag, und wir feierten ihn so wie immer: Imre war nämlich um Mitternacht geboren worden. Und in der Aufregung hatte man nicht genau festgestellt, ob er noch am 24. Oktober geboren worden war oder erst am 25., und daher feierten wir stets beide Tage.
Am 24. mußten wir an seinem Bett stehen. Schwester Irmgard meinte, es sei besser für ihn, liegen zu bleiben. So traten wir also alle mit unseren Geschenken und Blumen zu ihm. Ich hatte Imre einen Steinway-Flügel gekauft. Das war ein alter Wunsch von ihm, und er stand nun in seinem Arbeitszimmer. Er wollte ihn sehen, erhob sich gegen den Protest der Schwester und war entzückt von dem Instrument. Dann kleidete ihn Schwester Irmgard an, und er kam zu uns an den Tisch.

Charly spielte auf dem Klavier »Happy birthday to you«, und wir alle sangen mit, auch ich, obwohl Imre immer zusammenzuckte, wenn ich den Mund zum Singen auftat. Er war glücklich, seine Familie um sich zu haben, und er fühlte sich an diesem Tag recht wohl.

Auch am nächsten Tag wurde gefeiert. Frau Pervich hatte sein Leibgericht für ihn gekocht – Würschtelsuppe, Stubenkükken, gefüllt mit Gänseleber. Dann gab es kalten Fruchtreis mit Schokoladensauce, und dazu natürlich Champagner. Imre war – und ich kann es nicht oft genug sagen – ein leidenschaftlicher Esser. Doch an diesem Tag kostete er nur ein bißchen von jedem Gang.

Am 26. diktierte er der Sekretärin Briefe in meiner Gegenwart. Das tat er jetzt immer, denn er meinte, es sei gut, wenn ich über alles unterrichtet sei.

Es folgten ein paar ruhige Tage und es machte ihm sogar große Freude, wenn ihn jemand, den er mochte, besuchte. Thornton Wilder, der Kálmán sehr verehrte und in New York sozusagen zum Hause gehörte, hielt sich in Paris auf und erschien bei Imre.

Wilder war auch eng befreundet mit Remarque. Es gab viel zu erzählen, denn Wilder, der nach dem Kriege mit seinem Theaterstück »Wir sind noch einmal davongekommen« einen großen Erfolg hatte, war auch der Autor des Stückes »Die Heiratsvermittlerin«, das zu einem Musical umgearbeitet worden war und unter dem Titel »Hello Dolly« ein Welterfolg wurde.

Imre ermunterten solche Besuche sehr, und ich tat soviel dazu, als nur möglich war. Charly, Lily und ich waren in der Premiere von »Lime Light« gewesen, worin Buster Keaton, der Komiker, der niemals lachte, eine Rolle hatte. Wir lernten ihn bei der anschließenden Premierenfeier kennen und als er hörte, daß wir zu Emmerich Kálmán gehörten, sagte er uns,

daß er Kálmáns Musik über alles liebe. Ich wußte, daß es Imre große Freude machen würde, das von ihm persönlich zu hören und so machte ich den Vorschlag mit uns nach Hause zu gehen und Imre zu begrüßen. Keaton nahm den Vorschlag gern an, aber verzog, wie immer, keine Miene.
Imre war hocherfreut Buster Keaton kennenzulernen, – aber warum war denn dieser Mann so bitterernst? Da machte sich Imre den Spaß und erzählte Keaton einen Witz, – und welche Überraschung – Keaton lachte schallend.
»Sie können also lachen, Mr. Keaton?« fragte Imre.
»Natürlich nur privat. Im Geschäft ist es doch mein Firmenschild, daß ich der Mann bin, der niemals lacht!«
Jetzt hatten wir etwas zum Lachen.
Wir taten alles, Imre nicht merken zu lassen, wie krank er war. Charly spielte ihm neue Kompositionen vor, die Imre lobte. Jeden zweiten Tag kamen die Ärzte, hörten sein Herz ab, maßen den Blutdruck. So auch am 30. Oktober frühmorgens. Sie meinten, Imres Zustand sei zufriedenstellend – relativ natürlich.
Wir saßen alle zusammen beim Frühstück, Schwester Irmgard wie immer neben Imre. An diesem Tag war auch Lily gekommen, um sich nach ihrem Vater zu erkundigen. Imre trank seinen geliebten englischen Tee und begann ein Ei zu essen. Es war eine Woche nach seinem Geburtstag. Er hielt plötzlich mit dem Essen und Trinken inne und sagte:
»Veruschka und ihr Kinder! Wenn ich noch einmal einen Geburtstag erleben kann, dann möchte ich ihn genauso schön feiern wie diesen, und möchte genauso von euch mit Liebe verwöhnt werden. Das Schönste war, daß ich nur mit euch zusammen war, und daß dann nur wenige Freunde erschienen, Menschen, die mir am Herzen liegen. Sollte es aber mein letzter Geburtstag gewesen sein, dann wünsche ich, daß ihr euch weiterhin liebt und nie vergeßt, daß ich meine Hand

über euch halte. Du, liebe Veruschka, sollst Schwester Irmgard, solange sie lebt, als deine treue Begleiterin bei dir behalten, denn sie hat mir unendlich viel geholfen.«
Ich weinte über seine ernsten und lieben Worte. Yvonka stand auf, sie mußte zur Schule, Lily ging in ihre Wohnung zurück, Charly an seine Arbeit.
Imre fühlte sich mit einmal ermüdet und wollte sich noch ein wenig hinlegen. Schwester Irmgard brachte ihn also zu Bett. Er schlief ein. Nach einer Stunde maß Schwester Irmgard seinen Puls und merkte, daß er schwächer wurde. Sie meinte, es wäre besser, die Ärzte zu rufen. Ich versuchte sie telephonisch zu erreichen. Aber bei beiden Ärzten waren die Leitungen dauernd besetzt.
Schwester Irmgard drängte:
»Nehmen Sie den Wagen und holen Sie einen Arzt!«
Ich war wie benommen, fuhr sofort los und kam bald darauf mit beiden Ärzten zurück.
Es war zu spät.
Charly weinte: »Pappi ist soeben eingeschlafen . . .«
Ich war entsetzt. Wenn ich auch schon jahrelang wußte, wie krank Imre war, so konnte ich jetzt doch nicht glauben, daß alles vorbei sein sollte. Ich fühlte mich allein. Mir erschien alles so trostlos.
Überall auf der Welt brachten die Zeitungen, die Radio- und Fernsehstationen Nachrufe auf den großen Komponisten. Ich hatte früher immer die Zeitungsartikel ausgeschnitten und in ein Buch eingeklebt. Diesmal interessierte mich das alles nicht. Mochten sie schreiben, mochten sie sagen, was sie wollten.
In Paris hielt man es für selbstverständlich, daß Emmerich Kálmán dort, wo er zuletzt gelebt hatte und wo er gestorben war, auch begraben würde. Auch Budapest meldete sich, und vor allem Wien, die Stätte seiner größten Erfolge.

Die Kinder und ich entschlossen uns, ihn in Wien beisetzen zu lassen. Es gab Schwierigkeiten durch die französischen Behörden, aber schließlich waren alle Formalitäten erledigt. Die Leiche wurde einbalsamiert, der Sarg geschlossen. Täglich kniete ich neben ihm und betete.
Meine Kinder und ich fuhren natürlich im Zug, der ihn nach Wien überführte. Die Stadt Wien gab Kálmán ein Ehrengrab. Der Zentralfriedhof war voller Menschen, Hunderte, Tausende, als der Sarg beigesetzt wurde.
Wiener Musiker spielten an seinem Grab: »Grüß mir die süßen, die reizenden Frauen . . .«
Ich war eingekeilt zwischen Menschen, die ich nie gesehen hatte. Der Schmerz überwältigte mich. Da griff eine Hand nach mir und zog mich aus der Menge heraus. Mein Sohn Charly. Ich sank in seine Arme.
Er führte mich behutsam zum Wagen. Nie war ich meinem Sohn näher gewesen.

Eine neue Aufgabe

Mir blieb nur wenig Zeit zum Trauern.
Wir waren alle nach Paris zurückgefahren. Das Haus schien mir leer ohne Imre. Ich ging manchmal in sein Arbeitszimmer und sah mir die eingegangenen Briefe und Akten an, die geordnet werden mußten. Aber ich war im Augenblick noch unfähig, irgend etwas zu tun.
Dann, nur wenige Tage nach der Rückkehr aus Wien, rief ich Lily an. Ich hörte von dem farbigen Diener, daß sie nach New York geflogen sei, Monsieur sei auch mitgefahren. Warum? Warum diese Abreise, ohne mir adieu zu sagen? Ich sollte es bald erfahren.
Vorläufig erfuhr ich allerdings etwas, das mir noch viel unbegreiflicher erschien. Einer der Anwälte aus der Firma, die Imres Angelegenheiten betreute, rief mich an. Er habe mir etwas sehr Unangenehmes mitzuteilen. Er bat um meinen Besuch, aber ich sagte ihm, er könne es mir ruhig am Telefon sagen. Was konnte noch an Unannehmlichkeiten geschehen? Und dann kam es. Imres Testament sei angefochten worden! Angefochten? Von wem? Von wo?
»In New York«, – und – »von Lily und Ihrem Schwiegersohn.«
Nun verstand ich überhaupt nichts mehr. Vielleicht war es falsch gewesen, mich um solche Dinge, wie Imres Testament, nicht längst zu kümmern. Ich hatte es nie getan, weil ich an so etwas wie seinen Tod gar nicht denken wollte. Nun erinnerte ich mich, daß seine amerikanischen Finanzberater, George

Baron und Henry Strauss, vor etwa einem Jahr auf Einladung Imres nach Paris gekommen waren, um mit ihm »einiges« zu besprechen. Das Wort »Testament« fiel damals auch. Ich rief also bei Henry Strauss in New York an. Er wußte von nichts oder wollte nicht mit der Sprache heraus. Er ließ mich noch wissen, wie erschüttert er über den Tod von Imre war; das gelte auch für seine Frau Herta, die mich grüßen lasse.
Ich rief bei den Barons an. Auch Baron erklärte, nichts zu wissen. Er fügte sogar hinzu, er müsse es eigentlich wissen, wenn das Testament angefochten sei, denn er sei schließlich zusammen mit Strauss Testamentsvollstrecker. Aber irgendwie irritierte mich etwas an seinem Ton. Ich erinnerte mich: Er hatte mich eigentlich nie leiden können. Damals, als Imre und ich in New York wieder heirateten, hatte er einige bissige Bemerkungen gemacht.
Die Telefongespräche hatten mir also nichts eingebracht. Ich würde wohl auch in Paris nicht mehr erfahren und wohl überhaupt erst wissen, woran ich war, wenn ich nach New York fuhr. Zu Schwester Irmgard, die auf Wunsch von Imre bei mir war und noch viele Jahre bleiben sollte, sagte ich: »Wir müssen nach Amerika fahren!«
Wir flogen. Das war damals etwas mühsamer als heute; es dauerte siebzehn Stunden. Kein Vergleich mit den sechs Tagen, die man brauchte, um mit dem Schiff nach drüben zu kommen, immerhin zwei Zwischenlandungen, endloses Warten in Irland und Neufundland. Endlich New York.
Zu meinem Erstaunen waren bereits Journalisten am Flughafen. Menschen von der Presse waren für mich nichts Neues, aber früher hatten sie immer auf Imre gewartet. Jetzt warteten sie, ich konnte es zuerst gar nicht glauben, – auf mich. Die Presse hatte von unseren Auseinandersetzungen gehört. Das war ein Fressen für sie und die Boulevard-Blätter ließen es sich nicht nehmen, unsere Sache in groß aufgemachten Titel-

Stories zu veröffentlichen. Ich empfand es grauenhaft, daß der Name Kálmán auf diese Weise durch die Zeitungen Amerikas ging.
Die Kinder hatten in New York einen Anwalt hinzugezogen, der sie noch mehr gegen mich aufhetzte und ihnen sogar zu einem Prozeß riet. Mit meinen Kindern vor einem Gericht zu stehen, das erschien mir wirklich unerträglich. Ich tat damals das einzig Richtige und ließ allen drei Kindern sofort ihr Erbteil auszahlen. Damit war alles geregelt.
Das Finanzielle war klargestellt, das moralische Verhalten gab mir lange Zeit zu denken. Ich war doch immer davon überzeugt gewesen, daß meine Kinder mich liebten und mich als Mutter respektierten. Was war in sie gefahren? Sollte ich selber, um ganz ehrlich mit mir zu sein, Schuld an allem haben? Hatte ich sie als Kinder vernachlässigt, ihnen meine Liebe nicht richtig bewiesen? Mea culpa – vielleicht war es so. Schuld hin – Schuld her – ich liebte sie immer und fühlte mich immer mit ihnen seelisch verbunden.
Als ich von New York nach Paris zurückkehrte, brauchte es seine Zeit, bis wir wieder zueinander fanden. Heute, das möchte ich betonen, sind wir im besten Einvernehmen. Auch Mr. Baron als Testamentsvollstrecker und seine Frau Anne sind heute meine guten Freunde und Berater. Imre hatte ihnen, als sie damals in Paris gewesen waren, seine große Anerkennung über meine aufopfernde Pflege für ihn erzählt.
In unserem kleinen Palais lebte ich fern von allem Gesellschaftlichen und gab mich ganz meiner Trauer hin. Ich las viel in den Briefen, die ich von Imre bekommen hatte. Als wir das erste Mal nach Paris emigriert waren, schrieb er mir:

Liebe Veruschka!
Ich war in sechzehn Blumenhandlungen, weil ich Dir die schönsten Blumen kaufen wollte, als Dank für das Jahr 1938,

das Du durchgekämpft und durchgeschuftet hast. Die Wunden, die Du in diesem schweren Krieg erhalten hast, sollen mit Gottes Hilfe ausheilen. Du sollst gesund werden.
In großer Liebe küßt Dich Dein alter treuer Freund

Imre.

Diesen und viele andere Briefe von ihm hütete ich mehr als mein Leben. Ich fühlte mich sehr allein und überlegte, was ich nun beginnen sollte. Mich mehr denn je in Vergnügungen stürzen? Es widerstrebte mir vollkommen. Ich beriet mich mit Imre – ja, es war so, als hätte ich ihn noch bei mir und hörte seinen Rat: »Mache dir eine Aufgabe, es gibt genug zu tun!«
Und ich tat es! Ich schwor mir, für das Vermächtnis meines Mannes einzutreten bis an mein Ende. Seine Arbeit, seine Musik zu würdigen – und für sie zu leben.
Ich war bereit für diese neue Aufgabe, aber war ich ihr auch gewachsen? Es genügte nicht mehr, daß ich Partys veranstaltete, ich mußte eine Geschäftsfrau werden. Ich verpflichtete die Sekretärin, die bisher nur jeden zweiten Tag einige Stunden gekommen war, nun ganztägig für uns zu arbeiten. Ich las noch einmal die letzten Briefe Imres. Er hatte so viele und bei jeder Gelegenheit an mich geschrieben, und ich habe sie wie meinen Augapfel gehütet. Nun legte ich sie ab – welch häßliches Wort! Aber ich konnte mir nicht leisten, immer wieder in der Vergangenheit zu leben. Ich mußte an die Zukunft denken.
Es kam ein Anruf vom Bayerischen Rundfunk. Alfred Schröter wollte »Arizona-Lady« wieder senden. Ob ich bereit sei, einen Einführungsvortrag zu halten? Ich müßte nach München kommen. Ich sagte zu. Das kannte ich schon vom amerikanischen Fernsehen.

Wieder in Deutschland – organisierte ich ein Wohltätigkeitskonzert mit Musik von Imre im Kurhaussaal von Baden-Baden. Mitwirkende an diesem Abend war die Sängerin Sari Barabas, die an der Münchner Oper verpflichtet war, und später im Münchener Gärtnerplatz-Theater elf Jahre lang immer wieder in Operetten von Kálmán auftrat. Sie war die Czardaszfürstin und die Gräfin Mariza. Beide Rollen spielte sie später auch in Berlin – und sie wurde eine gute Freundin.
Erstes Ergebnis meiner Aktivitäten: die Boulevardpresse begann, sich mit mir zu beschäftigen. Ich mußte da Erstaunliches lesen, unter anderem, daß ich sehr schnell wieder heiraten würde. – Sicher war ich noch zu jung, um allein zu sein, aber genau das wollte ich. Außerdem hatte mich niemand gefragt, ob ich seine Frau werden wollte.
Noch ging ich, mehr als ein Jahr nach Imres Tod, in Schwarz, und es war Charly, der mich überredete, die Trauerkleidung abzulegen.
Eine andere Pressenachricht besagte, daß ich ungeheuer reich sei. Nun, Imre hatte eine Menge hinterlassen, und da er etwas von der Börse verstand, waren es gute Papiere, die sich in seinem Nachlaß fanden. Aber ich war nun nicht gerade eine der reichsten Frauen der Welt, wie die Boulevardpresse immer wieder verkündete. Damals schockierten mich solche Nachrichten, – heute kann ich darüber nur noch lächeln.
Ich mußte und wollte arbeiten. Aber ich mußte das Geschäft, das ich leiten sollte, überhaupt erst kennenlernen, mußte mich mit Theaterdirektoren und Verlegern anfreunden und mit Persönlichkeiten des Fernsehens und des Rundfunks.
Vorläufig blieb ich in Paris. Charly war wieder nach Amerika zurückgegangen, Ivonka hatte ich in einem Internat im schweizerischen Neuchatel untergebracht. Und Lily? Sie lebte mit ihrem Mann wieder in Paris. Sie kam nun oft zu mir, und immer, um sich über Alain zu beklagen. Jedesmal merkte

ich, daß sie Alkohol getrunken hatte. Ich sagte es ihr auf den Kopf zu, und sie sagte nicht nein. Ich beschwor sie:
»Lilytschka! Du wirst dich damit zugrunderichten.«
Sie sagte, der Alkohol sei das einzige Band zwischen ihr und ihrem Mann. Und sonst? Der Haushalt interessierte sie nicht. Aber immerhin hatte sie ein Talent: Sie konnte hübsche Texte schreiben, und Charly vertonte sie dann. Und so kam eine ausgezeichnete Revue zustande mit dem Titel »Bon Voyage«, eher ein Musical als eine Revue. Sie wurde nachher in Frankfurt aufgeführt.
Lily hatte auch viel Talent zum Malen. Ich war froh, daß sie Beschäftigung hatte. Ich hatte Angst um ihre Gesundheit. Sie war überschlank und machte trotzdem noch Abmagerungskuren. Hin und wieder ging sie auf Einkaufstour und gab viele Tausende aus, aber sie zog die Kleider gar nicht an. Sie hatte keine Gelegenheit dazu, denn sie ging nur noch selten mit ihrem Mann aus.
Einmal sprach sie davon, wie gerne sie eine Familie hätte und ein einfaches Leben führen würde. Aber was hatte sie? Sie hatte jedenfalls kein Zuhause. Sie tat immer wieder alles, um sich zu betäuben. Das Leben, das sie führte, das sie führen mußte, paßte wohl nicht zu ihrem Charakter. Und da der Name Alain immer wieder fiel, riet ich ihr:
»Trenn dich doch von ihm!«
Das wollte sie auch gelegentlich, aber dann entschied sie sich doch, bei ihm zu bleiben.
Nach langer Zeit gab ich wieder einmal eine kleine Gesellschaft. Es war an einem wunderschönen Sommertag im Mai 1954, als mich am Vormittag unser lieber Freund Boni mit seiner neuen Frau, der rassigen Paulette Goddard, überraschte. Paulette war vorher mit Charly Chaplin verheiratet gewesen. Remarque lud mich zum Essen ein, da ich aber selber Gäste erwartete, bat ich sie zu bleiben.

Bald hatte sich in meinem kleinen blumenreichen Garten alles versammelt. Domenica Walter kam mit Tonia Derval, der Witwe des Mannes, der mich als junges Mädchen als Figurantin mit dem Weintraubenkleid in den Folies Bergère untergebracht hatte. Sie führte, obwohl siebzigjährig, das große Revuetheater jetzt allein. Sie war außerordentlich gescheit und resolut. Das war auch notwendig, denn so eine Revue ist wie ein Bienenhaufen. Wir wurden Freundinnen.
Und es kam natürlich Josef Paul-Boncour. Er kannte die meisten, Paulette aber noch nicht. Sie war sehr extravagant und trug keine Strümpfe, was damals ganz außergewöhnlich war, ja fast frivol. Sie saß gerade auf der kleinen Treppe, die zum Haus führte, als ich ihr Paul-Boncour vorstellte. Sehr amerikanisch sagte sie nur: »Hallo.«
Er reagierte charmant:
»Madame, wir sind in Frankreich, in Paris. Wenn wir eine so schöne Frau sehen, küssen wir ihr nicht nur die Hand, sondern alles!«
Dabei nahm er ihr nacktes Füßchen und küßte es.
Es kamen noch viele andere, vor allem mein Freund André Marie, der Ministerpräsident von Frankreich war. Mme Derval hatte einen Freund mitgebracht. Er hieß Axel Berger. Nachdem sie uns bekannt gemacht hatte, flüsterte sie mir im geeigneten Augenblick zu: »Den sieh dir genau an, das wäre ein guter Ehemann für dich!«
Sie gab dazu die Erläuterung, daß er der beste Freund des Präsidenten Aleman von Mexiko und der größte Ex- und Importeur zwischen Frankreich und Mexiko wäre. Kein armer Mann also!
Wir befreundeten uns sehr. Er war glatzköpfig, hatte einen umfangreichen Bauch und kaute zwischen seinen Zähnen ohne Unterlaß auf einer Zigarre herum, die er auch nicht aus dem Mund nahm, als er mir einen Heiratsantrag machte.

Ich sagte: »Non!«
Das Lachen mußte ich mir verbeißen, denn wenn ich ihn so ansah, erinnerte er mich an einen Ausspruch von Ida Wüst – zu ihrer großen Zeit die charmanteste Salondame des Berliner Theaters. Sie hatte mir einmal einen guten Rat geben wollen:
»Wenn du mal mit einem Mann etwas vorhast, in den du nicht verliebt bist, dann trinke heimlich eine kleine Flasche Sekt. Danach aber schnell ins Bett, bevor die Wirkung vorbei ist!«
Er heiratete sehr bald die bekannte Filmschauspielerin Maria Felix. Für meine Tochter Lily hatte Berger väterliche Gefühle und beschenkte sie mit den schönsten und kostbarsten Puppen.
Als ich eines Tages mit einem meiner besten Freunde, dem fabelhaft aussehenden und wahren Gentleman Henri Radiguer zur Rennbahn Longchamps fuhr, gleitete lautlos ein herrlicher Rolls Royce an uns vorüber – vorn der Chauffeur in Livree und weißen Handschuhen, hinten Maria Felix und Berger. Ich saß mit Henri in seinem soliden Citroën und kam mir im Augenblick doch etwas komisch vor. Henri, selbst ein großer Pferdeliebhaber, erzählte mir noch, daß Berger und Maria Felix vierzig Rennpferde laufen hatten, darunter viele Favoriten.
Ich sah bald den, bald jenen, ging aus oder blieb zuhause. Ich lebte, wie man in Paris sagt, à la carte, aber mir fehlte der Mittelpunkt des Lebens, der Imre gewesen war. Amüsant war, wie meine Freundinnen mich immer wieder unter die Haube bringen wollten. Anwärter fanden sich ja genug. Aber Schwester Irmgard, die mich auf allen meinen Wegen begleitete, hatte mir einmal gesagt:
»Madame, wenn Sie nicht im ersten Jahr Ihrer Witwenschaft heiraten, werden Sie es niemals mehr tun!«
Und dann bekam ich wirklich einen Heiratsantrag, der gar nicht so uninteressant war. Ich hatte dringend von Paris nach

New York fliegen müssen, nachdem ich plötzlich feststellen mußte, daß mein amerikanischer Paß nur noch vier Tage Gültigkeit besaß. Aus Gründen, die mir längst entfallen sind, hatte sich das amerikanische Konsulat in Paris geweigert, mir einen neuen auszustellen.
In New York wohnte ich bei der schönen Prinzessin Marta von Habsburg-Bourbon und ihrem Mann, dem Erzherzog Franz Joseph, die seit vielen Jahren zu meinen engsten Freunden gehörten. Es handelte sich ja nur um ein paar Tage.
Die Habsburgs hatten einen weiteren Hausgast, Michael Francis Doyle, einen älteren, aber sehr sportlich wirkenden Mann, prominenter Anwalt und, wie mir Marta zuflüsterte: »irre reich«.
Ich sprach mit ihm wegen meines Passes und er beruhigte mich:
»Das kann ich wohl schnell regeln.«
Was ich nicht wußte, aber sehr bald erfuhr: er hatte großen Einfluß in Washington. Er war nicht nur ein Verbindungsmann zum Präsidenten, er war einer der Männer, die die Eisenhower-Wahl arrangiert hatten. Jetzt hatte er offizielle Aufgaben beim Vatikan zu erledigen. Daß er so »irre reich« war, bezweifelte ich vorerst, denn als er mich an einem der ersten Abende von einer Party, die Freunde der Habsburgs gaben, nachhause brachte – ich war todmüde, – schlug er vor, daß wir noch einen Drink nähmen. Er bestellte nicht etwa Champagner oder zumindest Whisky, sondern Mineralwasser, und wollte mich tatsächlich mit dem Bus nachhause bringen. Erst auf mein Zureden nahm er ein Taxi. Er schien mir mehr als merkwürdig.
Und was ich ebenfalls nicht wußte, aber sehr bald feststellte: Michael Doyle hatte sich Hals über Kopf in mich verliebt. Um es mir zu beweisen, ließ er alle seine Beziehungen spielen, – und zwei Tage später hatte ich meinen verlängerten Paß zu-

rück. Zugleich einen Heiratsantrag! Nun, ich mochte Doyle, aber heiraten? Ich war nicht einmal verliebt in ihn, nicht ein bißchen!

Ich flog also mit meinem Paß nach Paris zurück. Doyle schrieb oft und rief sogar an, erstaunlich bei seiner Sparsamkeit. Er kam nach Paris, er kam nach Zürich, wo ich einige Zeit lebte. Er erklärte, er wolle sich verloben. Er kaufte Verlobungsringe. Er folgte mir nach Berlin, wo gerade Filmfestspiele stattfanden und – in der Deutschland-Halle – die »Csardasfürstin« wieder einmal herauskam. Generaldirektor Orthmann gab aus diesem Anlaß einen großen Presseempfang im Hotel Hilton, in dem ich wohnte.

Michael nahm daran teil. Meine Berliner Freundin Margarete Zander, die damals Pressechefin der CCC Filmgesellschaft war, saß neben ihm und sie verhinderte eine große Peinlichkeit. Denn Michael sagte ihr plötzlich, daß er jetzt die Verlobung mit mir verkünden würde.

Margarete konnte ihn nur mit Mühe davon abhalten und flüsterte ihm zu:

»Das ist ein schlechter Augenblick. Es ist doch ein Presseempfang für Emmerich Kálmán, und Vera hat gerade eine Rede über sein Werk und Leben gehalten. Da kann man doch nicht die Verlobung mit der Witwe verkünden!«

Er ließ sich gerade noch zurückhalten, obwohl er es nicht recht verstand.

Seltsamerweise war Schwester Irmgard dafür, daß ich Doyle heiratete. Sie meinte, ich sei lange genug Witwe gewesen. Ich dachte aber daran, daß ich Imre einmal versprochen hatte, immer seinen Namen zu tragen. Als hätte die Schwester meine Gedanken erraten.

»Meister Kálmán hätte das sicher gebilligt!« erklärte sie.

Aber ich sagte Doyle nun doch, daß ich ihn zwar mochte und als Freund schätzte, aber nicht zu heiraten beabsichtigte, weder ihn noch einen anderen. Es machte ihn traurig. Er schlug mir vor, es zu überdenken. Er müsse jetzt nach Rom. Und ob ich nicht Lust hätte, vom Papst in einer Privataudienz empfangen zu werden. Natürlich hatte ich nicht nur Lust, sondern empfand es als große Ehre.

Castell Gandolfo ist der Sommersitz des Papstes. Auf dem Platz davor stand Bude an Bude und bot Erinnerungsstücke an. Es ging zu wie auf einem Markt. Man hörte alle Sprachen der Welt. Die Frauen waren schwarz gekleidet und trugen schwarze Schleier auf dem Kopf. Auch die Männer waren dunkel angezogen.

In Gruppen von 20 bis 30 Menschen empfing der Papst die Gläubigen, die oft von weither gekommen waren. Der Papst sprach jeden in seiner Sprache an. So erhielten die Menschen einen ganz persönlichen Kontakt zu ihm und beglückt durch den Segen des Papstes gingen sie fort, zurück in ihre Welt, in ihren Alltag.

Wir wurden in einen kleinen Saal geführt. Während es draußen laut und lärmend gewesen war, strahlte dieser Raum soviel feierliche Stille aus, daß man sich ganz auf die außergewöhnliche Begegnung mit dem Heiligen Vater konzentrieren konnte.

Johannes XXIII. kam uns so freundlich entgegen, als sei er ein guter, alter Freund. Nach kurzer Unterhaltung mit Michael und Fragen an mich, ob ich zum ersten Mal in Rom wäre, und ob ich an der großen Messe im Sankt Peters Dom teilgenommen hatte, erwiderte ich, wie dankbar ich wäre, den Segen vom Heiligen Vater persönlich entgegen nehmen zu dürfen. Wir knieten vor ihm nieder, und er segnete uns.

Das Problem Doyle löste sich von selbst. Er starb wenige Wochen später. Den Zeitungen entnahm ich, daß Marta recht gehabt hatte. Er war ein enorm reicher Mann gewesen. Sein Vermögen erbte der Vatikan in Rom. Marta sagte später zu

mir, es sei doch dumm von mir gewesen, nicht in die Heirat zu willigen, das viele Geld ...
Ich sagte:
»Marta, ich fühle mich wohler so.«
Ich war damals viel auf Reisen. Von Arthur Brauner, einem reizenden und äußerst fähigen Filmproduzenten, war ich nach Berlin eingeladen worden, um den Filmaufnahmen zu dem Film »Der Csardaskönig«, der das Leben meines Mannes zeigte, beizuwohnen. Brauner empfing mich äußerst charmant in seinem bescheidenen Büro und fragte mich:
»Möchten Sie etwas trinken, gnädige Frau, einen Kaffee oder eine Coca-Cola?«
Ich dankte, ich wollte nichts. Während wir über die Besetzung des Films sprechen, hören wir die Stimme von Hans Albers und da steht er auch schon vor uns. Strahlend, in glänzendster Laune. Wir liegen uns in den Armen. Er drückt mich so fest an sich, daß ich keine Luft mehr bekomme.
»Veruschka, wie kommst du denn in diese Höhle des Löwen?«
Wir kennen uns seit vielen Jahren. Hans war mit seiner Lebensgefährtin Hansi Burg sehr oft bei uns in Ischl gewesen. Vor dem Krieg hatte er im Berliner Admiralspalast die Rolle des Boni in der »Csardasfürstin« gespielt, die ganz für ihn umgearbeitet worden war. Er erinnert mich daran, wie ich nach einer Probe bei ihm in der Garderobe war und er mich verleitet hatte, seinen geliebten Cognac mit ihm zu trinken. Imre war unterdessen bei Direktor Haller zu einer Besprechung. Wir tranken einen nach dem anderen und Albers, der wahre Münchhausen, erfand köstliche Geschichten und wir wurden immer vergnügter und beschwipster, bis mir auf einmal ganz schwindlig wurde. Otto-Otto, wie er scherzhaft von allen genannt wurde, rannte, holte eine Waschschüssel herbei und sagte mir:

»Steck' den Finger in den Hals und kotze, damit du weiter mit mir saufen kannst!«

Es machte Albers einen Heidenspaß, diese Geschichte zu erzählen. Brauner hatte amüsiert zugehört, dann fragte er Albers:

»Darf ich Ihnen etwas anbieten? Einen Kaffee oder eine Cola?«

Albers schaut ihn mit seinen großen blauen Augen verschmitzt an, blickt auf seine Armbanduhr und sagt:

»Fünf Uhr – da trinke ich gern eine Flasche Champagner!«

Brauner ist erschrocken – Albers belustigt es, denn er weiß von der berühmten Sparsamkeit Brauners.

»Französischen Champagner wollen Sie trinken?« fragt Brauner.

Albers lacht:

»Ja, Champagner!«

Brauner greift zum Telefon und spricht mit der Kantine.

»Was kostet eine Flasche Champagner? Was sagen Sie – vierzig Mark?«

Zu Albers gewandt:

»Und Sie wollen Champagner trinken?«

Albers nickt bejahend. Brauner ins Telefon:

»Bringen Sie eine Flasche Champagner.«

Zu Albers:

»Vollkommen rausgeschmissenes Geld!«

Otto-Otto lacht schallend:

»Die Flasche ist ihm zu teuer, aber eine Mordsgage hat er mir angeboten.«

»Die sind Sie mir auch wert für Ihre große Rolle in der Verfilmung des ›Sonnenuntergang‹«, sagt Brauner überzeugt.

Albers, der große Junge, versteht sich mit Brauner glänzend, denn wenn er auch einer der bedeutendsten Filmproduzenten geworden ist, so war er im Grunde auch immer der große

Junge geblieben, dem es einfach Spaß machte, seine Sparsamkeit im Kleinen auf die Spitze zu treiben. Für seine Produktionen gab er Millionen aus.

Seine entzückende Frau Maria, die mit beiden Beinen auf dem Boden steht, weiß davon ein Lied zu singen. Ihr einen teuren Pelzmantel oder ein Schmuckstück zu schenken, macht er mit Grandezza – aber wehe, wenn sie Geld für ein Paar Strümpfe brauchte.

»Er gefällt sich in dieser Nummer«, sagt Maria, »ich sehe schon zu, wo ich bleibe!«

Sie lacht ihr hinreißendes Lachen, das so jung und unbeschwert ist. Sie weiß ihren Atze, wie er überall dank seiner Popularität genannt wird, zu nehmen.

Maria hatte ich noch am selben Abend kennengelernt. Und ich muß sagen – lieben gelernt. Sie ist ein wunderbares Gemisch von einer Frau. Damit sage ich für alle, die sie kennen, nichts Neues. Sie ist eine der meistgeliebten Menschen, denen ich je begegnet bin und das dank ihrer wahren Qualitäten. Außerdem ist sie bildhübsch. Artur und Maria gehören zu meinen allerliebsten Freunden.

In der Hotelhalle vom Kempinski liefen wir uns geradezu in die Arme – Curd Jürgens und ich. Große Freude beiderseits über das zufällige Treffen und Grund genug in der Bar einen Drink zu nehmen. Curd wie immer charmant und der große Kavalier.

Von Berlin aus fuhr ich mit Schwester Irmgard nach Monte Carlo zu einer guten, alten Freundin, die mich schon so oft eingeladen hatte – Lilian Marischka war sehr glücklich, daß ich nun endlich einmal zu ihr kam. Sie war die Tochter des Direktors des Theaters an der Wien, wo alle Kálmán-Operetten uraufgeführt worden waren. Sie war ein schönes, junges Mädchen gewesen, das sich sehr bald in den Tenor Hubert Marischka verliebte, der, wohl nicht zuletzt, weil er sie heira-

tete, die Nachfolge ihres Vaters als Direktor antrat, Lilian war also sozusagen mittendrin im Showgeschäft.
Aber die Ehe hielt nicht. Nach der Scheidung Heirat mit einem Mann, von dem sie später sagte, daß er »nur für mich« da war, dem chilenischen Botschafter Martin Figueroa in Wien. Der war nun auch inzwischen gestorben, und sie lebte völlig zurückgezogen in Monte Carlo. Ich empfand es als wohltuend, mit Lilian ein paar ruhige Tage und Abende zu verbringen und mich etwas von meinen geschäftlichen Tätigkeiten auszuruhen. Auf die Dauer aber wurde es langweilig – und nur der Abwechslung wegen lud ich Lilian zum Diner im Hotel de Paris ein. Zuerst nahmen wir einen Drink an der Bar, was nun wieder für Lilian langweilig war, da sie ihren kleinen, dicken Mops, Cellito genannt, an der Garderobe hatte abgeben müssen. Sie war schlecht gelaunt:
»Cellito ist es nicht gewöhnt, daß ich in einer Bar sitze.«
Ich hörte kaum hin, denn ich hatte am Nebentisch eine faszinierende Frau entdeckt, ungewöhnlich schön, zart, geradezu ätherisch.
Ich sagte:
»Ich wüßte zu gerne, wer die Dame da drüben ist.«
Lilian antwortete unlustig: »Wohl eine von den Nutten, die hier verkehren!«
Der Herr, der mit ihr am Tisch saß, wurde zum Telefon gerufen – Signor Zefferelli.
Lilian sagte: »Zefferelli. Einen Filmregisseur dieses Namens kenne ich ...«
Als Zefferelli von seinem Telefongespräch zurückkam und an unserem Tisch vorüberging, grüßte er Lilian höflich. Ich sprach ihn sofort an: »Bestellen Sie bitte der dunkelhaarigen Dame an Ihrem Tisch, daß ich sie ganz bezaubernd finde und gern kennenlernen würde.«
Er lachte liebenswürdig. »Das können Sie haben, Madame,

denn auch Valentina möchte gern wissen, wer Sie sind.« Kaum war Zefferelli wieder an seinem Tisch, da erhob die Dame ihr Glas und wir tranken uns lachend zu.
Lilian wurde böse. »Es ist Zeit, essen zu gehen.«
»Noch ein kleines Weilchen.« Da kam auch schon die entzückende Frau, Valentina, wie Zefferelli sie genannt hatte, an unseren Tisch. Lilian hatte sich noch einen doppelten Martini bestellt und goß ihn hinunter. Sie schaute betont in die andere Richtung.
So lernte ich Valentina Cortese kennen, eine berühmte Schauspielerin, damals schon, im Film und auf der Bühne – aber das wußte ich nicht so recht.
Ich sollte am übernächsten Tag wieder abfahren, und am nächsten Abend hatte Lilian eine Abschiedsparty für mich arrangiert. Ich sagte Valentina, wer ich bin und stellte ihr auch Lilian vor und bat sie und ihre Freunde, doch auch zu kommen.
Die Party wurde eher langweilig. Lauter feine, allerdings schon nicht mehr ganz junge Leute, Freunde Lilians, mit denen ich wenig anzufangen wußte. Erst eine Stunde später erschien Valentina und brachte eine Freundin mit. Sie trug ein wunderschönes Gewand – Kleid kann man das gar nicht nennen – irgendwie ganz ungewöhnlich. Um den Kopf hatte sie einen langen Schal geschlungen. Sie kam in den Salon, und die alten Herrschaften dort waren wie verwandelt. Die Herren sprangen auf, die alten Damen jubelten, selbst einige von ihnen hatten sich erhoben, um die Ankommende zu begrüßen. Ich war erstaunt, denn ich wußte ja damals noch nicht, wer sie war. Neben mir schien Lilian die einzige im Raum zu sein, die nichts von Valentina Cortese wußte, deren neuester Film »Trotzki« mit Richard Burton gerade angelaufen war.
Lilian genierte sich nun doch ein wenig ob ihrer Unwissenheit und der Vermutung, die Cortese sei gar eine Nutte.

Die Cortese und ich verabredeten, uns bald einmal irgendwo wiederzusehen, vielleicht in Mailand, wo sie ein kleines Haus besaß.

Nachts im Bett dachte ich über das alles nach – besonders über Lilian. Da war nun dieses ehemals schöne und begehrenswerte Mädchen, die junge Frau, die in Theaterkreisen aufgewachsen war. Und jetzt wußte sie nichts, nicht einmal, was doch wohl alle ihre älteren Gäste wußten, wer die Cortese war. Sie war alt geworden. Sie war zu alt geworden. Das kam wohl davon, wenn man sich irgendwo verkroch. Ich schwor mir, ich würde nicht alt werden, ich würde mich nicht verkriechen. Ich würde überall mit dabei sein, wo man mich haben wollte.

Valentina wollte mich haben. Sie steckte in einer seelischen Krise. Der Regisseur Giorgio Strehler, mit dem sie achtzehn Jahre gelebt hatte, hatte sich von ihr getrennt, um einer Jüngeren willen, und, wie sie offen eingestand »um einer Schöneren willen«. Sie arbeiteten freilich noch weiter zusammen. Strehler ist einer der größten Regisseure und Valentina hatte ihm ihre Karriere zu verdanken. Er hatte ihr eigenartiges Talent entdeckt und sie zu einer großen Schauspielerin gemacht. Das Arbeiten mit ihm kostete Nerven. Proben begannen bei ihm nicht vor zehn Uhr nachts und endeten meist erst gegen Morgen. Seine Künstler und seine technische Belegschaft machten ohne zu murren mit – er war immer ein Besessener und steckte alle damit an – das Ergebnis waren immer außerordentliche, herrliche Aufführungen.

In jungen Jahren war Valentina in Amerika mit dem bekannten Filmschauspieler Baseheart verheiratet gewesen. Ihren Sohn aus dieser Ehe, Jacky, habe ich jetzt unter meine Fittiche genommen. Er ist ein bildschöner, junger Mann mit einer wunderbaren Stimme. Ich hoffe sehr, daß er Karriere machen wird.

Ich blieb nur ein paar Tage bei Valentina in Mailand, dann mußte ich nach Paris zurück. Yvonka hatte mir einen Brandbrief geschrieben. Sie wollte heiraten.
Ich rief sofort an.
»Wer ist es? Du bist doch im Internat! Was soll das alles bedeuten? Wie kommst du nach Paris?«
»Komm her, und du wirst alles erfahren!«
In Paris erfuhr ich alles, alles. Yvonka war mit anderen Schülerinnen von Neuchâtel aus im Berner Stadttheater gewesen, wo man die »Gräfin Mariza« spielte. Die Rolle des Zcupan hatte ein gewisser Peter Garden, der nicht nur in Bern gefragt war, sondern auch in Deutschland, an Operettentheatern versteht sich. Yvonka hatte sich Hals über Kopf in ihn verliebt und ich hörte immer nur das Wort Liebe, Liebe, Liebe – ich mußte lächeln.
Wie erinnerte mich das an damals, als meine Freundin Mausi uns so vorschwärmte von ihrer ersten Liebe und die kluge Mutter Lehmann sehr trocken reagierte:
»Ick höre immer Liebe!«
Yvonka war so verliebt in Peter, daß sie sogar etwas für ihn strickte. Sie muß wohl eigens zu diesem Zweck stricken gelernt haben.
Ich zögerte.
»Ich könnte ihn mir ja eigentlich einmal ansehen . . .«
»Laß mich ihn heiraten, bitte, Mutti! Er liebt mich auch so sehr! Und übrigens will ich nicht mehr in die Schule zurück!«
Es ging alles so schnell, und wie ich heute weiß, wie ich eigentlich schon bald wußte, zu schnell. Die Hochzeit fand im kleinen Kreis statt. Da Peter gerade einen Film drehte »I A in Oberbayern«, feierten wir dort, wo er Außenaufnahmen machte. In Feldafing, einem Vorort von München, im Kaiserin Elisabeth Hotel. Frau Pervich kochte natürlich wieder einmal. Trauzeugen auf dem Standesamt in Feldafing waren

Olga Tschechowa, eine langjährige Freundin, ein Schweizer Freund, der Yvonka kannte, seitdem sie zum ersten Mal in die Schweiz gekommen war, also fast noch als Baby. Und jetzt war sie glückliche sechzehn Jahre alt, aber sie sah weiß Gott nicht aus, wie eine zukünftige Ehefrau. Wir saßen also da und warteten auf den Bräutigam, aber der kam und kam nicht. Wir bekamen Angst. Was war geschehen? Der Bürgermeister, der zugleich der Standesbeamte war, zeigte ebenfalls Nervosität. Vermutlich dachte er, der Bräutigam habe sich gedrückt.

Aber schließlich erschien Peter. Er war völlig fertig. Er hatte einen Unfall gebaut mit dem Wagen, den ich den beiden zur Hochzeit geschenkt hatte. Seine Mutter, die mit ihm im Wagen gesessen hatte, mußte ins Krankenhaus gebracht werden. Ein Taxi hatte ihn dann zum Standesamt gefahren, denn sein Wagen hatte abgeschleppt werden müssen.

Ich begann etwas grundlos zu lachen, es war alles irgendwie auch komisch.

Peter sah mich erstaunt an, ihn erstaunte eigentlich alles an diesem Tage. Und als der Standesbeamte ihn fragte, ob er Fräulein Yvonne Kálmán zur Frau nehmen wolle, hätte er beinahe »Nein« gesagt.

Es ging alles noch einmal gut, und wir feierten ein bißchen. Olga Tschechowa saß dabei, war schön, wie immer, lächelte majestätisch, aber ich wußte: Sie gab dieser Ehe wenig Chancen. Sie verstand viel von Menschen, und sie schätzte Peter wohl richtig ein. Nicht, daß er ein Mitgiftjäger gewesen wäre, die Initiative zu dieser Heirat ging ja von meiner Tochter aus. Aber um diese Zeit war der Junge sehr anziehend, viele Frauen machten ihm Avancen, und denen konnte er nicht immer widerstehen.

Yvonka war entschlossener als meine Tochter Lily. Als sie merkte, und das war sehr bald, daß mit ihrer Ehe nicht mehr alles stimmte, wollte sie sofort die Scheidung und bekam sie auch.

Eine Zeitlang schloß ich mich an Olga an. Sie war in jeder Beziehung bemerkenswert. Obwohl als Schauspielerin noch gefragt, wenn auch nicht mehr so wie früher, hatte sie eine eigene Filmgesellschaft aufgemacht und war mit Haut und Haaren pleite gegangen. Darüber konnte sie nur die Achseln zucken.

Sie hatte sich schon immer für Kosmetika interessiert, die aus Naturprodukten hergestellt wurde. Jetzt studierte sie das Fach und konnte bald eine Firma aufmachen, die diese Kosmetika produzierte. Sie hatte es nicht leicht, gewiß. Sie mußte nicht nur sich selbst ernähren, sondern über lange Strecken auch ihre Tochter Ada und deren Mann, der ein Assistenzarzt war und nicht viel mehr verdiente als mein Chauffeur. Dann noch eine Freundin, und noch die Schwester ihrer Mutter, die immer noch lebte und deren Tochter und einen alten gelähmten Freund, dann mußte schließlich die Wirtschafterin auch noch bezahlt werden. Aber Olga schaffte es. Der Kosmetiksalon wuchs. Zwischendurch machte sie immer wieder Tourneen, obwohl sie bald achtzig war, und ich begleitete sie oft durch die Städte und die Dörfer. Sie war immer guter Laune. »Ja, wir Russinnen!« rief sie aus, wenn wir nach der Vorstellung noch zusammen saßen, sie mit einem Wodka, ich meist nur mit einem Orangensaft.

Das Haus in Paris hatte ich natürlich längst aufgegeben, Charly war in Amerika, er hatte inzwischen geheiratet, Yvonka aus dem Haus, für mich und Schwester Irmgard war es zu groß. Ich nahm statt dessen eine Wohnung.

Nicht weit davon entfernt lebte wieder meine Mutter. Ja, sie war aus Amerika zurückgekehrt, aber nichts auf der Welt hätte sie bewogen, eine Wohnung zu mieten. Sie fand es »richtiger«, in einem Hotel zu leben. Fast täglich kam sie zu mir, wenn ich in Paris war, immer tipptopp angezogen, immer mit einem neuen und sehr schicken Hut. Sie blieb stundenlang, und in diesen Stunden kritisierte sie alles an meinem Leben, was daran zu kritisieren war. Was war eigentlich daran zu kritisieren? Ich fand mein Leben soweit in Ordnung. Sie war immerhin sechsmal verheiratet gewesen und war durch alle möglichen Tiefen und Untiefen des Lebens gegangen, und ich hätte ihr diesen oder jenen Fehler vorwerfen können. Aber ich hütete mich.

Sie hatte es schließlich aufgegeben, sich nach einem neuen Partner umzusehen. Dabei wirkte sie immer noch gepflegt und elegant, aber sie war doch schon ziemlich alt geworden, wenn sie auch nicht so alt aussah, wie sie war. Sie liebte es, stundenlang allein in einem Boulevard-Café zu sitzen und die Vorübergehenden zu mustern. Manchmal wirkte sie auch müde. Sie fühlte sich so, – was sie mir aber nie zugab. Eine schleichende Krankheit hatte Besitz von ihr ergriffen.

Ich hatte gerade in London wegen eines Vertragsabschlusses zu tun und mich verpflichtet, zu der Premiere der »Csardasfürstin«, die ja in der Tat unsterblich schien, persönlich zu erscheinen und vorher und nachher der Presse gegenüber die Honneurs zu machen. Es war ein reiner Zufall, daß ich von London erst einmal nach Paris in meine Wohnung fuhr, ich hätte auch nach Berlin oder Wien, Stockholm oder Budapest fliegen können. In Paris hörte ich, ebenfalls durch einen Zufall, daß meine Mutter in das amerikanische Krankenhaus in Neuilly eingeliefert worden war. Ich eilte, ohne meine Koffer auszupacken, sofort zu ihr. Sie war in einem elenden Zustand. Ich brauchte die Ärzte gar nichts zu fragen, ihre Gesichter sprachen Bände.

Ich klammerte mich an den Gedanken, daß es vielleicht doch nicht so schlimm war. Ich ließ einen Arzt aus Berlin kommen und einen aus Zürich. Das alles kostete ein Heidengeld, aber

es handelte sich schließlich um meine Mutter. Und ich merkte erst jetzt, da ich sie verlieren sollte, wie sehr ich mein Leben lang an ihr gehangen hatte. Nun war sie fünfundachtzig.
Sie starb schmerzlos. Sie war noch eine Weile krank, wurde schwach und immer schwächer und schloß dann am 24. Oktober 1971 ganz einfach die Augen. Nun lag sie so friedlich da. Sie, die als Sonja Makinska geboren worden war, die sich, als es ihr besonders schlecht ging, in Paris und auch anderswo als Prinzessin Makinskaia ausgegeben hatte, immer neue Ehen eingegangen war und daher immer neue Namen getragen hatte, war nun wieder als einfache Sonja Makinska in Paris gestorben. Sie war so russisch, wie man nur sein konnte, und doch eine Weltbürgerin gewesen, offen und doch undurchsichtig, auch für ihre Kinder.
Kinder? Jawohl, bei ihrem Begräbnis tauchten nun sozusagen aus dem Halbdunkel eine Halbschwester und ein Halbbruder von mir auf. Mama hatte nie ein Wort davon gesagt, daß es sie überhaupt gab oder eine Enkelin, die nun auch erschien. Sie alle gaben ihr die letzte Ehre. Wollten sie erben? Wohl kaum, es gab ja nichts zu erben. Kálmán hatte meine Mutter zwischen ihren Ehen und auch nach ihrer letzten Ehe standesgemäß unterhalten. Sie mochte sich einiges von dem Geld gespart haben, was ihr zugekommen war, natürlich auch nach dem Tod Kálmáns. Das war auch alles.
Ich betrachtete die anderen nicht ohne Mißtrauen, und sie hatten wohl die gleichen Gefühle mir gegenüber. Waren wir wirklich miteinander verwandt? Wer konnte es bezeugen? Die einzige, die dazu imstande gewesen wäre, hat ihr Geheimnis mit ins Grab genommen.
Der Tag der Beerdigung fiel zusammen mit dem Tag der Premiere in London. Ich stand also am Grab meiner Mutter. Und als schon nach wenigen Minuten alles zu Ende war, raste ich auf den Ausgang zu, wo ein Taxi auf mich wartete. Flughafen

Orly. Flug nach London. Von dort ein Taxi ins Hotel. Dann ins Theater. Ich mußte nette Worte sagen vor der Vorstellung und vor allen Dingen nach der Vorstellung.

Erst viel später wurde mir das Makabre der Situation klar. Da hatte ich nun vor dem Sarg meiner Mutter gestanden, hatte gesehen, wie man ihn in die Erde ließ und neben mir und hinter mir meine sogenannten Verwandten, Fremde, alles fremd. Kein einziger Mensch, der mir die Hand hätte drücken können oder dessen Händedruck etwas besagt hätte.

Später, als ich wieder nach Paris kam, ordnete ich den Nachlaß. Ich stellte fest, daß noch Geld dagewesen war, aber jetzt fand es sich nicht mehr. Irgend jemand hatte es an sich genommen. Es waren noch die Kleider da, die ich einem wohltätigen Institut übergab sowie ein Nerzmantel und ein großer Brillantring, die schenkte ich beide einer Frau, die in der letzten Zeit viel mit meiner Mutter zusammen gewesen war. So hätte es wohl Mamatschka gewollt.

Moskau

»Bitte anschnallen!« tönte es aus dem Lautsprecher unserer Iljuschin-Maschine auf russisch. »Wir landen in wenigen Minuten auf dem internationalen Flughafen Sheremecjevo.«
Also Moskau. Also Rußland. Warum war ich eigentlich nicht früher nach Rußland gefahren? Für mich, die ständig irgendwohin fuhr, gab es da irgendeine Hemmung, irgendeine Angst, meine Erwartungen nicht erfüllt zu sehen. Aber hatte ich denn Erwartungen? Was hatte ich zu scheuen?
Und doch, – ich wäre nicht von mir aus gekommen. Es bedurfte des Anrufs meiner Freundin Dorothea aus Berlin. Ob ich nicht mit ihr und ihrem Mann in die UdSSR reisen wolle? Ich hatte spontan zugesagt.
Dorothea ... Das war Dorothea Schlösser, und ihr Mann hieß Wolfgang. Wir nannten ihn immer Wowo, und die beiden leiteten die Agentur Wolfgang-Schlösser, die russische Sänger und Musiker betreute und vermittelte. Sie vertrat sie für Westberlin, und er für die Bundesrepublik. Die Russen verlangten diesen kleinen Unterschied. Zu den Künstlern gehörte David Oistrach, Swatoslaw Richter, Rostropowitsch, um nur einige zu nennen. Und nun fuhren die Schlössers nach Rußland, weil es irgendwelche Schwierigkeiten mit den Behörden gegeben hatte. Sie hofften, diese Schwierigkeiten persönlich bereinigen zu können.
Ich sah aus dem Fenster. Ich sah verstreute Häuser in einer unendlichen Ebene. Rußland? Das hätte überall sein können. Dann Landung. Es dauerte endlos, bis wir durch die Kontrol-

len kamen. Die Beamten in Uniform ließen sich alle Zeit der Welt. Ich wollte etwas sagen, aber die warnenden Blicke meiner Freunde hielten mich zurück. Wir wurden in ein kleines Wartezimmer gewiesen, das den Intourist-Reisenden, also den Bevorzugten, reserviert war. Ich wollte von dem Intourist-Mann, der am Schreibtisch saß und von uns keine Notiz nahm, wissen, wo wir wohnen würden. Ich hatte, als ich um die Einreisegenehmigung nachsuchte, gebeten, im Hotel National wohnen zu dürfen. Ich fragte ihn, ob das in Ordnung gehe, und fügte hinzu, daß ich die Witwe Emmerich Kálmáns sei. Das machte nicht den geringsten Eindruck. Mehr Eindruck machte vielleicht, daß ich russisch sprach. Das waren die Intourist-Leute von Touristen nicht gewohnt.
Und dann kamen wir doch ins National, das alte Haus unweit des Roten Platzes, das noch unter dem Zaren erbaut worden war. Ziemlich altmodisch, aber noch mit einer gewißen Pracht. Obwohl es ein Touristenhotel war, konnte keiner der Angestellten eine andere Sprache sprechen als russisch. Das war übrigens, wie ich später erfahren sollte, überall so.
Wir waren müde, aber wir konnten uns nicht ausruhen, denn wir mußten noch am selben Abend in ein Konzert, das, wie Dorothea versicherte, wichtig war. Sie hatte es ja arrangiert. Es handelte sich um die Berliner Philharmoniker unter Herbert von Karajan, die im Tschaikowski-Konservatorium auftreten sollten.
Starker Beifall, als Karajan das Podium betrat. Er brachte als erstes die »Pastorale« von Beethoven. Ich sah mich in dem überfüllten Saal um. Die Russen hier wirkten ganz anders als Konzertbesucher in Westeuropa und Amerika. Sie waren sehr einfach gekleidet und hatten müde und angestrengte Gesichter. Sie waren aus den Fabriken und Büros direkt hierher gekommen. Aber sie lauschten der Musik mit Hingabe, das konnte man sehen, das konnte man auch fühlen. Gelegent-

lich, zwischen den Sätzen, gab es ein paar geflüsterte Worte zum Nachbarn. Eine Frau hatte Tränen in den Augen. Ein schon älterer Mann saß da, als sähe er nichts von dem, was um ihn herum geschah.

Während der Pause promenierten wir ein wenig. Der erste Eindruck verstärkte sich. Die meisten Menschen waren eher ärmlich gekleidet. Einige Uniformen, ganz wenig dunkle Anzüge, die Frauen meist in Rock und Bluse, nur selten ein Kleid, nirgends ein Abendkleid. Die jungen Besucher trugen Jeans und Pullis, und viele von ihnen weiße Tennisschuhe. Sie waren wie ausgewechselt. Sie redeten alle, wie mir schien, ununterbrochen. Ich kam mir vor wie eine Touristin in Italien, ich bestaunte alles, als sei es mir neu, und es war mir ja neu, obwohl, was ich mir immer wieder sagte, dies meine Heimat war. Auch wenn ich an diese Heimat nicht die geringste Erinnerung mehr hatte.

Nach der Pause dirigierte Karajan die Zehnte Symphonie von Dimitrij Schostakowitsch. Es war, wie Dorothea mir versicherte, die Uraufführung. Als die letzten Töne verklungen waren und der Beifall einsetzte, stand ein älterer Herr von seinem Platz in der zweiten oder dritten Reihe auf. Karajan kam vom Podium herunter, eilte ihm entgegen, reichte ihm die Hände, half ihm aufs Podium und umarmte ihn. Die Philharmoniker erhoben sich und klopften auf ihre Instrumente. Das Publikum tobte noch mehr, denn der Mann war der Komponist Dimitrij Schostakowitsch. Alles drängte nach vorn, und man rief seinen Namen. Schostakowitsch wirkte verlegen, als nun auch Karajan ihm applaudierte.

Kaum nach Berlin zurückgekehrt, hatte Karajan erklärt: »Ich glaube sagen zu können, daß es das schönste Erlebnis für uns war, Dimitrij Schostakowitsch seine Zehnte Symphonie vorspielen zu dürfen. An dieser Symphonie habe ich mit dem Orchester sehr, sehr viel gearbeitet. Es hat mir immer vorgeschwebt, Schostakowitsch die Symphonie so vorzutragen, wie er es vielleicht geträumt oder nicht einmal geträumt hat. Es war sehr bewegend, wie er zum Schluß aufs Podium gekommen ist, und ich habe gespürt, daß er vor Erregung wirklich gezittert hat. Er ist ein Mensch, der fast scheu ist und nicht viel sagt, aber ich merkte, daß er sehr befriedigt war ...«

Dorothea bahnte sich den Weg ins Künstlerzimmer. Sie wurde von Karajan begrüßt, und ich wurde Karajan und Schostakowitsch vorgestellt. Ich umarmte und küßte den Komponisten – unter uns Russen ist das so üblich.

Der Raum füllte sich, einige Offiziere kamen herein und auch einige sehr gut gekleidete Herren. Sie waren, wie sich dann herausstellte, Funktionäre.

Es erschien auch eine große, schlanke, blonde Dame mit schönen blauen Augen, die ich bereits in Paris kennengelernt hatte: Jekaterina Alexejewna Furzewa, die Kultusministerin. Sie erinnerte sich meiner und sagte:

»Ja, ja, Madame Kálmán, die Witwe des Mannes, der bei uns so viel gespielt wird.«

In der Tat wurden, wie ich später erfuhr, im Augenblick nicht weniger als drei Operetten Kálmáns gleichzeitig in Moskau gespielt.

Die Furzewa lächelte.

»Wenn der Sowjetstaat Tantiemen zahlen würde, wären Sie die reichste Frau der Welt.«

Nun, das sicher nicht; aber warum zahlte eigentlich die Sowjetunion keine Tantiemen?

Die Furzewa stellte mir ihre Tochter vor, eine bildhübsche junge Dame, im Gegensatz zu allen anderen, sehr elegant. Ein Pariser Modell, wie ich sofort merkte. Irgendjemand machte den Vorschlag, man solle, nachdem Karajan und Schostakowitsch gegangen waren, irgendwo zusammenbleiben. Die kleine Nachfeier, zu der man uns einlud, fand in einem typisch russischen Nachtlokal statt. Es wurde viel Wodka getrunken, ein Balalaika-Spieler tat sein Bestes und bei dem Volkslied »Wipiem mi sa Veru Veru Doroguju . . .« – »Trinken wir auf Vera, Vera, unsere Liebe . . .« sangen sie alle mit. Und einer, schon völlig betrunken, warf sein Glas gegen die Wand, was im alten Rußland ein Spaß gewesen, aber jetzt in der Sowjetunion eher unüblich war. Ich sah die Leute an, wie sie sangen und lachten und im Takt der Musik mitklatschten. Es sind Kinder, dachte ich, im Grunde gutmütige Kinder. Sie haben sich wohl nie geändert. Oder doch? War die Heiterkeit, die sie zur Schau trugen, wirklich echt? Oder vielleicht ein bißchen gemacht?

Ich ging hinaus. Vor der Toilette saß eine uralte Frau. Ich wollte ihr nachher einen Rubel geben, aber sie lehnte entrüstet ab.

»Bei uns pinkelt man umsonst!« rief sie, obwohl sie nicht ahnen konnte, daß ich russisch verstand. »Im Westen müssen die Leute ja auch noch dafür bezahlen!«

Am nächsten Vormittag kam Dorothea zu mir. Frau Furzewa habe ihren Mann in der bewußten Angelegenheit zu sich bestellt. Ob ich nicht mitkommen und dolmetschen könnte? Ich war natürlich dazu bereit.

Wir fuhren mit der Untergrundbahn, von der die Russen glauben, sie sei die schönste und modernste der ganzen Welt. Ich kann dazu gar nichts sagen, ich bin keine Expertin für Untergrundbahnen. Das Kulturministerium war ein altes ehrwürdiges Gebäude mit unendlich langen Korridoren, wo der Boden knarrte, wenn man darüberging. Frau Furzewa ließ uns nicht lange warten. Sie begrüßte mich wie eine alte Freundin. Sie winkte Wowo zu, seine Angelegenheit werde bald besprochen werden, aber vor allem wollte sie alles mögliche von mir wissen. Ich mußte erzählen, wo ich lebte und wo ich gelebt hatte. Sie war interessiert zu hören, daß ich jedes Jahr nach Amerika flog; ich mußte ihr meine Wohnung in Paris beschreiben, meine Reisen nach Wien und nach Berlin. Zwischendurch kamen immer wieder Mitarbeiter herein, die Fragen an sie stellten, und im Hintergrund saß einer, der immerfort mitschrieb. Ich vermutete, er notierte auch, was wir besprachen. Das irritierte mich ein wenig, aber die Furzewa schien es gar nicht zu merken. Irgendwann im Verlauf des Vormittags wurde auch Wodka gereicht, und wir tranken auf die »Freundschaft«.

Ich weiß eigentlich selbst nicht, warum ich plötzlich über Tantiemen sprach. Keinesfalls wollte ich die reichste Frau der Welt werden. Gewiß, die UdSSR war damals noch nicht der Berner Konvention beigetreten, nach der sie verpflichtet gewesen wäre, Tantiemen zu zahlen. Aber in gewissen Fällen zahlte sie doch Tantiemen, zum Beispiel an Hemingway, wie mir Remarque erzählt hatte, der ebenfalls keine Tantiemen aus Rußland bekam und sich darüber furchtbar ärgerte.

»Wenn Kálmán so beliebt ist, könnt ihr doch was zahlen!« meinte ich.

»Das wird auch einmal kommen!« antwortete sie – und in der Tat, Jahre später kam es auch. »Im Augenblick können wir nichts tun, als Ihnen einen Zobelmantel schenken, wenn Ihnen das Spaß macht.«

Ich lächelte.

»Natürlich würde es mir Spaß machen.«

Übrigens: den Zobelmantel habe ich nie bekommen.

Dann wandte sie sich an Wowo. Es stellte sich heraus, daß sie ihn gar nicht bestellt hatte. Das hatte irgendeiner ihrer Beamten getan. Aber nun, da er schon einmal da war, sollte er seinen Fall darlegen. Er erklärte ihr, er habe jahrelang russische Künstler in Westdeutschland vertreten, und jetzt mache ihm ihr Ministerium Schwierigkeiten. Es könnte sich da doch nur um Mißverständnisse handeln. Die Künstler, das wisse er,

seien mit ihm durchaus zufrieden. Ich übersetzte alles, was er sagte.
Plötzlich erhob sich der Mann, der die ganze Zeit im Hintergrund gesessen und alles notiert hatte. Er sagte, übrigens so schnell, daß ich kaum mitkommen konnte, es habe in der Tat Mißverständnisse gegeben, und er halte sie für sehr schwerwiegende Mißverständnisse, wenn man sie überhaupt so nennen konnte.
Was er sagte, schien mir ziemlich fadenscheinig zu sein. Ich fand, Wowo solle sich nicht so leicht abspeisen lassen, und sagte es auch. Der Mann sah mich wütend an, aber Frau Furzewa blieb ganz ruhig und sagte schließlich zu ihrem Mitarbeiter:
»Ich glaube, wir sollten die Sache doch noch einmal überprüfen.«
Ich erhob mich, da ich es an der Zeit fand zu gehen. Die Furzewa sagte etwas zu ihrem Mitarbeiter, der mit seinen Notizen aufhörte und sich mit einer Verbeugung entfernte.
Sie war nun wie verwandelt und wurde plötzlich – privat. Anders ist es nicht zu nennen. In diesen Tagen würde eine wichtige Filmpremiere stattfinden, sagte sie. Man spiele das verfilmte Ballett »Schwanensee« mit Maja Plissitzkaja in der Hauptrolle. Die kannte ich übrigens von einem Gastspiel in Berlin her und freute mich, sie wiederzusehen, wenn auch vielleicht nur im Film.
Zum Abschied umarmte mich die Ministerin herzlich, küßte mich auf beide Wangen und sagte:
»Seien Sie eine gute Fee für unser Land, wenn Sie wieder in der westlichen Welt sind!«
Sie brachte uns bis zur Tür. Kaum hatte sich die Tür geschlossen, da ließ ich meiner Empörung freien Lauf.
»Dieses Schwein von einem Mitarbeiter wollte dich bei der Furzewa fertigmachen!«

Wowo preßte seine Hand auf meinen Mund.
»Veruschka, Justav hört mit, mach nicht kaputt, was du eben so gut gemacht hast!«
Ich mußte lachen. Mochten sie doch mithören! Aber ich war auch wieder froh, als wir auf der Straße standen.
Ich wollte ein Stück zu Fuß gehen, wollte Menschen sehen, vielleicht auch Läden. Und plötzlich stand vor mir der geliebte Freund Slawa Rostropowitsch, der bekannte Cellist. Ich war überglücklich, ihn wiederzusehen. Das letzte Mal hatten wir uns in Paris getroffen, und wir gingen in ein kleines Café, um uns zu unterhalten. Er wußte schon, daß ich in Moskau war. Die Furzewa hatte es ihm erzählt.
Ich:
»Du Lump, und du hast dich nicht bei mir gemeldet?«
»Spätestens übermorgen hätten wir uns bei der Filmpremiere getroffen!«
Ich wollte wissen, wie es Galina Vischnewskaja ging, der bekannten Opernsängerin, mit der er seit fast zwanzig Jahren glücklich verheiratet war, und was machten die beiden Töchter? Wann war er das letzte Mal im Westen gewesen? Die beiden dürfen nämlich fast jederzeit in den Westen – ein Ausnahmefall. Er gab auf alles Antwort. Galina sei grade erst aus New York zurückgekommen, wo sie an der Metropolitan gastiert habe. Vorher war sie in Paris aufgetreten. Den Töchtern gehe es gut.
Wie alt sie jetzt seien?
»Die eine ist zwölf, die andere vierzehn.«
Die Filmpremiere zwei Tage später war groß aufgezogen. Viel russische Prominenz gab es, höhere Funktionäre, – wie mir Slawa Rostropowitsch zuflüsterte, und auch ihre Namen, die ich schnell wieder vergaß.
Danach Empfang im Konzerthaus. Ich wurde an den Tisch der Furzewa dirigiert, die mit Mann und Tochter gekommen

war. Zuerst ging es förmlich zu, aber als dann einige Funktionäre gegangen waren, wurde es heiter. Viel Wodka, ein reichhaltiges kaltes Büffet mit Lachs und Kaviar. Irgendjemand hatte nicht gespart. Sie wollte wissen, ob ich mich schon ein wenig umgesehen hatte. Ja, ein wenig schon.
»Sie wissen vielleicht, daß es bei uns vor der großen Revolution viele Analphabeten gegeben hat. Heute werden Sie keinen mehr finden, auch nicht bei der Jugend.«
Die Tochter der Furzewa trug wieder ein sehr elegantes Kleid, ein Modell von Courège, hellblau. Dasselbe besaß ich in Dunkelblau. Ich fragte:
»Gibt es denn solche Sachen bei euch zu kaufen?«
Die Furzewa flüsterte mir zu:
»Das habe ich aus Paris mitgebracht. Aber bitte, vergessen Sie es schnell wieder.«
Offenbar mußte sich selbst eine Ministerin vorsehen. Später kam Rostropowitsch auf mich zu.
»Heute nachmittag habe ich Solschenizyn besucht. Du weißt, Alexander Solschenizyn.«
Natürlich wußte ich, wer Solschenizyn war. Ich hatte einige seiner Bücher mit Faszination gelesen. Ich wußte auch, daß er jetzt als Staatsfeind galt.
»Ist es nicht gefährlich, ihn zu besuchen?«
»Man weiß oben, daß er mein Freund ist. Und er wohnt ja auch in meiner Datscha. Es geht ihm übrigens alles in allem gar nicht so schlecht. Er leidet natürlich darunter, daß er in seinem Vaterland nicht publiziert werden darf. Kommunist war er nie, kann es auch jetzt nicht sein, kann auch nicht das billigen, was Kommunisten tun. Aber ein Patriot war er immer.«
Am nächsten Tag gingen wir in irgendein Restaurant. Da waren wir nun nicht mehr bevorzugte Gäste oder auch nicht Touristen, genossen kein Privileg. Wir mußten uns anstellen

wie andere auch. Es dauerte eine halbe Stunde, bis wir einen Tisch bekamen. Dann mußten wir noch eine halbe Stunde warten, bis der Kellner sich zu uns bemühte, und eine weitere halbe Stunde, bis das Essen kam, und das war kalt.

Wir gingen in das größte Warenhaus Moskaus »GUM«. Ein sehr altes Gebäude, ich schätze in den letzten zehn Jahren des vorigen Jahrhunderts erbaut.

Ein schreckliches Gedränge! Es war fast unmöglich, an eine Verkäuferin heranzukommen. Aber was sie zu bieten hatten, war gleichfalls unmöglich. Das hätte man in keinem westlichen Warenhaus verkaufen können. Selbst das Schreibpapier sah irgendwie alt und grau aus. Die Schuhe klotzig und altmodisch. Die Kleider, die Stoffe – unmöglich. Und doch wollten die Menschen kaufen.

Den größten Absatz hatten allerdings die Lebensmittel. Fleisch war zwar sehr teuer, wie ich umrechnete, aber man riß sich danach.

Abends gingen wir in das Operettaschnoi-Theater, unweit von der Oper, in Moskau Bolschoi-Theater genannt. Wir wurden in einer Loge placiert. Es überraschte mich einigermaßen, daß der Direktor offenbar wußte, wer ich war, und hereinkam und mir einen Blumenstrauß überreichte. Er stotterte einiges auf Englisch, um mich willkommen zu heißen. Dann versuchte er es mit einem ebenso schlechten Französisch.

Ich sagte:

»Am besten, Sie sprechen russisch mit mir!«

Dann verstanden wir uns prächtig.

Die Aufführung der Kálmán'schen Operette »Das Veilchen vom Montmartre« war eigentlich recht hübsch. Mir kam es ein wenig seltsam vor, Kálmáns Texte nun auf russisch zu hören.

Dann stand der Direktor wieder vor mir und sagte:

»Bitte begrüßen Sie unser Publikum vor dem dritten Akt, sprechen Sie ein paar Worte!«
Ich folgte ihm auf die Bühne. Wie würden die Menschen reagieren? Gewiß, sie kannten die Musik Kálmáns, aber wußten sie etwas von ihm?
Schon stand ich vor dem Vorhang, im hellsten Scheinwerferlicht. Das Orchester spielte einen Tusch. Der Direktor verkündete, ich sei die Frau des Mannes, der so viele Operetten geschrieben habe. Beifall. Nun mußte ich wohl etwas sagen. Ich hatte schon bei manchen Kálmán-Aufführungen gesprochen, dies war also keine ungewohnte Situation für mich, aber hier in Moskau . . . ?
Irgendjemand hielt mir ein Mikrophon vor den Mund. Ich stammelte etwas, aber vor Aufregung versagte mir die Stimme. Aus dem Publikum rief einer:
»Wo ist Kálmán? Kálmán soll selbst kommen!«
Ich nahm mich zusammen und erklärte, dies sei leider nicht möglich, da Kálmán nicht mehr lebe, aber ich danke dem Publikum, daß er in seinem Herzen noch lebe . . . Und was mir eben so grade einfiel.
Am nächsten Morgen Anruf von Galina Vischnewskaja.
»Wundervoll, daß du in Moskau bist! Du mußt natürlich zum Mittagessen kommen und Dorothea und Wowo mitbringen!«
»Warum?« fragte ich etwas dumm.
»Weil du einen Borschtsch bekommen wirst, wie du ihn in deinem Leben noch nicht gegessen hast, und natürlich auch, damit wir uns sehen, Dummkopf!«
Ich war ganz aufgeregt, mußte aber lachen.
Als es Zeit war, wollte ich ein Taxi zur Wohnung des Ehepaars Rostropowitsch, Uliza Ogorewa 12, Haus 13, nehmen. Aber das war nun wirklich leichter gesagt als getan. Wie Touristen je zu einem Taxi kommen, ist mir seither schleierhaft geblieben. Es gab ja keinen Angestellten in dem Hotel, der ir-

gendeine Fremdsprache beherrschte und den man hätte bitten können. Und Taxihaltestellen gibt es in Moskau auch nicht. Man bekommt ein Taxi, wenn man sich an bestimmte Stellen begibt, die nicht weiter gekennzeichnet, aber den Moskauern bekannt sind, und dort fährt dann nach kurzer oder längerer Zeit ein Taxi vor.
In unserem Fall war das Problem insofern leichter, als ich mich mit dem Kellner verständigen konnte, der gegen ein gutes Trinkgeld, das er zuerst nicht annehmen wollte, weil er nicht darf –, auf die Jagd nach einem Taxi ging und freudestrahlend mit Erfolg zum Hotel zurückkam.
Während der Fahrt wollte ich mich mit dem Chauffeur unterhalten. Bisher hatte ich nur mit einigen Funktionären oder Künstlern sprechen können. Wie und was dachten die anderen? Wie und was dachte das Volk?
Der Mann schwieg sich vorerst aus. Dann, ganz plötzlich, schien er seine Angst verloren zu haben, von der offenbar alle erfüllt sind, wenn es um Ausländer geht. Und er wußte, daß wir Ausländer waren, trotz meines Russisch, denn mit Dorothea und Wowo sprach ich deutsch. Der Mann erzählte einiges aus seinem Leben, und was ich da hörte, stimmte mich traurig. Viel konnte er sich von dem, was er verdiente, nicht kaufen.
»Und dabei verdienen wir Taxifahrer noch gut! Wenigstens im Vergleich zu anderen . . .«
Als ich zahlte und ihm ein gutes Trinkgeld geben wollte, wurde er plötzlich wieder mißtrauisch. Ich lächelte, er könne beruhigt sein, ich würde ihn nicht denunzieren. Er nahm das Geld, aber er war nicht überzeugt. Vielleicht hielt er mich doch für eine Geheimagentin.
Einen herzlichen Empfang gab es bei den Rostropowitschs. Zuerst durch die beiden Töchter, die nett und wohlerzogen waren. Die Wohnung war bürgerlich und recht klein und so

gar nicht, wie man sich die Wohnung eines großen Künstlers vorstellen würde. Galina hatte im Wohnzimmer den Tisch gedeckt, – daneben gab es nur noch ein Schlafzimmer für das Ehepaar und eins für die Kinder. Sie hatte einen wahrhaft einmaligen Borschtsch gekocht und servierte ihn in ihrer Küchenschürze. Dazu gab es Piroschki – Teigtaschen mit Fleischfüllung – und herrliches schwarzes Roggenbrot. Dann noch Fische und Krautsalat.

Wenn man bedenkt, daß die »Tosca« der Metropolitan-Opera, die »Aida« der Pariser Oper in dieser kleinen Dreizimmerwohnung selbst kochte und servierte und vermutlich auch abwusch . . .

Natürlich wurde Wodka getrunken. Und da schon Dorothea und Wowo da waren, wurde viel gefachsimpelt. Wowo hatte die Idee, Rostropowitsch sollte einmal ein Cello-Konzert geben, vielleicht in München oder Wien, ohne Orchester- oder Klavierbegleitung.

Ich hatte später das Glück, dieses Konzert in München zu erleben. Es war herrlich! Herrlich und imponierend!

Natürlich sprachen wir wieder einmal über Solschenizyn, der, wie Rostropowitsch gerade an diesem Morgen erfahren hatte, neuen Schikanen ausgesetzt wurde. Er war so empört darüber, daß er einen offenen Brief an die Regierung zu schreiben gedachte. Er besprach die Einzelheiten mit uns. Wir machten bedenkliche Gesichter. War das nicht gefährlich?

»Und wenn!«

Als der Brief ein paar Wochen später in der Presse der gesamten westlichen Welt erschien – in der Sowjetunion natürlich nicht –, vermehrten sich meine Bedenken. Aber damals war Rostropowitsch voller Zuversicht, und in der Tat, was immer man hinter Kremlmauern über ihn sagte: es passierte ihm nichts. Seiner Frau allerdings geschah etwas. Sie durfte nicht mehr im Bolschoi-Theater auftreten. Gründe für diese Maßnahme wurden nie genannt. Man hoffte wohl, auf diese Weise Rostropowitsch einzuschüchtern.

Ich dachte in den nächsten Tagen viel an Solschenizyn, und wie man ihm vielleicht helfen könne. Ich war in solchen Dingen entsetzlich naiv und wußte eigentlich nicht, wie es beruflich um ihn stand. So war mir zum Beispiel unbekannt, daß er in Deutschland, Frankreich, in den Vereinigten Staaten und auch sonst in der westlichen Welt seine festen Verlage hatte. Und da mir Rostropowitsch erzählt hatte, daß er gerade einen neuen Roman »August 1914« beende, kam ich auf die Idee, ihm wenigstens in Deutschland einen Verlag zu verschaffen. Als ich nach einigen Wochen wieder im Westen war, machte ich mir die Mühe und fand auch einen Verlag, der äußerst interessiert war, Solschenizyns neues Werk zu drucken. Rückblickend glaube ich, daß das jeder gern getan hätte, aber wie gesagt, wußte ich damals nicht, daß Solschenizyn seinen Verlag in Deutschland hatte und, natürlich, langfristige Verträge. Und dieser Verlag protestierte energisch, als nun ein anderer, »mein« Verlag, das neue Buch druckte. Es kam zum Prozeß, es gab Schwierigkeiten, und im »Spiegel« erschien ein Artikel, der davon sprach, daß ich als Vermittlerin aufgetreten sei. Mein Name war zwar nicht genannt, aber jeder, der den Artikel las und die Zusammenhänge ein bißchen kannte, wußte, wer gemeint war. Und wie ich viel später erfuhr, hatte auch der Kulturattaché der Sowjets in Bonn diesen Artikel gelesen und nach Moskau weitergeleitet. Dort wußte man natürlich, daß mein bester Freund in Moskau Rostropowitsch war, und der aber wiederum ein Freund Solschenizyns. Ich war in etwas hineingeschlittert, was ich wirklich nicht gewollt hatte.

Ich war nach Cleveland geflogen, um dem Emmerich Kálmán-Festival beizuwohnen. Von dort kam ich nach Wien zur Premiere der »Csardasfürstin« und anschließend nach Buda-

pest, wo sich ein bekannter Schriftsteller bemühte, den Text der »Gräfin Mariza« zu bearbeiten.
Ich sah dort Plakate für ein Konzert der Galina, am Flügel Rostropowitsch. Ich kaufte eine Karte, ging hin und kämpfte mich nachher zum Künstlerzimmer durch. Rostropowitsch sprach mit einigen Leuten. Als er mich sah, wurde sein Gesicht eisig. Ich, die noch immer nichts ahnte, fragte ihn nach Galina. Da wurde er böse und schrie mir – glücklicherweise auf russisch – zu, ich hätte seine Freundschaft mißbraucht und sein Vertrauen, ich hätte ihn in eine furchtbare Situation gebracht. Er drehte sich um, und ich war für ihn gestorben. Ich war entgeistert. Was war geschehen? Wer hatte mich bei ihm verleumdet? Ich konnte nichts tun als mich zurückzuziehen und abzuwarten.
Fast genau ein Jahr später dirigierte Rostropowitsch im Theater an der Wien die »Fledermaus«. Übrigens ohne besonderen Erfolg.
Ich war in der Vorstellung und fuhr nachher in die Villa des Filmregisseurs Franz Antel, der eine Party gab. Ich unterhielt mich mit dem und jenem, und da kam Rostropowitsch mit seiner Frau und seinen Töchtern. Galina sah mich, eilte auf mich zu, küßte mich und zog mich sofort an ihren Tisch. Zu meinem Erstaunen umarmte auch Slawa mich. Kein Wort des Vorwurfs. Statt dessen versuchte er mir zu erklären, was geschehen war.
Und dann sagte er leise:
»Verotschka, du hättest mich mit deiner guten Absicht nach Sibirien bringen können!«
Nun, so schlimm war es ja nun glücklicherweise nicht gekommen. Wir beschlossen, alles vergeben und vergessen sein zu lassen.
Einige Zeit später traf ich ihn in Berlin wieder. Er kam von einer großen Tournee und war nun auf dem Heimweg nach

Moskau. Aber seine Rückreise zog sich für ein paar Tage hin, da er in Spanien von einer spanischen Prinzessin einen alten Leierkasten geschenkt bekommen hatte, der irgendwie einmal in die fürstliche Familie gekommen war. Der machte ihm solche Freude, daß er um nichts in der Welt ohne ihn nach Hause gefahren wäre.

»Ich reise auf keinen Fall ab«, sagte er mir, »bevor nicht die Drehorgel da ist. Eher gebe ich dir mein Cello!«

Schließlich kam der Leierkasten an, stand aber unter Zollverschluß. Der sowjetische Botschafter Abrassimow in Ostberlin half, ihn frei zu bekommen, dafür mußte Slawa ihm ein Drehorgelkonzert geben. Nun also konnte er ihn auf seinen VW, den er sich gekauft hatte, aufladen und losfahren. Da er rechnete, mindestens drei Tage damit bis Moskau unterwegs zu sein und keinesfalls seinen Wagen verlassen wollte, gab ihm Dorothea Schlösser noch reichlich Proviant für seine Reise mit. Wir verabschiedeten uns herzlich und amüsierten uns noch sehr darüber, wieviel kindliche Freude dieser große Mann an seiner Drehorgel hatte.

Doch zurück nach Moskau, besser nach Leningrad. Eines Tages legte Dorothea die Flugkarten nach Leningrad auf meinen Toilettentisch im Hotel National. Sie mußten dorthin fahren, und ich wollte dorthin, denn in Leningrad war, als es noch St. Petersburg hieß, meine Mutter geboren worden, und dort hatte sie ihre Kindheit verbracht.

Moskau ist keine schöne Stadt – mit Ausnahme der Gegend um den Roten Platz. Leningrad ist schön. Man hat es oft das »Venedig des Ostens« wegen der vielen kleineren und größeren Seen in der Stadt genannt, auch das »Paris des Ostens« wegen seiner herrlichen imposanten Gebäude. Sie hatten einmal denen gehört, die nach der Revolution enteignet wurden und fliehen mußten. Auch die Museen mit den herrlichsten Bildern waren höchst sehenswert.

Man feierte gerade den Jahrestag der sogenannten Befreiung der Stadt durch Lenin. Die Stadt war voller Fahnen, überall hingen die Bilder Lenins, viele Menschen waren aus der Umgebung gekommen und zogen singend durch die Straßen. Es gab Musik, man tanzte auf den Plätzen. Das alles war lustig, – ich jedenfalls fand es lustig. Hier überwog die Jugend, meist in Jeans, wie bei uns. Es gab aber kaum langhaarige junge Männer, die in jenen Tagen aus unserem Straßenbild im Westen gar nicht wegzudenken waren.
Ich suchte und fand das Geburtshaus meiner Mutter, das sogenannte Jelissew-Haus am Newskij-Prospekt, ein vornehmes und auch heute noch ansehnliches Haus, in dem der Bankier Alexander Makinskoij sein schönes und verwöhntes Töchterchen aufgezogen hatte, bis er Bankrott machte.
Nach einigen Tagen in Leningrad waren wir wieder in Moskau. Ich wanderte oft durch die Straßen und versuchte, mit den Menschen zu sprechen. Manchmal erhielt ich eine Antwort, manchmal schienen die Menschen sogar erleichtert, daß sie ihr Herz ausschütten konnten – und was alles hatten sie mir anzuvertrauen! Aber die meisten schwiegen lieber. Sicher war sicher.
Fast zwei Jahre später, im Dezember 1971, flog ich erneut nach Moskau, wieder mit meinen Berliner Freunden. Dort lag jetzt hoher Schnee, sogar die gewaltigen goldenen Kuppeln der Kirchen waren mit Schnee beladen. Das gab der Stadt etwas Märchenhaftes, besonders abends. Die Luft war kalt, aber herrlich frisch und sauber. Sie machte einen froh.
Nicht so froh war ich darüber, daß wir diesmal nicht im National wohnten, sondern im größten Hotel der Stadt oder, wie die sowjetische Propaganda versicherte, der Welt, dem Hotel Rossija. Ein Monsterbau mit 6000 Betten, höchst ungemütlich, ein schrecklicher Kasten. Angeblich, und für russische Verhältnisse sicher, das Neueste vom Neuen. In jedem

Stock saß eine Dolmetscherin, – nur konnten die meisten eigentlich keine Fremdsprache richtig sprechen oder auch nur verstehen. Jede Etage hatte eine Küche, und man bekam auf Wunsch das Frühstück aufs Zimmer. Das ging folgendermaßen vor sich: Ich läutete, und es kam eine dicke gemütliche Mamatschka herein, wunderte sich minutenlang darüber, daß ich russisch sprechen konnte. Dann ging sie und kam mit dem Frühstück zurück. Ich bat sie um etwas dunkles Brot, und sie brachte in der Hand einige Scheiben dunkles Brot. Ich wollte Zucker, und sie griff in ihre Schürzentasche und holte einige Stücke heraus. Ich mußte lachen. Sie verstand mein Lachen nicht, und ich wollte die Gelegenheit benützen, um etwas aus dem täglichen russischen Leben zu erfahren. Aber nach einiger Zeit bemerkte ich, daß nicht ich fragte, sondern sie. Sie wollte wissen, wieso ich russisch konnte, obwohl ich doch laut Paß – das wußte sie also auch! – Amerikanerin war.

Der eigentliche Grund dieser Reise war ein Konzert zum 200. Geburtstag Beethovens, das drei berühmte Künstler bestritten: David Oistrach – Violine, Mstislaw Rostropowitsch – Cello und Swatoslav Richter – Klavier. Das Konzert war natürlich schon seit Monaten ausverkauft. Die Russen lieben Musik, gleichgültig, in welcher Art von Staat sie leben.

Wenige Tage später sah ich die Furzewa noch einmal. Sie hatte mich zu einem Nachmittagsempfang im Kulturpalast eingeladen, anläßlich des Besuchs eines Politikers aus Jugoslawien. Sie war wieder sehr freundschaftlich mir gegenüber. Ich mußte mich neben sie setzen. Plötzlich fragte sie mich nach meiner Mutter. Warum ich sie nicht nach Moskau mitgenommen habe? Ich mußte ihr sagen, daß Mama gestorben sei. Ich sagte ihr allerdings nicht, daß sie auch zu Lebzeiten niemals russischen Boden betreten hätte. Sie haßte das kommunistische Regime, das ihr, so sagte sie und davon war sie überzeugt, alles, das ganze Leben genommen habe.

Bei meinen späteren Besuchen in der Sowjetunion sah ich die Furzewa nicht mehr. Sie war sozusagen von einem Tag zum anderen verschwunden. Offenbar abgesetzt. Hatte sie, was man wohl begreifen konnte, Neider? Hatte sie Feinde? Offiziell wurde übrigens nie gesagt, daß sie abgesetzt worden war. Es wurde nur gemeldet, sie sei an einem Herzinfarkt gestorben. Das ist durchaus möglich. Sie hatte ja, solange sie im Amt war, Tag und Nacht gearbeitet. Sie besaß zwar ein Haus auf der Krim, doch wie selten konnte sie dorthin fahren, um sich auszuruhen. Auch ihre Familie sah sie nur gelegentlich. Darüber klagte sie manchmal. Wann immer ich nach Moskau kam, vermißte ich sie. Sie war eine kluge und liebe Frau gewesen.

Im Kulturpalast traf ich den Direktor des Staatlichen Zirkus KIO. Der schlug mir vor, eine Vorstellung zu besuchen. Ich ging an einem Abend mit meinen Freunden hin. KIO – das ist ein mächtiges, feststehendes Zirkusgebäude mitten in der Stadt. Dort wird ganzjährig gespielt und nur geschlossen, wenn der Zirkus auf Tournee geht. Alles ist groß. Es wimmelt von einem Heer an Platzanweisern. Wieviel Plätze? Zweitausend? Viertausend? Das konnte ich nicht schätzen.

Das Haus war ausverkauft. Und so wäre es, wie mir der Platzanweiser sagte, Abend für Abend. Das Vergnügen war allerdings billig. Ein Platz kostete soviel wie eine Deutsche Mark. Es gab keine numerierten Plätze. Wer zuerst kam, erhielt den besten, wer zuletzt, den schlechtesten Platz.

Die riesige uniformierte Kapelle – etwa hundert Mann – war in altrussische Tracht gekleidet. Was spielten sie? Unter anderem auch Musik aus Kálmáns »Gräfin Mariza«.

Die Artisten waren Weltklasse. Während der Pause kam der Direktor in unsere Loge und schlug mir vor, die Bären zu füttern. Er wollte für sein nächstes Programm davon ein Photo machen lassen. Wir gingen also zu den Käfigen mit den großen braunen Bären. Ich wurde etwas nervös, als ich erkannte, worauf ich mich da eingelassen hatte. Aber versprochen ist versprochen. Man gab mir also Zuckerstücke, die ich den riesigen Tieren ins Maul praktizieren sollte. Trotz meiner Angst gelang es mir, freundlich zu lächeln, und der Direktor war sehr zufrieden mit mir. Aber ich war doch froh, als ich das hinter mir hatte.

Dann sagte mich der Direktor über Lautsprecher dem Publikum an und ich mußte wieder ein paar Worte ins Mikrophon sprechen, was ich diesmal schon mit weniger Nervenverbrauch tat als damals im Operetten-Theater.

Und dann kam der 24. Dezember. Schon am frühen Morgen rief mich meine Tochter Yvonne aus Los Angeles an. Immerhin ein Gespräch um die halbe Welt. Es klappte vorzüglich. Freilich: das Gespräch mußte nicht über eine Zentrale gehen. In Moskauer Hotels, und das gilt vermutlich für alle Städte in der Sowjetunion, gibt es keine Telephonzentralen. Jedes Zimmer hat ein Telephon und jedes Telephon hat eine besondere Nummer. Ich hatte Yvonka meine Telephonnummer depeschiert und sie wählte sie einfach, und siehe da, es klappte. Ich war sehr gerührt, als ich sie von so weit her – und doch klang es ganz nahe – rufen hörte: »Glückliche Weihnachten, Mamatschka!«

Am Nachmittag, es dämmerte schon, ging ich in eine kleine Kirche, in der ich schon einmal gebetet hatte. Weihnachten wird ja in Rußland seit der Revolution nicht mehr gefeiert, ja, es ist geradezu verboten, Weihnachten zu feiern. Aber es ist nicht verboten zu beten, und die kleine Kirche neben der großen Basilika, längst Museum geworden, war gerade das Richtige. Ich kniete nieder und betete. Außer mir war niemand in der Kirche. Ich hatte mir eigentlich nie überlegt, in welcher Sprache ich bete. Aber jetzt wurde mir klar, daß ich, sei es in Frankreich, in Deutschland, in Amerika oder in Italien, meine Gebete stets auf Russisch verrichtet hatte. Es war ja doch wohl die Sprache, die mir am nächsten stand, obwohl ich in meinem Leben viel mehr deutsch, französisch, englisch und ungarisch hatte sprechen müssen. Hier kniete ich also in einer kleinen Kirche im großen Rußland und betete und fühlte mich glücklich, als ich die Kirche wieder verließ. Wieviel schöner wäre es gewesen, wenn ich die Weihnachtsmette hätte besuchen dürfen, wo ein Pope die Andacht gehalten und aus der Weihnachtsgeschichte erzählt hätte. Aber das war unmöglich. Dies mußten die Menschen hier also entbehren. Aber wieviel mußten sie überhaupt entbehren! Das war mir nie so klar geworden wie an diesem dämmrigen Nachmittag in der kleinen Kirche . . .

Preis des Überlebens

Der Weg von der Moskauer Innenstadt zum internationalen Flughafen ist eine kleine Reise. Wir waren frühzeitig da. Zu unserer Überraschung erschienen viele unserer Bekannten, die die weite Fahrt nicht gescheut hatten. Die Zeit, zu der wir durch die Sperren mußten, war eigentlich schon vorüber, – da kam mein Freund Rostropowitsch mit fliegendem Schal angehetzt. Ich freute mich, ihn noch zu sehen, war aber ungeduldig. Doch es hieß, die Maschine sei nicht startbereit. Ich fluchte leise. Slawa beruhigte mich:
»Nitschewo!« – Mach dir nichts draus!
Der Flug in der russischen Maschine war unangenehm. Nebel kam auf und es hieß, unser Landeziel, Berlin-Ost, sei völlig vernebelt. Wir drehten nach Prag ab. In Prag warteten wir viele Stunden. Was kann man auf dem Prager Flughafen tun? Wir taten das einzig Vernünftige, wir tranken Pilsner Bier. Vielleicht ein bißchen zuviel. Dann wurde wieder gestartet. Es schaukelte ziemlich heftig. Als der Pilot einmal den Gang entlangging, fragte ich ihn auf russisch:
»Wo landen wir eigentlich?«
Er antwortete lakonisch:
»Das wissen wir noch nicht!«
Und ich: »Dabei habe ich noch nicht einmal mein Testament gemacht.«
Dorothea meinte:
»Wenn ich den Piloten vor der Abfahrt gesehen hätte, wäre ich erst gar nicht eingestiegen!«

Aber wir kamen schließlich doch in Ostberlin an, fuhren mit einem Taxi nach Westberlin. Während der Fahrt dachte ich noch viel an Moskau zurück. Da war ich also nun wieder einmal in meiner Heimat gewesen. Heimat . . . Gab es das überhaupt für mich? Ich war doch in so vielen Städten und Ländern zu Hause. Oder war ich vielleicht nirgends zu Hause?
Meine Tochter Lily hatte mir nach Moskau telegraphiert, daß sie mich dringend erwarte. In meinem Berliner Hotel lag ein gleiches Telegramm und die Nachricht, daß meine Tochter aus Paris bereits zweimal angerufen hatte. Schließlich noch eine erschreckende Mitteilung von Alain: Lily hätte in der letzten Zeit viel zu viel getrunken. Sie sei ohne Alkohol überhaupt nicht mehr ansprechbar, und er habe sie in eine Entziehungsanstalt in Genf eingeliefert.
Also flog ich sofort nach Paris. Mein Schwiegersohn sagte mir, Lily sei in Genf und die Ärzte meinten, es wäre gut, wenn man sie dort allein ließe. Das brachte ich nun nicht übers Herz. Ich nahm die nächste Maschine nach Genf und quartierte mich in einem Hotel neben der Klinik ein.
Und es war gut, daß ich gekommen war. Lily war völlig fertig, umarmte mich und weinte. Ich hatte ein Gespräch mit den Ärzten, die durchaus nicht der Ansicht waren, daß ich nicht hätte kommen sollen. Im Gegenteil! Vielleicht würde ich ihr neuen Lebensmut einflößen. Und das versuchte ich nun in den nächsten Tagen mit meinen schwachen Kräften. Sie erholte sich zusehends. Sie hatte es fertiggebracht, das Trinken aufzugeben. Freilich, sie wurde immer dünner und kraftloser.
Nach vierzehn Tagen erlaubten die Ärzte, daß ich sie mit nach Paris nahm. Ich quartierte sie in meiner Wohnung ein, und Schwester Irmgard kümmerte sich rührend um sie. Aber schon am dritten Tag kam Alain, um sie nach Hause zurückzuholen.

Ich sagte sehr bestimmt:
»Sie ist doch unglücklich bei dir, Alain! Es wäre wohl das beste, wenn ihr euch scheiden ließet!«
Als er gegangen war, weinte Lily.
»Ich kann ihn nicht verlassen! Ich liebe ihn doch!« klagte sie.
»Aber du kommst doch nicht mit ihm zurecht! Du trinkst doch, und er trinkt auch. Das ist doch schlimm für dich. Er kann das alles verkraften, du aber nicht.«
Immer wieder beschwor ich sie, Alain aufzugeben. Er erschien auch wieder in meiner Wohnung und erklärte, wenn es seiner Frau helfe, würde er selbst das Trinken aufgeben. Ich war nicht ganz überzeugt, daß er diese Versprechungen halten würde. Aber was sollte ich tun? Selbst Lily flehte mich an, ihm Glauben zu schenken. Sie liebte ihn eben immer noch. Ich hatte keinen Einfluß mehr auf sie, – Alain war stärker. Heute weiß ich, daß ich damals nicht entschieden genug handelte. Ich ahnte nicht, wie ernst die Situation war. Ich hätte ... Aber das wußte ich erst, als es zu spät war.
Damals flog ich voll innerer Unruhe nach New York. Ich hatte eine neue Idee, eine verrückte, wie viele glaubten. Kálmáns Operetten wurden noch aufgeführt, aber immer spärlicher. Das lag nicht an seiner Musik. Sie gefiel den Menschen, aber die Texte waren veraltet. Die müßten geändert werden. War so etwas überhaupt möglich?
Darüber hatte ich mehrmals mit dem Hauptverleger Kálmáns gesprochen, der seinerzeit nach London emigriert war und immer noch dort lebte. Er meinte, so einfach sei das nicht, da hätten auch die Librettisten ein Wort mitzureden. Die waren freilich tot, und die Autorenrechte waren auf ihre Erben übergegangen. Die saßen zum Teil in New York, zum Teil in Budapest.
Deshalb flog ich also nach New York. Die Verhandlungen waren alles andere als einfach. Wenn man den Erben der Li-

brettisten, die ich ja selbst noch gekannt hatte und die weit entfernt davon gewesen waren, ihre Arbeiten zu überschätzen, glauben durfte, handelte es sich für die Erben um einen zweiten »Faust« oder »Hamlet«. Keine Zeile dürfte geändert werden.
Aber schließlich überzeugte ich sie doch, und sie gaben ihre Zustimmung. Bedingung: Ihre Tantiemen dürften nicht geschmälert werden. Das bedeutete natürlich, daß ich die Kosten der Bearbeitung übernehmen müßte.
Ich flog nach Budapest. Dort hatte ich es einfacher, aber keineswegs leicht. Einfacher, denn dort spielte man gerade eine Operette – der Titel ist mir entfallen –, die so umgearbeitet worden war, wie es mir vorschwebte. Eine sehr berühmte ältere Schauspielerin spielte dort eine »Komische Alte«, die eben durch die Textveränderungen zur zentralen Figur geworden war, und der Erfolg gab den Bearbeitern recht.
Also warum nicht das gleiche mit Kálmán probieren? Ich dachte an die bezaubernde Marika Rökk, die ja auch nun über das Alter der Soubretten- oder Operettensängerinnen hinaus war, aber noch Kraft und Temperament genug hatte, um eine Operette zu tragen, wenn man für sie die »Gräfin Mariza« oder vielleicht auch die »Csardasfürstin« bearbeitete ...
Ein paar Wochen später ging schon die neue Fassung in die Proben, und zwar im Raimundtheater in Wien. Ich flog hin und war überzeugt, daß wir das Richtige getan hatten. Mittlerweile war ich völlig erschöpft von diesen vielen Reisen und wollte nun eine Reise unternehmen, um mich von den Reisen zu erholen, – nach Hongkong, der Stadt, von der ich so viel gehört hatte und auf die ich daher neugierig war.
Aber ich mußte meinen interessanten und amüsanten Aufenthalt dort sehr schnell abbrechen. Ein Telegramm aus Paris: Lily war zusammengebrochen und lag in einer Klinik unweit von Zürich. Ich rief sie dort an und bekam sie an den Apparat.

Sie flüsterte nur. Ich verstand sie erst nicht. Und dann vernahm ich:
»Mutti, hol mich raus! Ich sterbe hier! Ich kann nicht einmal mehr laufen!«
»Ich komme mit der nächsten Maschine, Lilitschka! Warte auf mich!«
Die nächste Maschine ging in drei Stunden. Vorher versuchte ich noch, Alain zu erreichen, aber am Telephon meldete er sich nicht. Ich rief noch einmal Zürich an und ließ mir den behandelnden Arzt geben.
»Was ist mit meiner Tochter? Haben Sie sie nicht unter Kontrolle?«
»Aber selbstverständlich, Madame Kálmán. Sie trinkt keinen Tropfen. In unserem Haus gibt es keinen Alkohol, und sie darf es nicht verlassen. Aber sie hatte einige Flaschen mitgebracht und in ihrem Zimmer versteckt und ausgetrunken!«
»Ich komme mit der nächsten Maschine und werde sie mit mir nehmen!«
Der Arzt:
»Es wäre besser, Sie ließen sie noch hier. Unsere Kur schlägt an. In wenigen Wochen wird sie vom Alkohol frei sein.«
»Aber sie will mich doch sehen! Das kann ihr doch helfen!«
Der Mann war stur.
»Helfen kann ihr nur strengste Enthaltung. Und was das Seelische betrifft, da haben wir ja einen Psychiater.«
Kaum hatte ich abgehängt, da war Lily noch einmal am Telephon.
»Mutti, du mußt nicht kommen, ich werde durchhalten und die Kur beenden. Wenn ich geheilt bin, komme ich zu dir...«
Ich begann zu weinen. Ich war unentschlossen. Hatte man Lily gezwungen, sie unter Druck gesetzt, und hatte sie daraufhin abtelefoniert? Oder war es wirklich besser, wenn ich

sie nicht besuchte? Auf jeden Fall wollte ich nicht so weit weg von ihr sein und flog nach Paris zurück.
Schon am zweiten Tag ein neuer Schrecken. Schwester Irmgard brachte mir den »France Soir«.
»Sie müssen das lesen, Madame.«
Ich las die Balkenüberschrift:
»Jean Pierre Guilleaume, der Stiefsohn von Mme. Domenica Walter, sollte gegen einen Kopfpreis von 10 Millionen Francs ermordet werden!«
Ich las zweimal, ich las dreimal, ich traute meinen Augen nicht. Jean Pierre kannte ich seit seinem zehnten Lebensjahr. Wir nannten ihn alle Pollo, und Domenica verwöhnte ihn entsetzlich. Jetzt mußte er etwa zwanzig sein. Wer wollte ihn ermorden? Warum wollte man ihn ermorden?
Ich ging ans Telephon und rief Yvette, eine gemeinsame Freundin, an, – Yvette, die über allen gesellschaftlichen Tratsch in Paris bestens unterrichtet war.
»Es ist kein Tratsch, Vera!« sagte sie mit einem für sie ungewöhnlichen Ernst.
Sie mußte es wissen. Sie war die älteste Freundin Domenicas, sie waren eigentlich seit ihrer Schulzeit zusammen.
Das ließ sich nicht telefonisch besprechen. Ich fuhr zu ihr hin. Yvette sagte:
»Pollo ist Domenicas Stiefsohn. Aber ...«
Die Sache war die: vor vielen Jahren hatte sie Guilleaume, ihrem ersten Mann, Walter wurde dann ihr zweiter, erklärt, sie bekomme ein Kind von ihm. Nur unter dieser Voraussetzung war er bereit, ihr sein enormes Vermögen zu vermachen. Er war damals schon sehr krank, als Domenica behauptete, im zweiten Monat schwanger zu sein.
»Er glaubte ihr. Kurz darauf starb er, und Domenica erbte das Vermögen. Aber das Kind bekam sie natürlich nie. Sie war auch nie schwanger gewesen, mußte aber, um in den Besitz

der Millionen zu gelangen, ein Kind adoptieren, – ein eben geborenes, das sie dann als ihr eigenes ausgab.«
Eine sagenhafte Geschichte, kaum zu glauben, aber Yvette wußte Bescheid.
Ich sagte: »Von all dem hat mir Domenica nie etwas gesagt. Sie sagte mir nur, Pollo sei ihr Adoptivsohn.«
»Das ist nicht alles. In den letzten Jahren begann sie Pollo zu hassen. Der Gedanke war ihr unerträglich, daß er einmal alles erben sollte.«
»Da sie keine echten Erben hatte, konnte ihr das doch egal sein?«
»Es war ihr eben nicht egal, und sie haßte ihn. Sie ließ den armen Jungen ihren Haß spüren. Sie verbannte ihn aus dem schönen Zimmer, das er in ihrem Palais bewohnte, in eine Mansarde, – dort, wo das Personal wohnte.«
Ich überlegte. Es stimmte schon, daß ich Pollo in der letzten Zeit nicht mehr gesehen hatte.
»Wenn er Geburtstag hatte, schenkte sie ihm ein Paar Schuhe, und zu Weihnachten bekam er einen Anzug oder Unterwäsche oder so etwas. Ich weiß das alles von den Dienstboten.«
»Gut, oder vielmehr nicht gut. Aber warum sollte er denn ermordet werden? Das ist doch unverständlich.«
»Du mußt die Entwicklung kennen. Pollo war nicht gut in der Schule, was Domenica schwer enttäuschte. Er machte auch sonst Dummheiten. Gott, so schlimm waren diese Dummheiten nicht. Einmal stahl er die Autoschlüssel vom Chauffeur, holte den Wagen aus der Garage, obwohl er noch gar nicht fahren konnte, und baute sofort einen Unfall. Es wurden Leute verletzt. Das war für Domenica unerträglich.«
Und dann gab es noch den Bruder Domenicas, Jean Lacaze, viel jünger als sie selbst, und sie wollte, daß im Fall ihres Todes er und nicht Pollo erbe.
In der Zeitung hatte ich auch noch gelesen, daß Dr. Lacour,

der Arzt, mit dem Domenica jahrelang ein Verhältnis hatte, in die Sache verwickelt war.
»Was hat er damit zu tun?«
»Er war und ist Domenica hörig, ließ sich wohl auch von ihrem Bruder einwickeln. Das glaube ich jedenfalls. Übrigens weiß ich den Rest, genau wie du, nur aus den Zeitungen. Wenn ich denen glauben darf, wurden zwei Männer gedungen, die Pollo umbringen sollten. Domenica habe ihnen zehn Millionen Francs gegeben, alte Francs natürlich, und weitere zehn Millionen sollten sie nach der Tat erhalten. Die Männer haben das jedenfalls ausgesagt, – behauptet die Zeitung.«
Aber warum nur? Domenica war doch so reich, da konnte das Geld doch keine Rolle spielen. Und ein so angesehener Arzt wie Dr. Lacour soll sich an der Sache beteiligt haben?
»Hauptschuld trägt ohne Zweifel Domenica. Sie betrachtete Pollo als eine Schande für die Familie.«
Ich konnte das alles nicht glauben. Dabei war das nur die Hälfte der Geschichte. Dr. Maurice Lacour sollte noch mehr auf dem Gewissen haben. Er hatte die Witwe des ehemaligen amerikanischen Botschafters in Paris, Biddle, behandelt, und die war eines Morgens tot in ihrem Bett aufgefunden worden. Am Abend zuvor war sie mit Lacour in der Oper gewesen und hatte nachher mit ihm ein Restaurant besucht. Und Margaret Biddle besaß immerhin ein Drittel der Anteile an den marokkanischen Minen Guilleaumes. Das alles war freilich schon Jahre her, aber nun wurde es im Zusammenhang mit der Affäre Pollo wieder aufgewärmt.
Die absurden Geschichten hatten auch einen politischen Hintergrund. Domenica Walter und ihr Mann hatten in der Zeit der deutschen Besetzung von Paris mit hohen und höchsten Nazis verkehrt. Als de Gaulle zurückkam, sollte sie sogar verhaftet werden.
Jedenfalls existierte Mme. Walter für den General nicht mehr.

Beim »My Fair Lady-Ball« in München: Soraya mit ihrer Mutter, Fürstin Esfandiary

Mit Valentina Cortese besichtige ich im Museum der Mailänder Scala Originalpartituren großer Komponisten

Maria Schell mit ihrer Tochter Marie-Therese, meinem Patenkind

Nach einem der großartigen Erfolge von Hildegard Knefs Liederabenden

Ein Jagdfest bei Senator Dr. Burda. Bundestagspräsident Richard Stücklen, Dr. Burda, Josef Neckermann

In Wien wird vom Herzog von Ratibor, zusammen mit Curd Jürgens, die Geburtstagstorte angeschnitten

Generalkonsul Herbert Styler mit seiner Gattin Isabel

Freunde in Wien: der Maler Helmu Leherb, die Bühnen- und Filmschauspielerin Lotte Profoß und Peter Garel

Mit Bühnen- und Filmstar Maria Paudler

Panther-Taufe in Wien mit Marika Rökk

Nach einer Premiere der Czardasfürstin in Wien mit Verlagsdirektor Thomas Albrecht

Premierenfeier nach dem großen Erfolg der »Gräfin Mariza« mit Marika Rökk im Berliner »Theater des Westens« mit Charly und Thomas Albrecht

Beim Heurigen in Wien mit meinen Freunden André Mattoni, Katja Usunow und Katinka v. Zehner-Marie

Tino Rossi, einer der großen Künstler Frankreichs

Mein Sohn Charles Kálmán ist heute ein bekannter Film- und Musicalkomponist. Er hat gerade die Musik zum Film »Fabian« nach Erich Kästner (Regie Wolf Gremm) geschrieben.

Als Gast bei Regisseur Franz Antel in Wien mit Angela von Radloff und Peter Garell

Vera Kálmán hält zur Einweihung des Emmerich Kálmán-Museums in seinem Geburtshaus in Siofok am Plattensee eine Ansprache

n Chor singt eder von Emerich Kálmán i der Aufstellng seiner Büste n Stadtpark n Siofok

bordnungen aren in ungarihen Trachten ekommen

Die Bronzebüs
von Emmeric
Kálmán (Imr
im Stadtpar
von Siofok

An der Gedenk
stätte legt Ver
Kálmán eine
Kranz nieder

Das bedeutete, daß sie, die vor und auch während des Krieges eine große gesellschaftliche Rolle spielte, und sozusagen auch eine politische, jetzt völlig kaltgestellt war.
Dies alles wußte Yvette zu berichten. Ich konnte und wollte es nicht für wahr halten. Ich verließ Yvette, kaufte am nächsten Kiosk einige Zeitungen und setzte mich in ein Bistro, um sie zu lesen. Und in der Tat, dort fand ich alles, was mir Yvette gesagt hatte, und noch viel mehr. War das Leben wirklich wie ein schlechter Kriminalroman? Domenica . . . Waren nicht der Herzog und die Herzogin von Windsor ihre besten Freunde? War die Herzogin nicht wiederum die beste Freundin von Margaret Biddle, die ermordet worden sein sollte? Ich las auch, daß Domenica eigentlich verhaftet werden sollte, daß aber Dr. Lacour die Schuld auf sich genommen habe und an ihrer Stelle ins Untersuchungsgefängnis gekommen war.
Ein junger Mann kam an meinem Tisch vorüber.
»Pollo!«
Ich rief ihn, und er kam zu mir. Er sah entsetzlich elend aus, trug, obwohl es Winter war, einen leichten zerknitterten Anzug und billige Leinenschuhe.
»Pollo, mein Junge, was ist denn los bei euch?« fragte ich ihn. Ich war den Tränen nahe. Er wollte sich zuerst nicht setzen, aber ich bestand darauf. Er sah so hungrig aus! Ich bestellte für ihn ein großes Steak und eine Flasche Rotwein. Als das Essen kam, schlang er es herunter, als hätte er seit Tagen nichts mehr zu sich genommen.
»Ja, es stimmt alles, was Sie gelesen haben. Ich lebe noch, aber fragen Sie nicht, wie!« flüsterte er kaum hörbar.
»Pollo, ich werde dir helfen. Ich werde mit Mutter sprechen . . .«
»Mit Mutti? Die will doch, daß ich draufgehe! Sie hätte ruhig mitangesehen, daß man mich umbringt. Dr. Lacour war es,

der in der letzten Minute den Mut verlor, mich umbringen zu lassen. Er ist im Grunde genommen ein anständiger Mensch. Er ist eben nur ganz wahnsinnig vor Liebe und Eifersucht.«
»Und die zehn Millionen, die er diesen Kerlen gegeben hat?«
»Sie haben ihn wohl erpreßt. Aber dann waren sie es ja, die der Polizei den Wink gaben.«
Ich gab Pollo Geld. Er sollte sich etwas Anständiges zum Anziehen kaufen und auch zu essen haben.
Domenica ... Ich rief sie schließlich an. Es war nicht leicht, sie ans Telephon zu bekommen. Es meldete sich immer ein anderer Diener, aber dann sprachen wir miteinander, und sie fragte, wann ich sie besuchen könne.
Als ich ihr gegenübersaß, war ich fasziniert wie immer. Sie war so ruhig, so gelassen, von Panik keine Spur. Auf meine Frage blickte sie mich an, zog an ihrer Zigarette und schwieg.
»Aber irgendetwas stimmt doch nicht ...«
»Alles ist Lüge!« sagte sie schließlich.
»Mrs. Biddle ist natürlich nie ermordet worden. Und wer sollte wohl wollen, daß Pollo ermordet wird? Ich sicher nicht!«
Sie warf den Rest ihrer Zigarette angewidert in den Aschenbecher.
»Ich habe Pollo gesehen, er sieht jämmerlich aus. Du hast ihn verstoßen ...«
»Das hat Gründe.«
Ihr Gesicht war plötzlich wie versteinert.
»Daß jetzt dieser Wirbel entstanden ist, hat mit Politik zu tun. Du weißt, daß wir während des Krieges viel mit Deutschen verkehrten. Ich stehe auch heute noch auf dem Standpunkt, daß Walter und ich daran schuld sind, daß Paris nicht zerstört wurde. Trotzdem wurde Walter nach dem Krieg erst einmal als Kollaborateur festgesetzt. Und jetzt soll es eben gegen mich losgehen!«

»Und warum hast du Pollo fallenlassen?«
»Er war immer ein Schwächling. Ich wollte, daß er ein richtiger Mann wird, und hielt ihn knapp. Das war vielleicht ein Fehler, aber wohl der einzige, den ich in dieser Angelegenheit begangen habe. Ich mache mir deswegen Vorwürfe, ich finde keinen Schlaf mehr. Die Ärzte können mir nicht helfen, sie schicken nur Rechnungen. Ach Vera, man ist von schlechten Menschen umgeben, wenn man reich ist.«
»Dein Personal?«
»Nein, die nicht. Nur die Reichen betrügen die Reichen. Merke dir das!«
Das war alles, was ich erfuhr. Als ich nach Hause ging, kam mir die ganze Geschichte wieder höchst unwahrscheinlich vor. Aber die Zeitungen brachten ja Dinge, die sich leicht überprüfen ließen und wohl auch überprüft worden waren. Die Verhaftung von Dr. Lacour, die Verhaftung von Domenicas Bruder, Jean-Pierre Lacaze, der sich wohl die eine oder andere Betrügerei hatte zuschulden kommen lassen. Unbegreiflich, denn auch er war ein wohlhabender Mann.
Domenicas Bruder kam bald wieder frei, nachdem eine absurd hohe Kaution bezahlt worden war, und es wurde niemals Anklage gegen ihn erhoben. Zeugen fielen wohl um oder, was wahrscheinlicher war, die Denunzianten bei der Polizei erwiesen sich als höchst dubiose Gestalten.
Dr. Lacour bekam seinen Prozeß, wurde aber freigesprochen.
Immer wieder telefonierte ich mit Lily. Es ging ihr schlecht. Ich konnte mir nichts mehr vormachen. Sie war krank, sie war gemütskrank. Konnte ich sie retten? Das Wichtigste war wohl, daß sie sich von ihrem Mann scheiden ließ.
Ich telefonierte mit Charly und Yvonka. Sie waren bereit, nach Paris zu kommen, um mich dabei zu unterstützen, Lily zur Scheidung zu überreden.

Kaum hatte ich den Hörer aufgelegt, da stand Lily vor mir. Sie war offenbar verwirrt, sie wußte nicht recht, wie sie hergekommen war, sie wußte kaum, wo sie war.
Ich umarmte sie.
»Ich bin ja so froh, daß du da bist ... Aber du solltest doch eigentlich in der Klinik sein, nicht wahr? Ist etwas geschehen? Erzähl es mir. Oder bist du schon wieder ganz in Ordnung?«
Ich hatte eine Idee.
»Machen wir doch eine hübsche Reise zusammen und vergessen wir alles, was gewesen ist.«
Es war in der Tat etwas geschehen. Sie war aus der Klinik weggelaufen. Sehnsucht nach ihrem Mann. Sie war nach Hause gefahren. Sie wollte sich mit ihm aussprechen. Sie glaubte, vom Alkohol weg zu sein, sie wollte mit ihm ein neues Leben beginnen, – und fand ihn mit ihrer Friseuse im Bett.
Das war wohl zuviel für die schon arg geschwächte Lily. Nun hatten wir keine Schwierigkeiten mehr, sie zur Scheidung zu überreden. Und ich – ich war fast glücklich. Denn meine drei Kinder waren wieder bei mir; ich wollte vergessen, was sie mir angetan hatten. Ich hatte es schon vergessen. Wir hatten hübsche Stunden miteinander.
Lily blieb bei mir, und es sah so aus, als habe sie das Trinken aufgegeben. Die Scheidung wurde eingereicht. Alain machte keine Schwierigkeiten, es ging alles sehr schnell.
Als sie frei war, sagte ich zu ihr:
»Lilitschka, du beginnst jetzt dein Leben ganz von neuem. Und du sollst es fröhlich beginnen. Wir werden reisen ...«
Und wir reisten. Wir fuhren nach Mailand, wir erlebten dort einen Galaabend in der Scala, eine Inszenierung von »Maskenball« durch Zefferelli. Wir wohnten in dem altehrwürdigen Grand-Hotel, wo einst Verdi seine letzten Jahre verbracht hatte. Wir besuchten Valentina Cortese in ihrem klei-

nen Palais in unmittelbarer Nachbarschaft der Scala. Wir erlebten dies und das, wir spielten elegante Damen, wir aßen in schönen Restaurants.

Als wir wieder nach Paris zurückkehrten, sprachen wir über die Zukunft Lilys. Sie wollte nicht mehr in ihre Wohnung zurück, aber sie wollte auch nicht bei mir bleiben. Sie war schließlich alt genug, um ihre eigene Wohnung zu haben. Ich fand, das sei ein wenig zu früh. Ich hätte sie gerne noch ein bißchen unter meiner Aufsicht gehabt. Leider war ich zu schwach, um das durchzusetzen, obwohl es das einzig Vernünftige gewesen wäre. Ich gab nach. Ich wollte ihr die Freude nicht verderben. Und es machte ihr Freude, daß sie sich nun um eine neue Wohnung und um ihre Einrichtung kümmern konnte.

Wieder Reisen. Mehr oder weniger Geschäftsreisen. In Wien sollte die »Csardasfürstin« neu herauskommen. Ich mußte hin. Es war die neubearbeitete »Csardasfürstin«, und Marika Rökk hatte, was mich nicht wunderte, einen irrsinnigen Erfolg als die ins Zentrum gerückte komische Alte, die übrigens tanzte wie eine Junge. Eine Erleichterung für mich, denn ich war ja schließlich verantwortlich dafür, daß die Operette umgearbeitet worden war.

Es folgte ein Flug nach Berlin, wo Fritz Fischer die »Zirkusprinzessin« neu herausbringen wollte. Verhandlungen mit ihm.

Wiederum Flug nach New York, wo Margret Dünser mich erwartete, sie wollte mich für ihre V.I.P.-Schaukel filmen. Die Aufnahmen fanden dann aber in Malibu, einem Küstenort bei Los Angeles, statt, wo Yvonka in einem Bungalow lebte, direkt über dem Meer. Margret Dünser schrieb mir eine Widmung in ihr autobiographisches Buch »Jet Set«: »To one of the last if not the only Lady of our time.«

Der Bungalow von Yvonka war bescheiden, aber hübsch.

Yvonka hatte eine Zeitlang für Pudel geschwärmt. Im Augenblick hatte sie aber einen Waschbären namens Lulu, der auch folgte, wenn man ihn rief.

Sie hatte übrigens auch einen Mann, einen netten jungen Amerikaner namens Barth, der sich ihretwegen hatte scheiden lassen und der eigentlich gar nichts tat, außer Blumen und andere Pflanzen zu züchten. Später kam es zu Zerwürfnissen und es gab eine Scheidung, die übrigens ohne Ärger über die Bühne ging. Mein Schwiegersohn benahm sich da vorzüglich. Ich sah ihn auch später gelegentlich, wenn ich mal nach drüben kam.

Ja, und da war dann noch Frau Pervich. Als ich das Pariser Haus auflöste, brauchte ich sie eigentlich nicht mehr, doch ich hätte sie natürlich nie entlassen, nachdem sie so viele gute und schlechte Jahre mit uns durchgemacht hatte. Ihre große Liebe war begreiflicherweise das Kind, das sie mit aufgezogen hatte: Yvonka. Yvonka hing sehr an ihr und nahm sie überallhin mit. Jetzt lebte sie also in dem Bungalow in Malibu und kochte. Sie war traurig, daß sie nur für zwei Personen oder allenfalls für ein paar Gäste meiner Tochter kochen konnte. Inzwischen über neunzig Jahre alt, hatte sie nur noch einen Wunsch: sie wollte zurück in ihre Heimat, nach Ungarn, um dort zu sterben.

Ich besprach es mit Yvonka. Man konnte die Pervich nicht einfach in ein Flugzeug nach Ungarn setzen. Außerdem wollte sie ihren geliebten und auch schon bejahrten Kater mitnehmen, was eine weitere Komplikation war.

Yvonka war so vernarrt in die alte Frau, die der Schutzengel ihrer Kinderjahre gewesen war, daß sie sich schließlich entschloß, Frau Pervich bis an die ungarische Grenze zu bringen. Nicht weiter, denn in Washington hatte man ihr angedeutet, daß sie wegen der politischen Lage als Amerikanerin nach Möglichkeit kein kommunistisches Land betreten solle.

Frau Pervich war glücklich, und alle drei, Frau Pervich, der Kater und Yvonne, flogen zunächst in einem Jumbo bis Wien. Dort mietete Yvonne einen Wagen. Sie übernachteten an der ungarischen Grenze in einem Hotel, um nicht allzu abrupt voneinander Abschied nehmen zu müssen. Sie schliefen schlecht. Am folgenden Morgen hatte Frau Pervich verweinte Augen. Yvonka weinte auch, als der Abschied kam.
Frau Pervich sagte: »Yvonka, ich kann mich nicht von dir trennen. Du bist das Liebste, was ich auf dieser Welt habe. Ohne dich fahre ich nicht nach Ungarn!«
Yvonka besorgte sich also eine Einreisegenehmigung und fuhr mit. Zunächst bis Budapest und dann weiter in den kleinen Ort Vichny, wo die Angehörigen der Pervich lebten. Dort gab es ein tränenreiches Wiedersehen der Pervich mit ihrer zahlreichen am Bahnhof erschienenen Verwandtschaft.
Yvonka fuhr zurück. Aber es dauerte nicht lange, nicht einmal ein Jahr, da kamen Briefe der Pervich an Yvonka, sie könne es mit ihren Verwandten nicht aushalten, sie komme um vor Sehnsucht, und Yvonka solle doch alles tun, um sie aus Vichny wieder herauszuholen.
Wieder reiste Yvonka von Los Angeles nach Europa, diesmal gleich nach Budapest. Aber es war gar nicht so einfach, eine Ungarin aus Ungarn wieder herauszubekommen. Doch Yvonka war meine Tochter. Sie entschloß sich, das Unmögliche möglich zu machen. Sie erreichte jedenfalls einen Besprechungstermin bei einem Minister, – der Name Kálmán half ihr. Der Minister empfing sie und machte für Frau Pervich eine Ausnahmegenehmigung. Sie konnte wieder aus Ungarn heraus und kam mit Yvonka abermals nach Malibu.
Dort blieb sie nicht allzu lange und erschien wieder bei uns. Dann wollte sie wieder nach Ungarn, doch kam sie erneut zurück, und schließlich wurde sie hundert Jahre alt, ein Tag, den wir natürlich alle zusammen in Malibu feierten. Mit hun-

dertzwei Jahren spürte sie, daß es ans Sterben ginge, und wollte zurück in ihre Heimat. Abermals fuhr Yvonka sie hin. Dort starb sie, diese gute Frau, die eine große Künstlerin in ihrem Fach war. Sie war übrigens nie krank gewesen. Wenn es ihr einmal ein bißchen nicht wohl war, pflegte sie das mit ein, zwei Schluck Schnaps in Ordnung zu bringen. Sie nannte ihn »geheiligtes Wasser«. Das »geheiligte Wasser« hatte ihr ein Leben lang geholfen, und das hundertzwei Jahre lang.
Doch zurück zu meinem Besuch in Malibu mit Margret Dünser. Ich fuhr dann mit ihr nach New York. Ein Interview während des Flugs. Von dort nach Zürich, von Zürich nach St. Moritz, seit längerer Zeit meine erste Ausspannung.
Doch bald ging es wieder nach Paris. In meiner Wohnung in der rue du Boccador wartete eine Menge Post auf mich, Telephonate waren zu beantworten. Nach einer Woche war ich mehr tot als lebendig. Partys sagte ich in dieser Zeit alle ab, nur zu meinem Freund Tino Rossi, dem bekannten Chansonnier, fuhr ich. Mit ihm und seiner Frau Lilli konnte ich mich aussprechen. Er war vom Fach, er konnte mir Ratschläge erteilen. Mit ihm tauschte ich auch Erinnerungen an früher aus.
Wenige Tage später erschien Lily wieder bei mir. Ihr Besuch kam, wie alle ihre Besuche in der letzten Zeit, völlig überraschend. Sie machte einen ganz zufriedenen Eindruck. Ich vermied natürlich das Thema Alkohol. Das Telephon im Nebenzimmer läutete. Als ich zurückkam, sah ich Lily an der Bar stehen und sich ein Glas Whisky eingießen. Ich war zu Tode erschrocken. Ich konnte überhaupt nichts sagen.
Lily trank das Glas in einigen Zügen leer. Dann lachte sie. »Keine Angst, Mammi, das war eine Ausnahme. Ich trinke sonst nichts mehr. Oder jedenfalls nicht mehr, als ich vertrage.«
Ich war außer mir.

»Ich glaube dir kein Wort! Wenn du wieder angefangen hast, dann kannst du auch nicht wieder aufhören!«
Es kam zu einem Streit. Sie verließ mich.
Was sollte ich tun? Was konnte ich tun? Ich war völlig verzweifelt. Ich fuhr zu ihrer Wohnung.
»Lilitschka, wollen wir nicht wieder ein bißchen reisen?«
»Ich kann jetzt nicht weg von Paris, Mammi. Ich habe mich verliebt. Ich will meinen Freund nicht allein lassen!«
»Warum hast du mir davon gar nichts erzählt?«
»Weil ich weiß, daß du nicht einverstanden wärst ...«
»Wer ist es denn? Wie heißt er? Was ist er?«
»Ich sage dir besser überhaupt nichts. Aber wenn du willst, kannst du ihn ja kennenlernen. Er bedeutet mir sehr viel. Allerdings, er ist zwanzig Jahre jünger als ich.«
Und ohne ein weiteres Wort ging sie aus dem Zimmer. Nach ein paar Minuten kam sie zurück. Ich war sicher, sie hatte wieder getrunken. Sie war also rückfällig geworden. Und der Mann? Vermutlich war er einer, mit dem sie trank.
Ich stand auf:
»Du willst nicht mit mir verreisen?«
Ihre Antwort war ebenso kurz wie meine Frage.
»Nein!«
Ich ging fort. Vielleicht war auch das ein Fehler.
Ich sprach mit der klugen Mme. Rossi, die ich gelegentlich bei Parties traf.
»Sag mir die Wahrheit. Trinkt sie wieder?«
Sie sah mich traurig an. Dann nickte sie. Ich wußte es ja, und trotzdem war es ein Schlag für mich.
»Du kannst nichts ändern. Vielleicht kommt sie eines Tages selbst zur Vernunft.«
Ich fühlte mich, als hätte man mich geschlagen. Ich mußte mich zusammennehmen, um nicht zu weinen.
»Du wolltest doch die Wahrheit wissen, Veruschka ...«

Was sollte ich tun? Was konnte ich tun? Wie war meiner Lily zu helfen?
Schwester Irmgard riet:
»Gehen Sie fort von Paris. Es hat keinen Zweck, daß Sie sich kaputt machen, wenn Sie unserer Lily nicht helfen können.«
Ich fuhr doch noch einmal zu ihr. Das Mädchen sagte mir, sie läge noch im Bett. Sie lag da, klar oder alkoholisiert? Ich wußte es selbst nicht.
Sie wachte auf, schlüpfte aus dem Bett und fragte mich, wie ich ihr schwarzseidenes Nachthemd fände.
»Er findet es so hübsch...«
Ich starrte sie an. Ihre Pupillen waren unnatürlich groß.
»Mach dir keine Sorgen um mich, Mutti. Ich bin sehr glücklich!«
Was machte sie glücklich? Der junge Mann oder der Alkohol? Ich hoffte, der Mann. Ich beschloß, ihn mir anzusehen, wenn ich wieder nach Paris zurückkam. Wir küßten uns. Ich ging – aber ich war traurig, sehr traurig.
Ich reiste, diesmal allein, denn Schwester Irmgard war krank geworden, und sie konnte die vielen Reisen überhaupt nicht mehr mitmachen. Sie blieb in ihrer Göttinger Wohnung, aber der Kontakt zwischen uns riß bis auf den heutigen Tag nicht ab.
Es waren diesmal keine geschäftlich notwendigen Reisen, aber es waren auch, weiß Gott, keine Vergnügungsreisen. Ich tauchte bald hier, bald dort auf. Bei der Lufthansa, wo ich mich sehr gut aufgehoben, geradezu verwöhnt fühlte, war ich so sehr Stammgast geworden, daß sie mir die goldene Ehrennadel verliehen. Ich reiste nicht, ich wurde gejagt.
Schließlich ging ich, wie fast jährlich, zur Kur nach Montecatini-Terme. Das war gut für die Nerven, gut für den Körper. Ich bekam einen Brief von Schwester Irmgard, daß sie vor ihrer Abreise aus Paris, nochmals bei Lily gewesen war

und sie in gutem Zustand angetroffen hatte. Ich glaubte es gern. Ich wollte es glauben.
Und dann kam diese Nacht, die ich nie vergessen werde. Es war die Nacht vom 15. zum 16. Mai 1973. Ich hatte mich früh zurückgezogen, wie es in einem Kurort sinnvoll ist. Ich hatte noch in den Zeitungen geblättert, dann schlief ich ein. Ich muß tief geschlafen haben, denn ich hörte das Schrillen des Telephons nur von fern. Ich war ärgerlich. Warum störte man mich? Ich hatte doch bei der Rezeption gesagt, daß ich unter gar keinen Umständen geweckt werden wollte.
Das Fräulein in der Zentrale meldete sich.
»Es handelt sich um ein Gespräch aus Paris.«
»Aus Paris?«
»Ja. Und man hat gebeten, unter allen Umständen durchzustellen.«
»Aus Paris?« fragte ich noch einmal. Jetzt war ich hellwach. »Also bitte stellen Sie durch!«
Ich hatte Angst. Es mußte doch etwas Schlimmes geschehen sein, wenn man mich mitten in der Nacht anrief.
»Hallo, wer spricht?«
»Monique. Ich bin eine Freundin von Lily ...«
»Natürlich, ich weiß. Ich kenne Sie ja. Warum rufen Sie denn an?«
»Es ist etwas geschehen ... Etwas Furchtbares ...«
Jetzt wußte ich, daß es sich nur um Lily handeln konnte.
»Ist Lily krank?«
Monique schluchzte.
»So sprechen Sie doch!«
»Lily ist tot ...«
Ich konnte es nicht glauben. Ich wollte es nicht glauben. Schließlich, nach einer Ewigkeit, fand ich meine Sprache wieder.
»Ein Autounfall?«

»Nein, Madame Kálmán.«
»Was ist es denn? Sagen Sie es mir doch ... Hat sie sich selbst ... ?«
Ein entsetzlicher Gedanke.
»Es ist schrecklich ...«
»Was, um Gottes willen? Was? Was?«
Ich schrie.
»Lily ist umgebracht worden.«
»Umgebracht?«
»Ja. Ermordet ...«
Der Hörer glitt mir aus der Hand. Ich sank in die Kissen zurück. Ich verlor das Bewußtsein.
Am nächsten Morgen brachten es die Zeitungen überall auf der Welt.
»Elisabeth Kálmán ist in ihrer Wohnung enthauptet aufgefunden worden. Laut Polizeiangaben sei der mutmaßliche Täter ein zweiundzwanzigjähriger Mann, der sich gegenwärtig wegen eines Selbstmordversuchs in einer Klinik befindet. Wie die Polizei weiter mitteilt, war die Leiche der Frau durch Messerstiche verstümmelt. Der Kopf sei, von Blumen umgeben, in einer Vase entdeckt worden und ein im Zimmer aufgefundener Brief habe zur Identifizierung des mutmaßlichen Täters geführt. Dieser war auf einer Straße nicht weit von der Wohnung Elisabeth Kálmáns, offenbar nach Einnahme einer Überdosis von Schlafmitteln, zusammengebrochen.«
Monique hatte in der Nacht, als sie nichts mehr von mir hörte, nochmals das Hotel angerufen, damit man nach mir sehe. Der Hotelportier hatte mich bewußtlos gefunden und einen Arzt alarmiert. Der gab mir eine Spritze.
Das alles hat man mir später erzählt, ich wußte es nicht.
Wenige Stunden danach, am nächsten Morgen, kam der amerikanische Konsul und überbrachte mir offiziell die furchtbare Nachricht. Er bat mich, so bald wie möglich nach Paris

zu fahren. Die Staatsanwaltschaft dort wünsche mit mir zu sprechen. Ich nickte apathisch, ich verstand und verstand doch nicht. Ich verstand überhaupt nichts mehr. Ich schloß wieder die Augen und war fort.
Gegen Abend traf meine gute Freundin Margarete Zander aus Berlin ein. Sie hatte die Morgenzeitungen gelesen und das nächste Flugzeug erwischt. Sie hatte das richtige Gefühl, daß man mich jetzt nicht allein lassen dürfe. In ihrer Begleitung ging ich nun im Kurpark auf und ab. Ich wußte, die Leute betrachteten mich voller Neugierde. Gestern war ich noch ein anonymer Kurgast gewesen, heute eine Frau, die in einen Riesenskandal verwickelt war. Inzwischen waren die Zeitungen des nahen Florenz und aus Mailand in Montecatini an den Kiosken zu kaufen. Ich las sie nicht. Ich wollte nicht die langen Berichte mit den grauenhaften Einzelheiten zur Kenntnis nehmen. Es war mir genug zu wissen, daß meine Lily tot war. Ich hatte keinen Trost. Oder doch den einen, daß Freunde in aller Welt mir in den nächsten Tagen telegraphisch ihre Sympathie und ihr Beileid kundtaten. Ein wenig später kamen auch viele Briefe. Es kam ein Telegramm von Yvonka. Sie war im Begriff, nach Paris zu fliegen. Sie würde mich wohl dort treffen. Ein Telefonat von Charly, der in München war. Er sagte mir, auch er werde nach Paris kommen. Wir konnten einander kaum verstehen. Tränen erstickten unsere Stimmen. Ich mußte nach Paris. Aber ich konnte ganz einfach nicht jetzt schon mit dem Staatsanwalt sprechen. Ich flog mit Margarete nach Rom. Wir blieben dort drei Tage mit Freunden. Ich ging in den St. Peters-Dom und hörte die Heilige Messe. Unzählige Menschen waren in der Kirche. Ich sah nichts und niemanden.
Ich betete:
»Möge der Allmächtige die Seele meiner kleinen Lily in seine schützenden Hände nehmen ...«

Da ich Angst vor den Reportern hatte, nahm ich nicht das Flugzeug, sondern den Zug nach Paris. Wir stiegen in einem kleinen Hotel ab, wo uns niemand vermutet hätte. Schon wenige Stunden später suchte ich den Staatsanwalt auf. Ich zitterte wie Espenlaub, als ich ihm gegenübersaß.
Er sprach mir sein Beileid aus fragte mich, ob ich den Leichnam sehen wolle.
»Nein!« Ich schrie es fast. »Um Gottes willen, nein!«
»Madame, ich bin verpflichtet, Ihnen diese Frage zu stellen. Es ist auch besser, Sie sehen den Leichnam nicht mehr. Meine Beamten haben schon viel Entsetzliches sehen müssen, aber was sie in der Wohnung Ihrer Tochter vorfanden ...«
Der Staatsanwalt gab sich Mühe, mir mit kurzen Worten zu erklären, wie alles gekommen war. Den jungen Mann habe meine Tochter offenbar in einer Entziehungsanstalt kennengelernt. Sie hatten sich ineinander verliebt.
Ich nickte. Das war der Mann, von dem Lily mir gesprochen hatte. Der Mann, den ich nicht hatte kennenlernen wollen. Jetzt machte ich mir die furchtbarsten Vorwürfe. Wenn ich ihn gekannt hätte, wäre dann alles anders gekommen? Hätte ich Lily vor ihm warnen können? Hätte sie auf mich gehört?
Der Staatsanwalt:
»Die beiden waren offenbar im Delirium. Überall in der Wohnung fanden sich leere Wein- und Schnapsflaschen ... Man hat übrigens auch Bücher in der Wohnung gefunden, die mit allerlei mystischen Dingen zu tun haben. In einem war die Rede von einem Indianerstamm, bei dem es als Zeichen der vollkommensten Liebe galt, wenn man seinen Partner bei lebendigem Leib opferte ...«
Ich weiß nicht, wie ich ertrug, was er mir da erzählte. Ich hörte alles an, als ginge es gar nicht um meine Tochter, sondern um irgendeine Fremde. Irgendjemanden ... Ich mußte den Dingen ins Auge schauen. Das Fürchterliche war gesche-

hen. Was in mir vorging, ging freilich niemanden etwas an. Der Staatsanwalt fragte, und ich antwortete. Die Vernehmung dauerte nicht weniger als drei Stunden, die Pausen mit eingerechnet, die der Staatsanwalt machen mußte, weil ich diese Unterhaltung auf die Dauer nicht ertrug und dazwischen immer wieder zusammenbrach.
Schließlich stellte ich eine Frage:
»Wann kann die Beisetzung stattfinden?«
»Nicht bevor der ganze Fall geklärt ist, Madame... Ich würde sagen in sechs Monaten...«
Dann stand ich auf der Straße, wo Margarete auf mich gewartet hatte.
Ich dachte:
»Das ist also der Preis des Überlebens!«
Wieviele meiner Lieben hatte ich zu Grabe getragen. Imre... nun, er war ein alter Mann gewesen. Meine Mutter ... ach, sie war eine sehr alte Frau, als sie starb. Aber meine Tochter! Lily! Wäre ich nicht eher drangewesen als sie? Ja, das war wohl der Preis des Überlebens, daß man viele seiner Lieben zu Grabe tragen mußte.
Margarete hatte ein Taxi herbeigewinkt. In dem Hotelzimmer warteten Charly und Yvonne auf mich.
Ich sagte:
»So müssen wir uns wiedersehen!«
Dann fiel die Starrheit von mir ab, die mich wie ein Panzer festgehalten hatte, als ich dem Staatsanwalt gegenübersaß. Meine Kinder eilten auf mich zu. Wir alle weinten. Weinten...

War mein Leben eine Party?

Ich hatte mich in meine Pariser Wohnung zurückgezogen und lebte ganz den Erinnerungen an frühere, schöne Zeiten. Ich las viel die Briefe von Imre, die er mir ja bei jeder Gelegenheit geschrieben hatte. Wieviel Liebe sprach aus ihnen, sie waren mir ein wunderbarer Trost.

Dann holte ich meine alten Agenden hervor und blätterte in ihnen.

Irgendjemand hatte einmal gesagt, ich glaube, es war Erich Maria Remarque:

»Vera rief und alle, alle kamen . . .«

Und so war es wohl auch immer. Wer kam nicht alles zu uns! Da war Arthur Rubinstein, der weltberühmte Pianist, der kleine, fast zierliche Mann, der so lustige Geschichten erzählen konnte. Der behauptete:

»Ich verbrachte meine jungen Jahre zum großen Teil mit Warten auf die nächste Kálmán-Operette!«

Was ja nicht stimmen mußte, aber es war doch hübsch, daß er es sagte.

Franz Werfel und seine Frau Alma kamen zu uns, Robert Siodmak, der Filmregisseur, und Leopold Godowsky, der Konzertpianist, waren unsere Gäste. Maurice Chevalier tauchte überall auf, wo wir gerade waren. Und oft erschien Cholly Knickerbocker, der bekannte New Yorker Gesellschaftstratsch-Kolumnist. Der Erzherzog Franz Joseph und seine stets sehr elegante Frau, Prinzessin Marta, die sich als Innenarchitektin in Amerika einen großen Namen gemacht

hatte, waren gute Freunde, mit denen zusammen ich ein Wohltätigkeitsfest »A night in Vienna« zugunsten hungernder österreichischer Kinder veranstaltete, und dazu erschienen auch Lady Astor und Mrs. Vanderbilt und irgendeine Mrs. Morgan. Es kam auch Salvador Dali.
Das Fest brachte einen Überschuß von Dollar 20000.
Und dann gab es in Paris die Hochzeit meiner guten Lily, wobei sich die Pervich selbst übertraf. Ich erinnere mich noch, als wäre es heute. Es gab die fabelhaftesten Hors d'oeuvres:
»Sie sind von der Hand eines großen Meisters gemacht. Was Beethoven in der Musik vollbrachte, kann eure Pervich in der Küche!«
Und dann wurde ein Lachs aufgetischt, der fast einen Meter lang war, gefüllt mit frischem Kaviar, und danach Rehrücken mit Gänseleber und Trüffeln, dann ein herrlicher Salat und viele Arten von Käse mit Kaisersemmeln, die die Pervich selbst gebacken hatte. Zuletzt gab es noch einen Obstsalat und Mousse au Chocolat, verschiedene Torten und Mokka und ... und ...
Und immer wieder erschien Oscar Straus, der so gerne aß und trank, und es sich eigentlich gar nicht mehr leisten konnte, obwohl er einer der erfolgreichsten Komponisten der Welt war, denn er hatte alles verspielt und seine Tantiemen verpfändet. Er lebte eigentlich nur von den Vorschüssen, die er von seinem Verleger bekam.
In Paris und auch in Amerika hatte man immer meinen Mann aufgefordert: »Kálmán, spielen Sie uns was!« Er hatte es nie gern getan. Aber Oscar Straus ließ sich nicht lange bitten und spielte eigene Melodien, aber auch gerne die seiner Namensvettern.
Da sehe ich die Bilder von einer lustigen Silvesterparty, die ich in Berlin, im Hause meiner Freundin Dorothea veranstaltete.

Berlin war total verschneit, die Straßen spiegelglatt, die Motoren der Autos eingefroren. Kein Mensch wollte kommen, denn der Schnee lag meterhoch. Aber ich ruhte nicht und schließlich hatte ich sie alle zusammen geholt. Wie ich es geschafft habe, ist mir heute noch ein Rätsel, aber sie waren alle da und es wurde sehr vergnügt.
Boleslav Barlog, der großartige Intendant des Schiller- und Schloßpark-Theaters, erzählte uns viele lustige Anekdoten. Auch aus seiner Prager Zeit, mitten im Krieg, als Prag von den Deutschen besetzt war und Kálmán nicht gespielt werden durfte. Ihn langweilte die Musik, die der Kapellmeister in irgendeiner Bar spielte, und er machte sich den Spaß, ihn aufzufordern:
»Spielen Sie doch mal etwas aus der ›Csardasfürstin‹ von Johann Strauss!«
Die Musiker nahmen den Vorschlag mit Begeisterung auf, die Nazis, die sich in der Bar befanden, merkten nichts.
Es war eine sehr lange, aber unvergeßliche Silvesternacht geworden. Alle hatten zu der guten Stimmung beigetragen. Hildegard Knef und ihr Mann, Paul von Schell, ebenso wie Cornelia Herstadt und ihr Mann und all die anderen, die ich aus ihren Wohnungen gelockt hatte.
Und da war der 200. Geburtstag des großen Napoleon. Tino Rossi, gebürtiger Korse wie Napoleon, gab ein Fest in Ajaccio. Er hatte mich dazu eingeladen, und ich kochte wieder einmal nach dem Rezept der Pervich meine Paprikahühner. Pompidou, der bald danach Präsident von Frankreich wurde, war bei diesem Fest der Ehrengast. Tino Rossi sang in der Uniform Napoleons korsische Lieder, und er mußte die ganze Nacht singen, denn wir gaben keine Ruhe.
Ich blättere weiter ... und sehe das Bild eines reizenden jungen Mädchens, Putzi. Ich war mit ihrem Vater, Fritz von Opel, eng befreundet und sehr oft Gast in seiner Villa in St.

Tropez. Ich erinnere mich ... als ich ihm einmal sagte, wie stolz er auf seine kleine Tochter sein könnte, machte er ein trauriges Gesicht und sagte:
»Ich mache mir große Sorgen um sie. Ich liebe Putzi sehr und auch meinen Sohn Ricki. Aber was wird aus ihnen werden, wenn ich nicht mehr sein werde?«
Ich verstand ihn damals nicht.
Margarete überraschte mich in Paris, und fast gleichzeitig mit ihr, besuchte mich ein lieber Freund aus New York, der in Paris zu tun hatte, Frank Richard Aldridge. Es gab ein freudiges Wiedersehen und eine angeregte Unterhaltung. Aldridge wollte mich natürlich ausführen. Ich hatte so gar keine Lust, denn ich fühlte mich eigentlich ganz wohl in meiner Zurückgezogenheit. Margarete aber, die mich so gut kannte und wußte, daß ich so nicht ewig leben konnte, machte mit Frank einfach einen Plan. Einer der vornehmsten Bälle sollte in den nächsten Tagen in Paris stattfinden, das große Wohltätigkeitsfest »le bal des petits lits blanc«, der Ball der kleinen weißen Betten, der alljährlich eine große Summe für die Caritas zusammenbrachte. Die Preise der Ballkarten waren enorm hoch und wurden nur namentlich ausgestellt, doch für einen Mann wie Frank war es keine große Schwierigkeit, Karten zu beschaffen.
Kurz und gut, man hatte einfach über mich verfügt. Ich kaufte mir bei Yves Saint Laurent eins der schönsten Abendkleider, und Margarete holte aus dem Safe den dazu passenden Schmuck.
Als der Abend des Balles da war, hatte ich das Gefühl, daß ich viele Jahre nicht unter Menschen gegangen wäre. Ich war richtig nervös.
Margarete betrachtete mich:
»Na, du hast dich wieder gut hingekriegt!« sagte sie in ihrer sachlichen Berliner Art. Wirklich, ich sah immer noch sehr

gut aus, die kleinen Sorgenfältchen an den Augen hatte ich geschickt überschminkt.
Der Ball versammelte die Prominenz von Paris. Persönlichkeiten, die man sonst kaum irgendwo treffen konnte, aber auch Damen wie die schöne Floricelle, herrlich gekleidet und mit kostbarstem Schmuck. Sie war jedem bekannt und jeder wußte von ihr, was man sich nur hinter vorgehaltener Hand erzählen konnte. Ich traf viele meiner Bekannten, die sichtlich erfreut waren, mich wieder in ihrem Kreis zu sehen. Wie gut kannte mich doch Margarete und wie genau wußte sie, daß ich diese Atmosphäre brauchte. Das Blut kreiste wieder schneller durch meine Adern.
Da traf es sich gut, daß man mich für Besprechungen zu einem Kálmán-Portrait im Fernsehen nach Berlin eingeladen hatte. Es hieß also Koffer packen nach Berlin, wie gern ging ich dorthin.
Auf dem Flugplatz Tempelhof begrüßte mich ein Gepäckträger wie eine alte Bekannte:
»Na, ooch mal wieder in Berlin?«
Ich war verwundert. »Wissen Sie denn, wer ich bin?«
»Nee, janich. Ick wees nur, Sie sind doch die mit die fuffzehn roten Koffer!«
Das war wieder mal typisch berlinerisch, und ich mußte lachen.
Meine Arbeit nahm mich nicht viel in Anspruch, und ich war abends bei lieben, alten Freunden von mir, Franz Karl und seiner Frau Olga. Einmal hätte Franz viel Geld verdienen können. Die Zeitungen und Zeitschriften belagerten ihn. Ob er nicht etwas über die Soraya erzählen wolle? Das war die Zeit, in der sich der Schah von Soraya getrennt hatte, und man keine Zeitschrift aufschlagen konnte, ohne etwas über sie zu finden. Er hätte vermutlich dies oder das über sie sagen können, denn er ist ihr Onkel.

Wir sprachen über dies und das, fast immer russisch, denn er war mit seinen Schwestern in Moskau aufgewachsen, wo der Vater damals irgendeinen Job hatte; eine der Schwestern, Eva, die ich übrigens durch ihn schon vor Jahren kennengelernt hatte, wurde die Frau des persischen Diplomaten Esfandiary und die Mutter Sorayas. Sie kam an jenem Berliner Abend zu ihrem Bruder und war sehr bedrückt über das Schicksal ihrer Tochter, die – und ich schreibe es, obwohl die Illustrierten meist das Gegenteil behaupteten – sehr einsam war. Aber das wollte sie selber so. Nach der Scheidung vom Schah hatten sich viele um Soraya bemüht und die Mutter hatte für den einen oder anderen ein gutes Wort eingelegt, aber sie war von Soraya ausgelacht worden. Sie sagte, der Schah sei der erste Mann in ihrem Leben gewesen – bis kurz vor der Hochzeit war sie ja auch in einem schweizerischen Pensionat aufgewachsen –, sie würde nie einen anderen lieben.
Durch Eva lernte ich dann auch Soraya kennen. Sie war nach wie vor unglaublich schön und reizvoll und viel kindlicher, als sie auf den zahllosen Bildern wirkte. Sie war wohl in jenen Tagen die meist fotografierte Frau der Welt, geschmückt mit allen möglichen Nachrichten, die zumeist in den Redaktionsstuben erfunden worden waren.
Eva Esfandiary ärgerte sich über diese albernen Geschichten. Soraya ärgerte sich nicht weniger. Sie fragte mich, wie das wohl zu verhindern wäre. Ich hatte keine Ahnung. Meine Freundin Margarete Zander, damals Pressechef bei der CCC-Filmgesellschaft in Berlin, meinte, es sei schwerer, Artikel zu verhindern, als Artikel zu lancieren. Aber es gäbe trotzdem Möglichkeiten.
»Dann würde gar nichts mehr über mich geschrieben werden?« fragte Soraya, und ich spürte, das war ihr auch wieder nicht recht.

Ich traf sie das nächste Mal in München, wo sie auf dem »My Fair Lady-Ball« erschien. Wir saßen alle an demselben großen Tisch, Eva, Soraya, ich und eine Menge anderer Leute, die damals prominente Rollen in den Klatschspalten spielten und heute längst vergessen sind. Zum Beispiel eine Frau von großer Persönlichkeit, Isabelle, die dank ihrer ungeheuren Juwelen, die sie immer trug, unter uns die »Diamanten-Wally« genannt wurde und ihr Mann, Generalkonsul Herbert Styler, der allerdings auch heute noch eine besondere gesellschaftliche Rolle in München spielt.
Wir alle trugen Kostüme aus der Zeit, in der das Musical spielte. Ein älterer Herr, sehr distinguiert wirkend, näherte sich unserem Tisch. Er sah ein wenig aus wie Mark Twain – schneeweißes Haar und weißer Schnurrbart. Wir erkannten ihn trotzdem. Es war Maximilian Schell, der damals gerade in Hollywood einen Oscar bekommen hatte.
Er wurde Soraya vorgestellt, sie tanzten zusammen. Und es blieb nicht bei dem einen Tanz. Es war klar zu sehen, daß sie sich für ihn interessierte und er sich für sie. Zwei Stunden später war es klar, daß sie sich in ihn verliebt hatte und er sich in sie. Sollte Soraya nun doch einen Mann gefunden haben, den sie nach dem Schah lieben konnte? Es sah eine Zeitlang so aus. Dann erhielt sie einen Antrag des italienischen Produzenten Dino de Laurentis, der einen Film mit ihr machen wollte. Die Zeitungen konnten sich nicht darüber beruhigen. Man bedenke: die ehemalige Kaiserin von Persien als Filmschauspielerin! Es konnte nun schon gar keine Rede davon sein, daß irgendwer auf irgendeine Weise Artikel über sie verhindern konnte. Das hätte Laurentis auch gar nicht gepaßt.
Soraya war schon in Rom. Ihre Mutter erreichte mich in Paris und bat mich, doch auch nach Rom zu kommen.
Soraya wohnte damals zusammen mit ihrer Mutter und Maximilian Schell in der schönen Villa, die der Frau von Carlo

Ponti gehörte, der damals schon mit Sophia Loren zusammenlebte. Schell war dagegen, daß Soraya das Filmangebot annahm. Es gab richtige Auseinandersetzungen zwischen den beiden. Eva erzählte mir, daß Schell Soraya direkt gebeten habe, den Film nicht zu machen. Er wollte gern, daß sie heirateten. Soraya wäre zunächst nicht abgeneigt gewesen, dann aber hatte sie sich doch entschieden. Sie wollte nicht Frau Soraya Schell sein, sondern Prinzessin Soraya bleiben.
Die letzten Besprechungen zu dem Vertrag sollten zunächst geheim bleiben. Was auch gelang, obwohl die Presse Soraya belagerte. Wir trafen uns alle in einem Restaurant direkt am Meer in Ostia. Soraya war in meinem Wagen gekommen, in dem sie niemand vermutet hatte.
Im Restaurant erkannten sie natürlich viele Gäste und einige kamen an unseren Tisch und sagten:
»Bitte, machen Sie diesen Film nicht! Sie sollen doch unser Idol bleiben und sich nicht unter das Filmvolk mischen!«
Erstaunlich, aber das sagten sie. Soraya gab sich liebenswürdig und bescheiden.
»Aber es macht mir doch Freude, einmal eine andere Rolle zu spielen, als die der ehemaligen Kaiserin von Persien!«
Der Film hieß »Die Frau mit den drei Gesichtern«. Täglich erschienen während der Dreharbeiten Stories in allen europäischen Zeitungen, aber ewig konnten die Reporter nicht neue Geschichten erfinden.
Dann kam der Abend der Premiere. Auf Wunsch von Soraya und ihrer Mutter war ich nach Milano gekommen. Soraya war voller Unruhe.
»Vielleicht hätte ich doch Maximilian folgen sollen?« fragte sie mich.
Die Premiere war als Gala aufgezogen. Das große Kino war voll mit dunkelroten Rosen geschmückt, der Lieblingsblume von Soraya. Dino de Laurentis hatte die gesamte Society ein-

geladen. Sie kamen von überall her, aus London, Paris und auch aus New York.
Als Soraya ihre Loge betrat, stand das Publikum auf als Zeichen der Hochachtung vor der ehemaligen Kaiserin. Aber das war, bevor der Film gelaufen war.
Über den Film selbst ist nicht allzuviel zu sagen. Man hatte versucht, Soraya in allen möglichen Posen zu zeigen, in allen möglichen Kleidern, in allen möglichen Frisuren. Sie war wunderschön, gewiß, sie konnte sich auch bewegen. Aber das war alles. Es war mit Händen zu greifen, der Film war nicht gelungen. Die Stimmung des Publikums sank von Minute zu Minute, es wurde ganz still, nicht weil die Leute so erschüttert, sondern weil sie gelangweilt waren. Alle, die mit dem Film zu tun hatten, wurden nervös. Laurentis in seiner Loge konnte gar nicht mehr stillsitzen.
Wie mußte es Soraya zumute sein?
Nun wich die Stille gelegentlichen Lachern, die immer häufiger wurden und die so gar nicht in die Geschichte des Films hinein paßten.
Und dann war der Film zu Ende, und es wurde wieder hell und ein paar freundliche Leute applaudierten, und andere, ich vermute von Laurentis engagierte, riefen nach Soraya. Aber sie war nicht mehr da. Sie war längst durch einen Hinterausgang aus dem Kino verschwunden.
Trotzdem erhielt Soraya tatsächlich noch weitere Filmanträge, obwohl ihr erster Film auch finanziell keinen Erfolg brachte. Vom Filmen wollte sie nie wieder etwas wissen. Sie hätte Maximilian Schell folgen sollen.
In Rom war eine Stagione mit dem »Zigeunerprimas« von Kálmán angelaufen. Ich flog natürlich hin.
Dann mußte ich nach Wien, wo das Kálmán-Museum in der Wiener Hofburg eröffnet wurde. Wenige Tage später sollte in Imres Geburtsstadt Siofok am Plattensee in Ungarn sein als

Kálmán-Museum umfunktioniertes Geburtshaus dem Publikum übergeben werden.
In der Wiener Hofburg standen drei Räume zur Verfügung, und dort konnte man das kleine Zimmer mit dem Mobiliar sehen, wo Imre seine erste erfolgreiche Operette »Herbstmanöver« komponiert hatte. Der nächste Raum zeigte seine Arbeitsstätte in der Glanzzeit, die ich ja hatte miterleben dürfen, der dritte Raum war mit den Möbeln seines Sterbezimmers ausgestattet, die ich überlassen hatte.
Die Einweihungsfeier fand in Anwesenheit des österreichischen Bundespräsidenten statt.
Es waren viele Freunde gekommen, natürlich auch Charly und Yvonka. Mit denen fuhr ich dann im Wagen nach Siofok. In dem bescheidenen Geburtshaus konnte man ein paar Möbel aus seiner Jugendzeit bewundern. Viele alte und neuere Familienbilder hingen an den Wänden. Der Bürgermeister weihte das Museum ein. Im Stadtpark von Siofok wurde eine Bronzebüste von Imre enthüllt – so populär war er!
Wir verbrachten dort einige Tage mit vielen Bürgern von Siofok, die Imre noch persönlich gekannt hatten, und das eine und andere von ihm berichteten. Wir waren tief gerührt und dankbar auch für die Kálmán-Darbietungen der städtischen, nicht gerade erstklassigen Kapelle. Sie verehrten alle ihren Kálmán-Imre.
Ich fuhr nach München, da ich dort Besprechungen für die Mitwirkung in einer »Rothenberger-Show« haben sollte. Es ist Hochsommer dort und München fast so leer wie Paris um diese Zeit. Ich will mich nicht lange aufhalten, nur die betreffende Besprechung führen und Post beantworten, die mir nachgesandt worden ist.
In Köln will man mich für eine Talk-Show haben. Der künstlerische Leiter, Dr. Alfred Biolek, hat mich schon überall gesucht. Ich sage gern zu, aber wundere mich, was soll ich denn

dabei tun? Ich bin doch keine Schauspielerin? Natürlich freue ich mich, daß mein »Typ« verlangt wird, jedenfalls mache ich in beiden Shows mit. Vom WDR liegt eine Anfrage vor, ob ich mit meinen Kindern Charly und Yvonka bei einem volkstümlichen Konzert, in dem zumeist Kálmán-Melodien gespielt werden, als Moderatorin mitwirken möchte.
Den liebsten Brief schreibe ich aber an Remarque als Antwort auf einen charmanten Brief von ihm, der schon lange unbeantwortet bei mir liegt. Erich schreibt darin:
Liebste Vera!
Tausend Dank für Deine hübsche Karte. Du bist der schönste wandernde Zigeuner, den ich kenne! . . . (Und zum Schluß:) Behalte Dein glitzerndes Schmetterlingsdasein und die Brillanz, die eine so schöne Schwester der Klugheit ist, und sei weiter die reine Freude Deiner Freunde und Deines alten Verehrers Erich

Welche Frau würde ein solcher Brief nicht erfreuen?
Von Domenica hatte ich lange nichts gehört. Mein Herz klopfte, als ich jetzt einen Brief von ihr vorfand. Sie bat mich herzlich zu ihr zu kommen, nach Marrakesch, wo sie sich gerade aufhielt.
Sie schrieb:
»Bitte komme, ich brauche Dich!«
Ihr Schreiben verwirrte mich. Zu stark hatte ich noch in Erinnerung, wie schrecklich sie den armen Pollo behandelt hatte. Das hatte mich ihr sehr entfremdet. Ich wußte zwar, daß ihre ganze undurchsichtige Affäre, was sie betraf, zu den Akten gelegt worden war. Möglicherweise hatte sich doch alles ganz anders verhalten, als man gehört hatte. Ich wußte nicht – sollte ich wirklich zu ihr fahren, sie wirklich wiedersehen? Tagelang quälte ich mich mit einer Entscheidung herum, dann telegrafierte ich, daß ich kommen werde.

Statt meiner lieben Schwester Irmgard hatte ich nun Frieda. Die Arme, die sich noch sehr mit dem Einpacken meiner vielen Koffer plagte, war schon bereit – am nächsten Morgen wollten wir fliegen. Ich hatte aber zwei liebe junge Freunde in München, die es nicht zulassen wollten, daß ich wegfuhr, bevor ich nicht ihre Villa gesehen hatte, die sie sich erst kürzlich gekauft hatten. Kay und Achim also zeigten mir ihr Haus. Ich sollte es begutachten. Ich war erstaunt. Eine Köstlichkeit im architektonischen wie künstlerischen sah ich. Das würde nicht so außergewöhnlich sein, wenn sie nicht einen ganz und gar prosaischen Beruf haben würden. Ich bewunderte ihr Heim und fragte Kay:
»Du bist so ein kultivierter Bursche, – warum bist du nicht auch Arzt geworden wie deine ganze Familie? Vater, Mutter, Bruder und Schwester?«
»Ich wollte meinen eigenen Weg gehen«, sagte Kay, »und so bin ich eben Restaurateur geworden. In Berlin würde man schlicht sagen ›Budiker‹. Ja, mehr ist es nicht, und ich gehe auch auf die verrücktesten Wünsche meiner Gäste ein. Aber hier, in unser Zuhause, kommt nur der, den wir uns aussuchen.«
Ich freue mich für meine jungen Freunde, denn ich habe ihnen viel geholfen, als sie ihr attraktives Bistro, in dem sich am Abend alles, was prominent ist, trifft, eröffneten.
Über verschiedene Umwege bin ich in Rabat gelandet. Vor dem Flughafen steht ein moderner Cadillac. Der Chauffeur in Uniform kommt auf mich zu und sagt:
»Mein Name ist Ali. Bist du Vera?«
»Ja, ich bin Vera.«
Ich merke bald, alle duzen sich hier.
Eine breite Autobahn führt nach Marrakesch. Je näher ich komme, umso unruhiger werde ich. Wie wird das Wiedersehen mit Domenica? Kann es zwischen uns so sein wie früher?

Sie erwartet mich im Hotel Mamounia. Es ist ihr bequemer im Hotel zu wohnen als in ihrem eigenen viel zu großen Palast. Domenica ist sehr verändert. Sie ist älter geworden, und ein bitterer Zug ist um ihren Mund. Als wir uns gegenüber stehen, finden wir keine Worte. Dann umarmt und küßt sie mich. Ich bin froh darüber – der Bann ist gebrochen.
»Wie geht es dir, Domenica?« frage ich.
»Ich sehe nur wenig Menschen«, antwortet sie. »Und ich bedauere immer, daß du noch nicht begriffen hast, wie schön es ist, allein zu sein. Vielleicht wirst du es nie im Leben erfahren!«
»Aber ich liebe nun einmal die Menschen ...«
»Du begeisterst dich für all die großen Leute. Sind sie denn so groß? Du verwechselst Brillanten mit Similisteinen. Du liebst den Schein ...«
Nun, denke ich, das ist wieder typisch Domenica. Sie will mich immer erziehen, aber ich verteidige mich:
»Chérie, ich habe die Einsamkeit auch kennengelernt, und ich danke Gott, daß ich wieder zurückgefunden habe und wieder gern unter Menschen bin, wenn sie auch nicht alle Engel sind. Sind wir es denn?«
Domenica will dies Gespräch beenden und geht mit mir auf die große Terrasse.
»Schau hinunter, hier ist noch alles wie im Märchen«, sagt sie. Phantastisch die Blumen in den herrlichsten Farben, die vielen Menschen auf den Straßen, alles erscheint mir ungeheuer bunt und wild. Die Frauen jedoch tragen trotz der großen Hitze lange schwarze Tücher, die nur die Augen frei lassen. Die Blumen in meinem Zimmer sind ganze Rosenbäume und duften himmlisch. Während Frieda noch auspackt, muß ich mich auch schon umkleiden. Domenica ist zu einem Empfang der französischen Kolonie in den Palast des Sultans eingeladen und will mich mitnehmen.

Der schneeweiße Palazzo hat zwei Etagen, und alle Räume zeigen orientalischen Prunk. Unsagbar viel Dienerschaft in weißseidenen Satin gekleidet, bemüht sich, mehr als genug, um die Gäste. Ich bin sprachlos über die ungeheure Eleganz. General Bethouar und seine Gattin machen die Honneurs. Sie sind persönliche Freunde des Sultans. Früher war der General Chef der Besatzungskommission im Palais Lobkowitz in Wien gewesen.
Mit viel Charme begrüßt uns der Sultan, umgeben von seinen Ehrengästen, König Hassan und sein Bruder Mustafa Bey. Dann beginnt das Diner, wobei es ganz europäisch zugeht, doch die Speisen sind alle sehr scharf. Zu allem wird Cous-Cous serviert, die Nationalspeise, die auf keinem Tisch fehlen darf, weder bei arm noch bei reich.
In den Salons – nach dem Diner – kommt man sich näher. Ich lerne einen französischen Diplomaten kennen. Er gefällt mir ausnehmend gut. Den Sultan scheint meine Blondheit zu beeindrucken. Er plaudert lange mit mir und lädt mich dann zu einer Fahrt über den Atlas ein. Das interessiert mich sehr, und ich bedanke mich.
Viele der Damen und Herren, die ich am Abend zuvor kennengelernt habe, treffe ich am anderen Morgen wieder. Auch den französischen Diplomaten.
In fünf Cadillacs geht die Fahrt bei größter Hitze zunächst nach Rampard, einer uralten gewaltigen Mauer, die seit Jahrhunderten die Stadt in zwei Hälften teilt. Wir sehen die prachtvollste Vegetation.
Ich bin von meinen Reisen in Mexiko darin sehr verwöhnt, aber das ist nichts gegen diese ungeheure Blüten- und Farbenpracht.
Wir fahren über den Hohen Atlas. Wie ein Wunder erscheint es uns, der Berg ist tief verschneit. Wir frösteln, aber schon legen uns Diener warme Kaschmirschals um. Kaum sind wir

über den Berg, geht es wieder hinunter in die Wüste. Wir werfen die Tücher fort. Die Luft dampft vor Hitze.
Nicht weit vom Atlas liegt der großzügige Besitz von Domenica. Viele andere Paläste stehen zwischen den ärmsten Baracken. Welche Kluft zwischen arm und reich! Die Damen und Herren, die mit uns sind, scheinen das alles nicht zu empfinden. Es scheint ihnen selbstverständlich. Ich erschauere. In diesen armseligen Hutten leben Menschen und wachsen Kinder heran.
Domenica zeigt mir in Marrakesch die Suks. Das sind Märkte, die in der ganzen Stadt verteilt sind. In den Straßen sehe ich Frauen, die alles mögliche auf ihren Köpfen tragen und sich fürchterlich damit abschleppen, die Männer dagegen folgen ihnen auf Eseln sitzend. Man hat den Eindruck, daß hier die Frauen die schwerste Arbeit tun, die Männer sich aber das Leben leicht machen.
Sie sind aber sehr geschickt. Wir beobachten, wie sie aus alten Pneus Handtaschen, Koffer und vieles andere herstellen. Ihr Handwerkzeug ist ein einfaches Messer. Dann malen sie ihre Ware bunt an.
Auf anderen Suks werden Hühner verkauft. Die Tiere sind alle am Hals zusammengebunden. Man sucht sich ein Huhn aus, das dann direkt vor den Augen des Käufers geschlachtet wird.
Wieder andere haben einen großen Topf vor ihren Bauch gebunden, der abgekochtes Wasser enthält, das sehr begehrt und nicht billig ist.
Es gibt auch Suks, wo die farbenprächtigen Blumen und Obst angeboten werden. Es lockt natürlich jeden Touristen hier zu photographieren. Sofort kommt einer der Verkäufer und will kassieren, dann erst darf man knipsen. Es ist niemandem zu raten, ohne die »Gebühr« zu photographieren.
Der Hauptsuk in Marrakesch ist ein Platz mit Derwischen,

die jede Stunde ihre Tänze zeigen. Auch hier wird erst kassiert und dann getanzt.
Nach einigen Tagen muß ich nach Paris zurück. Domenica fliegt mit mir. Dort erwartet mich viel Arbeit und Post, die erledigt werden muß. Ein Anruf aus Köln: man erwartet mich zu der Talk Show. Ich packe wiedermal schnell die Koffer. Im Studio lerne ich den Präsidenten des Deutschen Industrie- und Handelstages, Wolf von Amerongen, kennen. Wir müssen warten, bis wir dran kommen und unterhalten uns angeregt. Wolf von Amerongen fragt mich:
»Wo sind Sie eigentlich zu Hause?«
»Ach, eigentlich überall. Am liebsten in einem schnellen Flugzeug, das mich dahinbringt, wo ich gerade sein möchte«, sage ich ihm lachend.
Ich trinke etwas, denn ich bin nervös. Sowas habe ich noch nie gemacht. Auf die improvisierten Fragen des netten Moderators Dr. Biolek muß man präzis antworten.
Wolf von Amerongen frage ich:
»Und wo sind Sie zu Hause?«
»Wirklich zuhause fühle ich mich in meinem Haus am Wolfgangsee, in Strobel.«
»Ich glaube, ich kenne dies Haus. Gehörte es mal dem Schauspieler Emil Jannings?«
»Ganz recht – Jannings und seiner Frau, der Schauspielerin Gussy Holl.«
»Ich kenne das Haus sogar sehr genau, denn mein Mann und ich waren oft Gäste dort. Wir waren sehr befreundet mit dem Ehepaar.«
Welch ein witziger Zufall. Wolf von Amerongen habe ich gerade erst kennengelernt, sein Haus kenne ich seit Jahren.
»Haben Sie Jannings nach dem Krieg noch wiedergesehen?« fragte Herr von Amerongen.
»Ja, in Paris, im Schlafwagen nach Wien. Wir waren schon im

Zug, auf einmal sehe ich, wie man einen Mann auf einem Rollstuhl hereinbringt. Es war Jannings, er war kaum wiederzuerkennen. Er war dreimal so dick als früher. Ich war entsetzt. Ich sagte zu meinem Mann:
›Da ist Emil!‹
Er reagierte schrecklich. Er hielt Jannings für einen Verräter. Unter den Nazis hatte er eine sehr wichtige Rolle im Filmbetrieb gespielt. Imre wollte ihn nicht wiedersehen. Ich ging trotzdem ins Abteil hinüber und begrüßte ihn. Von seiner Frau erfuhr ich, daß er an der Wassersucht litt.
Er stammelte:
›Ich bin ein armer Kerl . . . niemand will etwas mit mir zu tun haben. Was ich alles getan haben soll . . .‹
Gussy Holl versuchte ihn zu beruhigen.
›Du wirst noch einen Herzanfall bekommen . . .‹
›Glaub mir, Vera, ich habe nichts von alledem getan, was man mir vorwirft.‹
Ich ging zu Imre hinüber und sagte ihm:
›Er wird nicht mehr lange leben . . . Gib ihm doch die Hand.‹
Und Imre tat es. Jannings weinte wie ein kleines Kind.«
Wir wurden zu den Aufnahmen gerufen. Meine Nervosität hatte sich gelegt, und mein Part verlief gut. Bio, wie wir ihn alle nennen, war zufrieden mit mir.
Ich kehrte nach Paris zurück. Während des Fluges mußte ich an einen anderen denken, der auch einmal ein guter Freund gewesen war, Franz Lehar. Mit ihm konnte Imre nicht mehr Frieden schließen. Lehar war, trotzdem er keine Schwierigkeiten mit den Nazis gehabt hatte, nach Zürich gezogen, wo dann seine Frau starb. Er machte noch Frieden mit dem Interpreten seiner großen Operettenerfolge, mit Richard Tauber, der mit ihm gebrochen hatte. Lehar war dann wieder nach Bad Ischl zurückgegangen, wo er recht einsam und traurig starb. Das war im Herbst 1948, als wir noch in Amerika

waren. Später besuchten Imre und ich sein Grab, und Imre legte einen Kranz nieder.
Marrakesch lag schon wieder eine Zeitlang hinter mir, und ich würde auch sicherlich längst die dunklen, brennenden Augen eines Mannes vergessen haben, der mich bei dem Empfang des Sultans so stark beeindruckt hatte. Doch täglich gab es für mich eine Überraschung. Es wurden mir Blumen geschickt, ohne den Namen des Spenders zu nennen. Natürlich war ich neugierig, von wem die Blumen kamen, und um dies herauszubekommen, schickte ich eines Tages die Blumen an das Geschäft zurück, das heißt, ich nahm sie nicht an.
Bald darauf meldete mir Frieda einen Herrn aus Marrakesch. Ich fragte sie nach seinem Namen. Sie stotterte herum, sie hatte ihn nicht recht verstanden.
Da stand er auch schon in der Tür. Ich erkannte ihn sofort und schickte Frieda hinaus. Wir schauten uns lange an, dann küßte er meine Hände. Ich fühlte, er hatte sich in mich verliebt. Auch ich hatte ihn nicht vergessen. Es gab zwischen uns nicht viel zu erklären, – aber warum geschah alles so geheimnisvoll? Armand war mit einer Dame der französischen Gesellschaft verheiratet und hatte drei Kinder. Ich mußte ihm versprechen, unsere Liebe als ein Geheimnis zu hüten. Er hatte sich für eine Woche frei gemacht, und diese sieben Tage sollten uns ganz allein gehören.
»Wäre ich nicht seit vielen Jahren mit meiner Familie so glücklich, ich würde dich auf der Stelle heiraten wollen«, sagte er mir.
Ich fühlte, für diesen Mann wäre ich meinem Vorsatz, mich nie wieder fest zu binden, sicherlich untreu geworden.
Wir flogen nach Istanbul und Armand zeigte mir viel Sehenswertes in der Stadt. Er führte mich in die herrliche Hagia Sophia, die früher eine der schönsten Moscheen des Orients war, heute aber ein Museum ist.

Auf den Straßen Istanbuls herrscht ein unbeschreiblicher Lärm. Zeitungsjungen rufen mit lautestem Geschrei ihre Blätter aus. Die Autos fahren wie die Wahnsinnigen in rasendem Tempo durch die ansteigenden Straßen. Menschenmengen drängen sich auch in den kleinen Gassen, wo viele herrenlose Hunde und Katzen, die keine Schwänze haben, umherstreunen.
Armand zeigte mir den Grand Bazar, der einmalig ist. Ein riesiges Gebiet unterhalb der Stadt. Originell ist es auch heute noch dort. Überall sind kleine Läden, und es gibt tausend Dinge zu kaufen, hauptsächlich aber Souvenirs für die Fremden. Der türkische Inhaber eines kleinen Geschäftes begrüßte uns nach allen Seiten hin dienernd. Dann schloß er seine Eingangstüre ab. Ich bekam es mit der Angst.
Armand sagte mir:
»Das tut er zu seinem Schutz, damit nicht sein Nachbar, also sein Konkurrent, uns herausholt, um uns in seinen Laden zu schleppen.«
Ich kaufte verschiedenes, unter anderem einen herrlichen alten Dolch, der allerlei türkische Initialen trug. Als ich dann in Berlin meiner Freundin Margarete, die Antiquitäten liebt, den einzigartigen Dolch aus dem Grand Bazar schenkte, lachte sie hell:
»Den habe ich gerade vorgestern im KaDeWe für 19,50 gesehen.«
So ist das mit den Souvenirs.
Unser letzter Tag kam schnell näher. Noch verdrängten wir den Gedanken daran und taten beide, als gäbe es überhaupt keine Trennung mehr. Armand wollte mir noch die Prinzeninsel mit dem berühmten Kloster zeigen. Wir fuhren mit einem kleinen Schiff über den Bosporus, und als wir an der Tür des Klosters, die uns ein Mönch öffnete, keinen Einlaß erhielten, protestierte Armand höflich.

»Der Besuch des Klosters ist doch gegen eine Spende gestattet!«
»Sicherlich«, antwortete der Mönch, »aber die Dame trägt ein Kleid ohne Ärmel und das ist verboten. Wenn sie die Arme bedecken würde, könnte sie hereinkommen.«
Armand zog seine Jacke aus, ich zog sie an und das Tor wurde uns weit geöffnet. Das Kloster ist eines der ältesten im Orient. Die Mönche sollen zu den gebildetsten der Welt gehören. Sie studieren alte Sprachen. Mit ihnen zu sprechen, war nicht gestattet. Sie zeigten auch keinerlei Interesse für uns. Man hatte den Eindruck, sie lebten fern der Welt.
Der Traum – es war wirklich wie ein wunderschöner Traum gewesen – ging zu Ende. Ohne Worte zu verlieren, blieb es dabei – als wäre es niemals geschehen. Armand schlug vor, daß wir uns noch einen Tag schenken sollten, denn er wollte mir noch Philepopel zeigen. Ich schmunzelte: Philepopel! Ach, er trennte sich von mir genau so schwer, wie ich mich von ihm. Noch einen Tag mit uns beiden und eine Nacht.
Es gab nur ein ziemlich altes Hotel in der Stadt. Als ich in das dunkle Zimmer trat und Licht machte, liefen in heftigem Tempo einige dicke, schwarze Schaben auf dem Teppich auseinander. Um nichts in der Welt hätte ich hier schlafen können. Armand sah es ein und wir gingen hinunter in das bescheidene Restaurant und blieben dort und redeten miteinander und waren ein wenig traurig, ein wenig belustigt, daß dies die Nacht war, die unsere letzte sein sollte.
Vielleicht war es gut so, wir waren beide sehr ernüchtert durch diese unerwartete Situation. Armand hatte meine Reise nach Wien vorbereitet. Nach Wien zu gehen, war für mich das richtige. Hier erwartete mich Business.
Der Traum, vielleicht der schönste meines Lebens, mußte vergessen werden. Wir wollten beide unser Leben nicht auf den Kopf stellen.

Im Raimund-Theater in Wien fand eine Jubiläumsvorstellung der »Gräfin Mariza« statt, und ich hatte Marika Rökk versprochen, dabei zu sein. Sie feierte Triumphe in der für sie umgeschriebenen Rolle der »Porzellantante« und brachte der Aufführung so viele ausverkaufte Häuser, daß ich es ihr einfach schuldig war, bei der 100. dabei zu sein.

Kaum angekommen, erreichte mich ein Hilferuf des österreichischen Fernsehproduzenten. Er hatte eine Co-Produktion für Eurovision auf die Beine gestellt, wieder einmal ein Kálmán-Portrait. Österreich, Deutschland und Ungarn hatten sich daran beteiligt, aber nun wollten die Ungarn kein Geld geben oder jedenfalls nicht so viel, wie ausgemacht worden war. Der Produzent hatte doch fest damit gerechnet, daß wenigstens die Spesen der Aufnahmen in Ungarn selbst vom ungarischen Fernsehen gedeckt werden würden.

Ich war erstaunt und ärgerlich über diesen Anruf. Was hatte ich denn mit dieser Sache zu schaffen? Was konnte ich denn tun? Wenn die Ungarn kein Geld hatten, war das ihre Sache oder die Sache des Produzenten.

Aber ich ließ mich dann doch überreden, nach Budapest zu fliegen. Dort saßen sie nun alle herum, die mitwirken sollten. Die Sängerin Anna Moffo, mit der ich seit Jahren gut bekannt war, der Sänger Hermann Prey und Nadja Tiller, die als Moderatorin vorgesehen war. Und alle blickten auf mich, als ob ich zaubern könnte.

Ich zauberte also. Ich telefonierte mit dem stellvertretenden Ministerpräsidenten Aczel, das heißt, ich versuchte mit ihm zu telefonieren, was vorerst nicht gelang. Ich ließ mich aber nicht abspeisen, und schließlich wollte die Sekretärin wissen, was ich wolle. Ich sagte, ich wolle mit dem Minister sprechen, und es kam eine Audienz zustande.

Ich sagte dem Minister, worum es ging. Und daß es doch schade wäre, wenn aus dem Fernsehprojekt Ungarn ausfallen

müßte. Der Minister richtete seine klugen Augen auf mich und neigte seinen interessanten Kopf und erklärte:
»Eine Eurovisionssendung über Kálmán ohne Ungarn, das ist natürlich ganz unmöglich! Wir werden der ungarischen Produktion helfen!«
Impulsiv, wie ich bin, sprang ich auf und umarmte und küßte den erstaunten Minister. Und dann wurde in Budapest und Umgebung gedreht und ich wurde gebeten, oder es wurde mir geradezu befohlen, mitzutun. Ich hatte eine Szene mit Nadja Tiller und weiß nicht mehr, wie es kam, jedenfalls waren wir beide so voller Übermut und Laune, daß wir vor Lachen immerzu unsern Text vergaßen, als unsere Szene gedreht wurde. Der Regisseur war böse auf uns, und damit hatte er recht.
Ich sah unsere Szene dann viel später in der Fernsehsendung wieder. Es war bei meinen Freunden Ditha und Willy Wanek, die zu meinen treuesten gehören. In ihrer Villa in Wien hatten sie als Überraschung für mich viele prominente Bekannte eingeladen, als die Fernsehsendung ausgestrahlt wurde. Ich fürchtete mich bei soviel Prominenz wegen meiner verlachten Szene. Ditha, als bezaubernde Gastgeberin, hatte zu meinem Glück mit soviel Alkohol vorgesorgt, daß man in animierter Stimmung war, und als die betreffende Szene lief, fanden alle gerade diese Szene so natürlich und hübsch und machten mir schöne Komplimente. Ihr freundlichen Lügner! dachte ich bei mir.
Ich blieb noch einige Tage in Wien, denn ich hatte dort Besprechungen. Wo hatte ich eigentlich keine Besprechungen? Aber in Wien gab es um diese Zeit auch ein Fest, das ich nicht versäumen wollte. Der große Hofburg-Ball, der sogenannte Redoutenball, zu dem mich mein Freund Baron Erwein Geszmann von Waldeck eingeladen hatte. Erwein spielte in der Wiener Gesellschaft dank seines Charmes und seiner Eleganz

eine große Rolle. Mit ihm auf den Ball zu gehen, mußte ein besonderes Vergnügen sein. Und ich dachte: den Wienern werde ich mal zeigen, wie eine Frau aussieht, die in Paris lebt! Vielleicht kindisch, aber ich hatte nie ganz verdrängen können, wie schlecht es mir einmal in Wien gegangen war.
Ich blieb den ganzen Tag im Bett, um mich auszuruhen, ich aß keinen Bissen, denn ich mußte schlank sein – das Abendkleid, das ich tragen wollte, war hauteng. Ich mußte auch »zart« sein, nur dann, davon war ich überzeugt, würde das türkisfarbene Chiffongewand seine volle Wirkung haben. Das Kleid war tief ausgeschnitten. Ich trug dazu eine schmale Jacke aus demselben Material. Ich legte meine Türkise an. Gegen Abend erschien der erste Coiffeurkünstler Wiens, den mir Bekannte besorgt hatten.
Als mich mein Freund, Baron Erwein, abholte, war er ganz begeistert.
»Alle Welt wird nur auf dich schauen, Veruschka!« rief er aus. Ich glaubte es tatsächlich. Welche Frau würde solchen Worten nicht Glauben schenken?
Wir saßen in einer Loge. Links von uns, in der benachbarten Loge, saß Bundeskanzler Kreisky. Er grüßte freundlich herüber. Auf der anderen Seite, in der Loge rechts von der unsrigen, saß Bundespräsident Kirchschläger. Wir waren also sozusagen mitten unter den Großen untergebracht. Viele Bekannte kamen in unsere Loge. Sie war bald überfüllt.
Champagner wurde gebracht. Plötzlich hatte ich das Gefühl, daß mein Magen knurrte. Ich hatte den ganzen Tag keinen Bissen zu mir genommen. Jetzt packte mich der Hunger, und ich, die ich nur selten etwas trinke, goß ein Glas Champagner hinunter und noch eins und noch eins, bevor man überhaupt angestoßen hatte.
Ein grandioses Fest. Unendlich viel schöne und elegante Frauen, Herren im Frack, Lichter, Musik, es wurde getanzt, es wurde gelacht, es wurde geflirtet. Es hätte herrlicher nicht

sein können! Ich war überzeugt: dies war der schönste Ball meines Lebens! Dies war der herrlichste Augenblick meines Lebens!
Ich wollte aufstehen, um zu tanzen, aber es gelang mir nicht mehr ganz. Mit einem Mal war dieser herrlichste Ball meines Lebens öde und leer. Die Menschen um mich herum waren nicht mehr nett und lustig, sondern ... Ich hörte noch wie ich, die Gespräche und die Musik übertönend, rief:
»Ach, mein Gott, wie langweilig seid ihr doch, ihr Armleuchter!«
Die Gespräche in unseren Nachbarlogen verstummten. Alles starrte mich an. Einige lächelten betreten. Einige lachten sogar laut.
Die Männer in unserer Loge hatten sich erhoben und versuchten, mich zu beruhigen. Aber ich wollte nicht beruhigt werden, sondern warf mit den schlimmsten Ausdrücken um mich. Tommy kam besonders schlimm weg. Er hatte den Maler Leherb herbeirufen sollen und fand ihn nicht. Nun wurde der arme Tommy von mir derartig blamiert.
Verzweifelt rief er:
»Ich halte das nicht aus! Ich kriege einen Herzkaschperl!«
Er war nahe am Zusammenbrechen. Da packte Erwein mich, zog mich hoch, brachte mich zum Buffet und ließ mir einen doppelten Mokka geben. Nach und nach kam ich zu mir. Erwein brachte mich in mein Hotel.
Was war in mich gefahren? Ich wußte es selbst nicht. Ich hatte plötzlich das Gefühl, daß alles so entsetzlich sinnlos war. Ein Leben mit den vielen Reisen. Reisen? Oder wurde ich gehetzt? Mit den vielen, mit den zahllosen Menschen ...
Wie dem auch war, meine Blamage war schrecklich. Als die Zeitung kam, sah ich viele Bilder von mir. Sie sind meine wirkliche Strafe. Du lieber Himmel, was hatte ich mir da geleistet! Meine Beine sind unbedeckt, das Jäckchen liegt am

Boden, und ich bin fast »oben ohne«, die Frisur ist total verrutscht. Den Rest gibt mir die Unterschrift: Alles ist hin – nur die schönen Beine blieben!
Ich wagte mich nicht ans Telefon, wenn es läutete, und ich ging erst gegen fünf Uhr zum Essen mit Frieda in den Rauchfangkehrer. Ich hoffte, um diese Zeit niemanden dort zu treffen. Das Lokal war ziemlich leer, und ich vertiefte mich in die Speisekarte. Da höre ich von einem entfernten Tisch in einer Nische einen wahren Jubelausbruch und schon kamen sie auf mich zu: Leherb mit seiner Lotte, Hans und Marita, Tommy, Prinzessin Marie-Christine, Prinz Tassilo und mein Erweinchen mit Dita und Willy. Die ganze Clique vom Ball, sie hatten sich zu einer Nachfeier hier getroffen.
Leherb riß mich vom Stuhl hoch und küßte mich wild ab: »Ich habe gehört, daß du nach mir geschrien hast wie eine Mutter nach ihrem Kind. Veruschka, du bist eine Nummer für sich!«
Alle redeten durcheinander und machten ihren Ulk über mich. Ich ärgerte mich darüber:
»Ach, ihr könnt mich doch alle ...«
»Halt«, schrie Prinz Tassilo, »der vornehme Redoutenball ist doch vorbei. Heute kannst du wieder normal reden.«
Tommy faßt sich ein Herz: »Gestern hast du dir ja vielleicht was geleistet. Uns allen blieb die Spucke weg. Fast bekam ich ein Herzkaschperl!«
»Was soll ich denn tun?« fragte ich nun ganz kleinlaut.
»Heiraten«, rief Prinz Tassilo, »damit einer diesen Vulkan bändigt!«
»Wer soll das schaffen«, sagte Erweinchen lachend. »Ein Alter krepiert bald an ihr und ein Junger schlägt sie bald tot!«
Ich dachte: es geschieht dir ganz recht, wie sie dich auf den Arm nehmen; aber Gott sei Dank, bin ich ja nicht immer eine so unmögliche Person.

Ich wollte das alles vergessen, ließ von Paris meinen Wagen kommen und fuhr allein, nur mit dem Chauffeur René, meiner Frieda und meinen acht Koffern nach Nizza. Ich wollte einmal fern von allem Trubel sein, nur mir selber und meinen Gedanken gehören, und an die sieben, oder waren es acht Tage denken, die mir in der Erinnerung eine Ewigkeit zu sein schienen, eine herrliche Ewigkeit!

Überall und nirgends

Mein Appartement im Hotel Negresco war bezaubernd. Rosen, wohin ich schaute – in großen Vasen, an der Decke, an den Wänden, auf dem Fußboden. Ich fühlte mich wie in einem Rosengarten. Wunderschön, dachte ich im ersten Moment, aber bald konnte ich die Rosen nicht mehr sehen.
Wie anders war ich doch geworden. Damals, als ich hier als junges Ding vor dem Hotel stand, wartend, welche Großen da herauskommen würden, hatte ich einen ungeheuren Respekt vor diesem berühmten Haus. Wie fühlte ich mich dann, als ich zum ersten Mal mit Imre hier wohnte. Und jetzt? Immerhin flößte mir das »Negresco« auch jetzt noch einige Ehrfurcht ein, obwohl ich mein Rosengartenzimmer eher komisch fand. Aber ich liebe dies Haus und bewundere die vielen Kunstgegenstände, die hier ausgestellt sind und die vielen wertvollen Bilder an den Wänden. So etwas ist in den modernen Hotels nicht zu finden.
Es war schön, einmal so allein zu sein. Frieda hatte ihr Zimmer neben meinem, René war in der obersten Etage untergebracht, wo das mitangereiste Personal wohnte. Der herrliche Anblick des opalfarbenen Meeres und der riesigen uralten Palmen, die in dem Garten der Villa Massena uns gegenüberstanden, gaben mir eine wunderbare innere Stille.
René mußte mit einem Kollegen, der den Rolls Royce seiner Chefin fuhr, das Zimmer teilen. Er erzählte mir, wie der über seine Dame gesprochen hatte. Sie war eine uralte, unglaublich vermögende Frau und hatte tausend Schrullen. Die Schlimm-

ste erschien dem Kollegen von René, daß sie während der Fahrt ohne Unterlaß auf ihn einredete.
»Die frißt einen mit Haut und Haaren auf«, hatte er gestöhnt.
»Und noch die Knochen dazu!« sagte ich amüsiert.
Ich kannte sie, die Fürstin Picilla, wer kannte sie in der internationalen Gesellschaft nicht. Und wo sie erschien, wurde man sofort gewarnt:
»Sprecht sie, um Gottes Willen, nicht an, sie hört nie wieder auf!«
Sie kam aus einer Jahrhunderte alten Familie und war selber nicht weit entfernt von einem Jahrhundert. Mitunter setzte sie sich noch an den Volant ihres Rolls-Royce. Der arme Chauffeur war wirklich nicht zu beneiden.
Ganz in der Nähe von Nizza gibt es ein schwer erreichbares Fleckchen, ein Dorf bei St.-Paul-de-Vence, mit einigen kleinen Häusern, einer noch kleineren Schule, einer winzigen Bar und einer Frau, die einst zu den faszinierendsten von Frankreich gehörte. Es ist Suzy Solidor, die in Paris ein eigenes Lokal hatte »Chez Suzy«, zu dem ganz Paris strömte. Sie war eine große Diseuse, die größte vielleicht vor der Edith Piaf. Dann zog sie sich in das Dörfchen zurück und wollte von der großen Welt nichts mehr wissen und lebte von dem Antiquitätengeschäft, das im Parterre ihres Häuschens untergebracht war.
Hier war die Zeit stehen geblieben. Man findet vor allem Bilder von Suzy selbst, die berühmte Künstler von ihr gemalt haben. Viele davon, die bei ihr hängen, sind Kopien. Die Originale hat sie dem Schloß Grimaldi gewidmet, das so groß und breit in dem kleinen Ort wirkt, als würden alle Häuschen unter ihm Schutz suchen.
Suzy erkannte mich sofort wieder, als ich sie begrüßte. Sie war längst über achtzig, aber noch sehr vital. Das Dorf verließ sie nur, wenn sie zum Einkaufen nach Nizza fuhr. Sie erzählte

mir von dem Paris, das ich nie kennengelernt hatte, von dem Paris der zwanziger Jahre – sie ist eine glückliche Frau, die besser verstanden hat zu altern als viele andere berühmte Frauen.

Wunderbar erfrischt kehrte ich nach Paris zurück, packte meine Koffer um und flog nach New York, wo mein Verleger schon auf mich wartete. Es ging um die Neubearbeitung der »Kaiserin Josefine« von Imre. Diese Operette ist eigentlich schon eine opera comique und daher schwer zu besetzen. Sie verlangt Opernstimmen. Da sie aber zu den musikalisch schönsten Operetten von Kálmán gehört, wollten wir sie endlich wieder auf den Spielplan bringen. Das Verhandeln und Streiten mit all denen, die ein Mitspracherecht hatten, ging wieder los, aber führte schließlich zu einem guten Ende. Man wird diese Operette bald wieder auf den Bühnen sehen können.

Ich wußte, daß meine liebe Freundin, Maria Schell, in einem Theater am Broadway gastierte. Sie spielte die Hauptrolle in einem tschechischen Stück. Ich fand sie herrlich und freute mich, wie gut sie bei der Presse und dem Publikum von New York ankam. Ich konnte sie zu ihrem come back auf das herzlichste beglückwünschen. Wie hatte sie sich viele Jahre voller Schwierigkeiten durchkämpfen müssen, sie, die es in ihrer großen Zeit als einzige deutsche Filmschauspielerin zu Weltruhm brachte. Dann kam die Zeit des Übergangs von der jungen schönen Liebhaberin zur reifen Frau. Die meisten Schauspielerinnen schaffen das nicht. Maria aber war es gelungen. Sie ist wieder da – bei uns und in Amerika. Sie spielt viel am Broadway und in Fernsehspielen. Bruder Maximilian konnte ihr natürlich viel dabei helfen, denn er hat sich in Amerika einen ganz großen Namen gemacht.

Die Geschwisterliebe der Familie Schell möchte man vielen Familien wünschen, wo oft einer gegen den anderen steht.

Hier aber gibt es eine wunderbare Frau, die alle zusammen hält. Sie selbst ist eine ausgezeichnete Schauspielerin, ist aber ihren Kindern nie in den Weg getreten, sondern hielt sich im Gegenteil eher im Hintergrund: es ist Margarete Schell, die Mutter der vier Geschwister Maria, Maximilian, Imy und Karl.

Da ich schon einmal in Amerika bin, besuche ich natürlich meine Tochter in Malibu in Kalifornien. Während es in vielen Teilen von Amerika der schwerste Winter war, hatten wir in Kalifornien das schönste Frühlingswetter und konnten immer noch im Freien baden. Wir freuten uns sehr, wieder einmal beisammen zu sein und reisten dann gemeinsam mit Yvonkas Mann in ihrem großen Wohnwagen nach Mexico. Bart, Yvonkas Mann, kannte sich mit dem kollossalen Wagen gut aus und saß am Steuer. Wir hatten jeder ein Bett, natürlich übereinander. Selbst die Hundekörbe für alle drei Hunde und auch den Waschbär Lulu nahmen wir mit auf die Fahrt. Wir lebten wie die Hippies, und meine Kinder amüsierten sich köstlich darüber, wie ich alles mitmachte. Mitgefangen, mitgehangen, sagte ich.

In Puerto Vallarta besitzt Yvonka ein hübsches Häuschen. Wir machten für einige Zeit Station. Vallarta ist sehr malerisch und eigentlich eine Entdeckung von Liz Taylor und Richard Burton, die hier zusammen gefilmt haben.

Nach einigen Tagen kehrten wir nach Malibu zurück. Ich plante meine Rückreise nach Europa, aber Yvonka bat mich so sehr, noch etwas zu bleiben. Sie wollte mit mir nach Las Vegas fliegen. Sie war eine kleine Spielratte. Nun, ich tat ihr den Gefallen, und wir flogen dorthin. Mich interessierte es, die berühmteste Show der Welt anzusehen, für die Spielhöllen, die einen buchstäblich auf Schritt und Tritt verfolgen, hatte ich keinerlei Interesse, denn ich bin eine große Verliererin.

Yvonka saß stundenlang vor den Spielautomaten, setzte aber jeweils nur 25 Cent. Plötzlich ging ein Klingeln und Läuten wie von tausend Glocken durch alle Räume. Die Spieler rannten zusammen und standen staunend vor dem Automaten, der lauter »sieben« anzeigte, einen sogenannten Jack-Pot, wie er nur alle paar Jahre einmal vorkommt. Dreitausend Dollar war der Gewinn. Yvonka wurde wie ein Wundertier angestarrt. Uns hat sie gleich zu Champagner eingeladen, und wir feierten ihr phantastisches Glück.

Auf dem Rückweg zum Flughafen kamen wir an einer kleinen Kapelle vorbei. Wir gingen hinein und sahen ein junges Paar dort stehen. Beide in Jeans und Pullis. Sie stritten sich.

»Du hast es meiner Mutter versprochen, daß du mich heiratest! sagte das Girl sehr bestimmt.

»Wir haben ja nicht einmal einen Zeugen hier«, sagte er ziemlich unwillig.

Da kam die Kleine auf mich zugeeilt.

»Verzeihen Sie, Madame, wir möchten heiraten. Würden Sie so freundlich sein und unsere Trauzeugen machen?«

Ich sah die Kleine schmunzelnd an und erklärte mich bereit. Auch Bart war einverstanden.

Das Mädchen läutete nach dem Standesbeamten, der sofort in feierlichem Schwarz erschien.

»In welcher Klasse wollen Sie heiraten?« fragte er. »Die erste Klasse mit Blumen, Orgel und Chor kostet 30 Dollar – die zweite mit Musik auf Tonband 25 Dollar und die dritte ohne Musik 15 Dollar.«

Der junge Mann entschied sich für 25 Dollar, die er in einen Automaten steckte. Sofort erscholl der schöne Hochzeitsmarsch von Mendelssohn. Der Beamte hatte schon die Ausweise geprüft, und nun konnte das Zeremoniell losgehen. Es hatte keine fünf Minuten gedauert. Das junge Pärchen strahlte, wir gratulierten und der Standesbeamte verschwand.

Für uns war es eine Komödie, wie man sie nicht besser in einem Theater hätte sehen können.
Ich blieb noch einige Tage in Beverly Hills und besuchte eine Party, die Zsa-Zsa Gabor in ihrem Haus in Bel Air gab. Ich traf dort alle drei Gabor-Schwestern und die Mama Jolly – und staunte. Sie hatten alle dasselbe Gesicht, anscheinend waren alle vier bei demselben Beauty-Meister gewesen. Am persönlichsten wirkte noch Mama Jolly. Ihre Lebendigkeit wirkte natürlich und ungekünstelt. Schönheiten waren sie ja alle gewesen, verständlich, daß sie ihre Wirkung mit allen Raffinessen und Künsten erhalten wollten.
Dank ihrer oft gewechselten Männer, Zsa-Zsa hatte es auf sechs gebracht, waren sie alle reich geworden. Ob glücklich – das ist eine andere Sache. Aber wirklich glücklich schien Jolly, die Mutter zu sein, die erst vor ein paar Jahren einen jüngeren Mann, ein Ungar wie sie, geheiratet hatte. Sie führte mit ihm in New York einen kleinen Laden mit Bijouterien und kopierte echten Schmuck so phantastisch, daß viele reiche Frauen ihre Juwelen bei ihr kopieren ließen, die echten kamen in die Safes. Schlechte Zeiten für Gangster dank Jolly.
Folgende witzige Geschichte passierte dann aber: In Jolly's Laden war eingebrochen worden, die Versicherung zahlte natürlich nichts, denn es war alles unecht gewesen. Die Sache ging durch die Zeitungen. Inzwischen hatten auch die Gangster gemerkt, wie wertlos alles für sie war, und sie sandten die gestohlenen Schmuckstücke an Jolly zurück. Eine Kavaliersgeste fürwahr. Die Gangster müssen sich sehr dumm vorgekommen sein.
In Beverly Hills hatte sich meine hochverehrte und geliebte Freundin, die Schriftstellerin Anita Loos, im Hotel angesagt. Anita, nun schon 85 Jahre alt, ist ein so quicklebendiges Wesen, daß man ihr das Alter wirklich nicht glauben kann. Eines ihrer berühmtesten Bücher und zugleich ihr erfolgreichster

Film war »Gentlemen Prefer Blondes« – in Deutschland hieß er »Gentlemen bevorzugen Blonde«. Das Buch sowie der Film waren Welterfolge gewesen, Marylin Monroe war die Hauptdarstellerin. Jetzt hatte sie ein neues Buch vollendet: »Kiss, Hollywood, good bye!«

Sie befand sich auf einer Propagandatournee, wo sie das Buch dem Publikum vorstellte. Eine sehr anstrengende Sache, aber es machte ihr nichts aus, und sie nahm sich sogar noch die Zeit, mit mir zu lunchen. Sie liebte sehr die Konversation mit mir und lachte oft schallend über meine Ausdrücke für diffizile, indiskrete Dinge. Zu meiner großen Freude schrieb sie mir eine reizende Widmung in ihr Buch:

For my beloved Vera who is more exciting than any star in Hollywood! With love

Anita.

(Veruschka, Du bist für mich aufregender als irgendein Star in Hollywood! In Liebe

Anita.)

Zu uns gesellte sich Andy Warhol, das all-round-Genie. Nachdem wir ohne Scheu über diesen und jenen in Hollywood ein wenig getratscht hatten, ich glaube allzu viele gute Haare hatten wir ihnen nicht gelassen, spielte er uns unseren Dialog vor. Wir hatten keine Ahnung davon, daß er alles auf einem kleinen, für uns unsichtbaren Apparat, aufgenommen hatte. Das war ein Jux, den er sich öfter machte. Wir waren nun doch ziemlich erschrocken, aber es war natürlich unsagbar komisch.

Ich mußte meine Rückreise nach Europa antreten, aber flog zunächst nach London, um die Gelegenheit wahrzunehmen, mit der Zentrale meines Verlages, die in London ist, einiges zu besprechen.

Wie immer in London hatte ich im Dorchester Hotel Zimmer genommen. Hier hatte der erfolgreiche Komponist Frederic

Loew, wie er international hieß, mit seinem deutschen Namen Friedrich Loewe, seinen ständigen Wohnsitz. Er lud mich zu einer Vorstellung im Drury Lane Theater ein, wo ich die Originalaufführung seines Musicals »My fair Lady« sehen konnte. Ich nahm zwei Freundinnen von mir mit. Dianah, die Witwe von Richard Tauber, dem Unvergeßlichen, und Lilly, die in der Londoner Künstlerwelt als Mäzenin eine große Rolle spielt. Vielen heute weltberühmten Sängern hat sie zu der Karriere verholfen.

Wir sahen eine bezaubernde Vorstellung und trafen uns danach noch mit Frederic in einer Bar, mit Leuten, die ich aus Paris kannte. Ich hatte ihn vorgestellt als den berühmtesten Komponisten der Stunde. Frederic, trotz seines Welterfolges bescheiden geblieben, wehrte ab:

»Veruschka, gib nicht so an mit mir. Du glaubst wohl, ich bin Kálmán. Ich habe glücklicherweise in meinem Leben einen Erfolg zustande gebracht, wieviele Welterfolge aber hatte er!«

Nun mußte ich schleunigst nach München. Die Zeitunterschiede von Los Angeles nach hier innerhalb weniger Tage spürte ich sehr. Trotzdem mußte ich sofort ins Studio Unterföhring fahren, denn hier waren schon die Tonaufnahmen für die beliebte Fernsehshow »Anneliese Rothenberger lädt ein«, angesetzt. Ich hatte große Freude daran, mitmachen zu dürfen.

In München blieb ich dann einige Tage. Ich war früher mit Imre auch des öfteren hier gewesen, und da hatten wir einmal ein Treffen mit dem großen Richard Strauss gehabt. Wir kannten uns, deshalb rief ich bei Strauss an. Frau Adele war damals am Telefon. Große Freude beiderseits. Ich fragte:

»Können wir uns sehen? Sollen wir zu Ihnen kommen?«

»Ach, das wäre ja sehr schön, aber meine liebe Frau Kálmán, ich bin garnicht auf Gäste vorbereitet und könnte Ihnen nichts anbieten!«

»Das ist doch auch nicht nötig. Ich werde alles mitbringen, für uns alle.«
»Das ist ja sehr nett von Ihnen«, meinte Frau Adele.
Als wir dann bei ihnen in Garmisch waren, hatten wir eine anregende Unterhaltung. Vor allem Imre sprach gern mit Richard Strauss über dessen große Arbeiten. Frau Adele plauderte mit mir. Ich wartete darauf, daß das, was ich an Delikatessen mitgebracht hatte, auch aufgetischt wurde. Nichts geschah. Da erinnerte ich Frau Adele dezent daran, daß wir Appetit hätten. Sie verstand und kam mit einigen, ziemlich genau abgezählten Sandwiches wieder zurück. Imre schaute mich ganz verzweifelt an. Er dachte, ich hätte so wenig eingekauft. Als ich ihm auf dem Heimweg erzählte, was da noch alles in der Küche von meinem Einkauf liegen mußte, rann ihm das Wasser im Munde zusammen, und er sagte:
»So, jetzt gehen wir erst mal schön essen!«
Ja, die liebe Adele führte ein strenges Regiment im Haus.
Bei den Aufnahmen in Unterföhring hatte alles gut geklappt. Ich hatte Einzi Stolz getroffen, denn wir mußten zusammen ein Duett singen, jedenfalls was wir beide so singen nennen. Im Filmatelier in Hamburg-Wandsbeck wurden dann die Bildaufnahmen gemacht. Viele große Namen waren in der Show zu sehen und zu hören. So auch der ehemalige Premierminister von England, Edward Heath, dessen Hobby die Musik ist und der sich als hervorragender Pianist und Dirigent erwies.
Ich sitze mit Einzi Stolz in der Garderobe. Wir haben eine Szene mit Frau Rothenberger und warten nun auf unseren Auftritt. Wir sind schon geschminkt, frisiert und angezogen und vertreiben uns die Zeit mit einer Plauderei über unsere Ehemänner. Wir kennen uns schon seit vielen Jahren.
Ich weiß nicht, was mit mir los ist. Ich bin müde, und je weiter die Zeit vorangeht, um so müder werde ich.

Endlich kommt unsere Aufnahme dran. Der Regisseur sagt uns, was wir zu tun haben. Ich höre zu und höre doch nichts. Ich bin so müde, daß ich im Stehen einschlafen könnte. Meine Begleiterin beobachtet das und sagt:
»Was ist denn bloß los, Madame? Vielleicht hilft Ihnen ein Wodka!«
Der Regisseur ist auch für Wodka und siehe da, er hilft. Trotzdem bin ich immer noch nicht ganz bei der Sache.
»Noch einen Wodka Madame Kálmán«, ruft der Gatte von Frau Rothenberger – »am besten gleich einen Doppelten!«
Jetzt endlich sehe ich klarer, und es funkt bei mir. Dann gebe ich eine Erklärung für meinen Zustand ab, denn nur so kann es sich verhalten haben, daß ich völlig abseits war. Das kenne ich doch überhaupt nicht, ich bin doch immer hellwach. Also: ich habe eine kleine Pillenbox, in der sich Süßstoff befindet, den ich morgens in meinen Kaffee tue. Ich hatte an diesem Morgen schon zwei Stückchen in den Kaffee getan und sagte meiner Frieda:
»Das Zeug süßt doch überhaupt nicht, geben Sie mir noch ein drittes.«
Frieda tut es, und ich werde immer müder. Jetzt, während der Aufnahmen, fällt mir ein: eine Freundin von mir, die es besonders gut meinte, hatte mir einige Beruhigungspillen in meine Dose getan und mir das auch gesagt, damit ich sie, falls ich nervös werde, gleich zur Hand haben sollte. Das hatte ich am Morgen vergessen und ausgerechnet die Beruhigungspillen hatte ich statt Süßstoff genommen. Der Lacherfolg meiner Story war groß.
Aber auch das ging vorüber, Theaterpech. Dank des Regisseurs habe ich aber meine Sache dann ganz brav gemacht.
Von Hamburg aus ging ich noch einmal für ein paar Tage nach München. Ich wohnte damals im Hotel Regina, und es passierte mir etwas ganz Schreckliches! Ja, für mich war das

wirklich schrecklich. Ich hatte meinen Terminkalender, den ich stets bei mir trage, im Taxi liegen lassen. Nun wußte ich überhaupt nichts mehr. Wen sollte ich heute noch anrufen? Unter welcher Nummer? Wen sollte ich heute abend sehen oder morgen vormittag? Wohin sollte ich übermorgen fliegen? Und nächste Woche?

Dies alles war im Terminkalender eingetragen, und es gehört zu meinen Eigenheiten, daß ich mein Gedächtnis prinzipiell nicht belaste mit Dingen, die ich in meinen Terminkalender eintragen kann.

Ich stürzte zum Portier.

»Ich zahle eine Belohnung von hundert Mark für den Taxichauffeur, der mir meinen Terminkalender zurückbringt.«

Und siehe da, schon nach wenigen Stunden meldete sich ein Fahrer und brachte mir das Vergessene zurück. Er bedankte sich für die Belohnung und bemerkte:

»Natürlich habe ich ein bißchen in das Büchlein hineingeguckt. Sie sind ja wirklich eine arme Frau, daß Sie so viel arbeiten müssen!«

Ich fuhr in mein Zimmer hinauf und blätterte in dem Buch. Arbeitete ich wirklich so viel? Ja, es war schon eine ganze Menge Arbeit damit verbunden, das Andenken Kálmáns wachzuhalten, seine Werke zur Aufführung zu bringen, dafür zu sorgen, daß das Fernsehen gelegentlich was über ihn brachte oder das Radio seine Melodien spielte.

Telefonate. Viel mit Amerika, mit Verlegern, mit der Autorengesellschaft Askap, mit der Gema, mit einer Filmgesellschaft, mit einer Fernsehfirma.

Eigentlich bin ich nur am Abend ein Privatmensch. Dann allerdings kommt es mitunter vor, daß ich bis drei oder vier Uhr nachts mich unterhalte oder tanze. Aber am nächsten Morgen stehe ich trotzdem um sieben Uhr auf und gehe an meine Arbeit. Manchmal mache ich freilich eine Pause, lege mich um sieben Uhr ins Bett und schlafe bis zum Morgen um sieben Uhr durch. Das kann ich nur in einer Stadt, und das ist Zürich. Zürich ist so hübsch langweilig. Zehn Tage Zürich waren für mich immer wie zehn Tage Sanatorium. Ich sehnte mich schon danach, zunächst aber mußte ich nach Athen fliegen.

Es gab da eine Gala-Premiere der »Czardasfürstin« im Opernhaus, und man hatte mich um meine Anwesenheit gebeten. Ich erinnerte mich, daß ich schon einmal zu einer Premiere nach Athen eingeladen worden war. Es war im Jahre 1958, damals fand die Aufführung in Gegenwart des Königs Konstantin und der Königin Annemarie statt. Ich wurde während der Pause in ihre Loge geführt und trank am nächsten Tag mit der Königin Tee.

Das war vorbei. Ich denke darüber nach, wieviele Könige, Diktatoren, Revolutionen hat die Musik von Kálmán überlebt und ist heute so frisch wie eh und je und begeistert noch immer die Menschen. Wieviele glänzende Besetzungen der Operetten hatte ich miterleben können. Ob es in Berlin am Metropoltheater in der »Czardasfürstin« die große Massary war oder in der »Zirkusprinzessin« am selben Theater die entzückende Maria Paudler als Soubrette. Wie vielseitig waren diese großen Schauspielerinnen. Die Massary habe ich noch in einer Sprechrolle erlebt in dem Stück »Die erste Mrs. Selby«, ihre Partnerin war Maria Paudler. Sie konnten eben nicht nur singen und tanzen, sondern auch ernste Rollen hervorragend interpretieren.

Nun gibt es moderne Aufführungen mit neuen Stars, neuen Lieblingen des Publikums, die den früheren in nichts nachstehen. Und ich sehe viele Aufführungen, an denen Kálmán seine Freude gehabt hätte.

Endlich kann ich mir wieder leisten, einige Zeit ganz für mich privat zu verbringen. Ich bin in Zürich. Hier wird viel gelau-

fen. Es ist mir ein Genuß, durch die pittoreske Altstadt zu wandern, durch die vielen Gassen. Und, o Wunder, selbst als Frau kann man nachts dort spazieren gehen, man muß sich nicht ängstigen.
Hier habe ich auch viele Freunde, nette Familien, die gemütliche Abende veranstalten. Sie musizieren, singen zusammen, wobei ich erstaunt feststelle, welch schöne Stimmen sie haben. Zum Beispiel mein Freund Hans, mit seinem schönen lyrischen Tenor trägt er uns Schubertlieder vor, seine Frau begleitet ihn auf dem Klavier. Oder Hermann, er hat einen Bariton, mit dem er an den größten Opernbühnen bestehen könnte. Eine herrliche Stimme, aber er hat es vorgezogen, einen bürgerlichen Beruf zu ergreifen, mit dem er allerdings sehr erfolgreich ist.
Für mich sind diese Menschen hier eine große seelische Erholung. Wie anders sind sie doch gegen meine Freunde in New York oder Paris oder sonst irgendwo. Hier wird nichts so heiß gegessen, wie es gekocht wurde. A propos kochen. Das ist ja mein Hobby und in Zürich kann ich auch kochen. Bei Alice, die sich um mein Haar kümmert. In den Hotels hatte ich natürlich keine Gelegenheit dazu.
Mein Freund Erwein hatte mich schon mehrere Male aus St. Moritz angerufen:
»Wo bleibst du? Hier tut sich allerhand.«
»Ich komme, Erweinchen«, sagte ich ihm und machte mich auf den Weg.
Im Hotel Palace trifft sich die »große Welt«. Tagsüber geht man skilaufen, abends gibt es verschiedene Veranstaltungen, oder man setzt sich, wie es sich gerade trifft, zusammen, denn hier kennt einer den anderen. Ob es Onassis war oder sein Konkurrent Niarchos, Prinz und Prinzessin von Liechtenstein oder Beate von Molo und viele, viele andere. Auch meinen lieben Freund Willi Tremper treffe ich hier alle Jahre wie-

der. Er ist der einzige Journalist, der im Palace gern gesehen ist, – die wahre Prominenz will anonym bleiben.
Es ist einmalig schön hier. Die herrliche Natur, das wunderbare Skigelände, die beißend frische Luft, durch die man nur wenig Schlaf braucht – und nicht zuletzt die besonderen Gala-Abende, die die überaus charmanten Besitzer des Hauses, Aniko und Hans Jörg Badrutt, für uns veranstalten.
Aber es gab auch einen lustigen Kegelabend, an dem Tina Niarchos, die gerade von Onassis geschieden worden war, mit ihrer Tochter Christina teilnahm.
Plötzlich wurde Prinzessin Theresa ans Telefon gerufen. Sie kam totenbleich zu uns zurück und wandte sich an Mrs. Niarchos. Sie hatte soeben erfahren, daß Alexander, der Sohn von Mrs. Niarchos, mit seinem Privatflugzeug abgestürzt war. Die Party wurde natürlich sofort abgebrochen. Mrs. Niarchos und ihre Tochter flogen zu der Unglücksstelle. Man hatte ihnen die Hoffnung gelassen, daß sie Alexander noch lebend antreffen würden.
Also auch hier – an einem Platz der Welt, wo man glaubt Angst und Sorge überhaupt nicht zu kennen, schlägt das Schicksal zu. Es gibt auch für die Reichen keine Versicherung auf ungetrübtes Glück.
Je reifer ich wurde, um so bewußter wurde mir das. Und um so mehr wollte ich bei Freunden helfen, wenn ich dazu in der Lage war.
Als ich von der Entführung der Tochter des Wienerwald-Königs Friedrich Jahn hörte, wollte ich sofort zu ihm und seiner Familie fliegen. Zum Glück wurde Evelyn schnell aus den Erpresserhänden befreit. Wenn wir uns treffen, zusammen mit seinem erfolgreichen Schwiegersohn Günter Steinberg und seiner hübschen Frau Margot, sprechen wir von den Schicksalsschlägen des Lebens, von denen im Leben keiner verschont wird.

Wieviel kann schon ein gutes Wort tun. Jahrelang waren zwei Männer, die ich außerordentlich schätzte, miteinander verfeindet. Den Grund dafür kannte ich nicht, wußte aber, der eine war dem anderen ein rotes Tuch. Das tat mir leid, und eines Tages nahm ich die Sache in die Hand. Es war nicht so einfach, wie es nun klingen mag, und war auch nicht so schnell zu Wege gebracht, denn beide waren starke Persönlichkeiten; aber es gelang mir, sie zusammenzuführen. In Berlin, im kleinsten und vertrautesten Kreis söhnten sie sich aus. Axel Springer und Werner Friedmann. Es war gewiß keine große Tat, die ich da vollbracht habe, aber es ist doch in jedem Falle besser Freund als Feind zu sein.

Aber noch einmal zurück nach St. Moritz, denn hier war ich viel mit Hildegard Knef und ihrem damaligen Mann, Tonio Cameron, zusammen. Sie hatten sich eine hübsche Wohnung gemietet. Ich konnte wiedermal meine Paprikahühner à la Pervich kochen. Wir hatten eine schöne Zeit zusammen. Natürlich gingen wir auch aus, und es gab eine Gelegenheit, wo ich Hilde und Tonio mit Herrn von Karajan und seiner Frau Eliette bekannt machen konnte.

Zumeist aber hockten wir gemütlich bei ihnen. Eines Abends sprachen wir über Hildes tolle Karriere, die gleich nach dem Krieg begann, und zwar im Schloßpark Theater zu Berlin in einer Lustspielrolle als schönes lispelndes Mädchen.

»Wie merkwürdig ist eigentlich deine Karriere verlaufen«, sagte ich zu Hilde. »Entweder erschienst du wie ein Komet am Himmel, warst über Nacht ganz oben oder man hörte längere Zeit nichts von dir. Woran lag das wohl?«

Hilde dachte nach:

»Woran das wirklich lag, kann ich nicht sagen. Ich weiß nur, daß du recht hast.«

»Wenn man bedenkt, wie jung sie war, als sie bald nach den ersten großen Erfolgen in Berlin nach New York kam und am

Broadway Theater gespielt hat, so ist das wirklich erstaunlich!« meint Tonio Cameron.
»Damals habe ich dich in New York gesehen, in ›Silk Stokkings‹!« sage ich.
»Was es heißt in einer fremden Sprache zu spielen, kann nur der ermessen, der es durchlitten hat. Ja, wirklich durchlitten.«
»Ich weiß es, Hilde, von verschiedenen deutschen Schauspielern, die nach Amerika emigriert waren«, sagte ich.
»Es ist zunächst wirklich eine Qual«, meint Hilde und wird nachdenklich: »Als ich danach wieder in Berlin war, hatten mich die Produzenten geradezu vergessen.«
»Nun übertreibe nicht, Hilde«, meinte Tonio.
»Doch so war es. Ich war zu lange fort gewesen.«
»Dann hattest du es aber bald wieder geschafft, Hilde. Man kann dich nur bewundern. Wer konnte jemals ahnen, daß du ein Buch schreiben wirst, das gleich ein Bestseller wurde. Dein ›Geschenkter Gaul‹ ist doch wirklich fabelhaft.«
Hilde hebt lachend ihr Glas.
»Darauf einen . . .«
Wir trinken uns zu.
»Wenn du schon meine Karriere rekonstruieren willst, dann vergiß nicht die Zeit meiner Konzerte und Schallplatten.«
»Wie könnte ich das vergessen. Du weißt doch, daß ich dich bei deiner ersten Konzerttournee eine Zeitlang begleitet habe und deine unwahrscheinlichen Erfolge direkt miterleben konnte«, erinnere ich sie.
»Ja, Veruschka, du warst wirklich immer dabei und vor allem dann, wenn wir Schwierigkeiten hatten.« Hilde schaut mich dankbar an. »Ich denke an damals, als du uns die Aufenthaltsgenehmigung für die Schweiz ermöglicht hast.«
»Es war nicht so schwierig für mich, da ich mit dem Bundespräsidenten befreundet war.«

»Ach, du warst immer unser guter Engel. Wirtschafterinnen und Kindermädchen hast du uns verschafft. Kleider hast du mir gepumpt, deinen Chinchilla für den Filmball!«
Sie springt auf, umarmt und küßt mich.
Ich denke oft zurück an diese schönen Tage, damals in St. Moritz. Es stimmt mich wehmütig, denn es kamen Dinge, wo niemand mehr helfen konnte. Davon wußten wir aber an dem fröhlichen Abend in der kleinen Villa noch nichts.
Vielleicht sollte alles so kommen, was wissen wir denn, wie es für uns am besten ist. Hilde hat einen Lebenspartner gefunden, Paul von Schell, auch Tonio ist glücklich und zufrieden mit seiner jungen Frau.
Von St. Moritz aus mußte ich wieder viel umherreisen. Ich war bei Premieren von Imres Operetten, hatte auch wieder in New York zu tun gehabt und kam nun endlich wieder einmal in meine Wohnung nach Paris.
Auf meinem Schreibtisch hatte ich den letzten Brief vom lieben Boni liegen. Ich hatte nicht das Herz gehabt, ihn fortzulegen. Ich las ihn wieder. Als er ihn mir geschrieben hat, war er schon seit einiger Zeit krank gewesen. Er antwortete mir auf einen Brief von mir:
Liebste Vera!
Tausend Dank für Deine mitfühlenden Worte! Eines Tages muß man ja noch mehr zurücklassen, wenn das große schwarze Tor auftaucht. Da sollte man sich doch freuen, daß man das Licht noch hat, den Atem, das Leben und treue Freunde. So wollen wir es halten! Dein alter Freund Erich.
Der Brief war im Krankenhaus zu Locarno geschrieben worden. Er hatte mich erst vierzehn Tage später erreicht, ich weiß nicht, warum. Vermutlich war ich auf irgendeiner Reise, und als ich ihn damals öffnete, wußte ich bereits aus den Zeitungen, daß der gute Boni tot war. Schwer das zu glauben, schwer, ihn je zu vergessen.

Damals, das weiß ich noch, ging ich in die Kirche, an die er nicht glaubte, und betete für ihn.
Meine Kinder Charly und Yvonka hatte ich lange Zeit nicht gesehen und die Sehnsucht nach ihnen hatte mich gepackt. Mein Geburtstag stand vor der Tür, und ich wünschte mir nur eines, daß meine Kinder wieder einmal bei mir sein sollten. Ich rief Yvonka in Malibu an und Charly, der inzwischen in München wohnte, und lud sie zu mir ein.
Mein Geburtstag ist im August und alles ist erst jetzt aus den Ferien zurückgekommen. Meine Bekannten wissen nicht, daß ich in Paris bin, und ich hoffe mit meinen Kindern den Tag ganz allein und in aller Stille verbringen zu können.
Charly und Yvonka waren gekommen, hatten mir hübsche Geschenke mitgebracht, und wir saßen am Nachmittag gemütlich beim Kaffee. René hatte mir am Morgen mit einem kleinen Blumenstrauß sehr nett gratuliert, nur Frieda hatte zu meiner Verwunderung keine Notiz von meinem Geburtstag genommen. Nun, sie ist manchmal ein komischer Kauz, dachte ich.
Mein Herzenswunsch aber war erfüllt worden: Ich war endlich einmal mit meinen Kindern allein. Wir hatten uns so viel zu erzählen. Natürlich wurde von uns immer viel miteinander telefoniert, aber Auge in Auge zu sprechen, ist doch etwas anderes. Charly konnte mir nun endlich ausführlich von seinen großen Erfolgen berichten. Er wurde sehr viel im Rundfunk und Fernsehen gespielt, hatte viele neue Platten herausbringen können und neuerdings war er auch als Filmkomponist sehr von den Filmproduzenten gefragt. Ich war glücklich darüber, daß es nun auch Charly geschafft hatte, der es sehr schwer hatte, trotz des großen Vaters sich durchzusetzen.
Auch von Yvonka hörte ich nur Angenehmes, und so war es eine wunderschöne Stunde mit uns dreien, – bis es auf einmal draußen läutete. Du lieber Himmel! Bekannte und Freunde

hatten meinen Geburtstag nicht vergessen und wollten mich nun überraschen.
Da sind drei alte Herren, die sich gut kennen, aber sie sind nicht gut auf sich zu sprechen. Natürlich noblesse oblige – man benimmt sich gut. Die Drei waren einmal heftigste Konkurrenten bei mir. Ich habe sie alle lange nicht gesehen, und wie verändert sind sie alle. Oscar, der elegante, der mich mal sehr fasziniert hatte, ist ein ziemlich alter Grummel geworden. Und wo ist der schöne Wuschelkopf von Dédé geblieben? Er hat ja kaum noch ein Haar auf dem Kopf – und Georges, dieser früher so stattliche Mann ist fast zu einem Männchen zusammengeschrumpft. Mein Gott, was macht die Zeit aus uns!
Wieder kommen neue Gäste – und ist es denn möglich? Der liebe Boncour hat sich mit seinen neunzig Jahren die Treppen heraufgeschleppt, denn gerade heute geht der Fahrstuhl nicht.
Ich schwirre umher, bin bei der einen Gruppe und bei der anderen. Sie überbieten sich in Komplimenten, und ich höre: »Wie schön ist sie! Wie jung geblieben! Sie hat sich überhaupt nicht verändert!«
Zufällig höre ich mit meinen feinen Ohren, wie einer der Herren sagt:
»Sie muß doch mindestens fünfzig sein!«
»Natürlich, deshalb sind wir ja alle hergekommen!«
Oscar, der liebe, protestiert heftig:
»Sie ist noch nicht fünfzig. Ich muß es doch wissen.«
Wieder führt Frieda einen neuen Gast herein. Er ist mein Jüngster in der Runde, – Charly, mein Sohn, ist älter als er. Pfui Teufel, aber ich will ja nichts von ihm, sondern er etwas von mir. Na, warte ab Freundchen – bildschön ist ja der Bursche!
François küßt mir beide Hände voller Hingabe. Macht ja

Spaß, denke ich, sollen sie doch alle zerspringen, was heißt hier 50! Da steht groß und breit Frieda in der Tür. Sie ist so gerührt, daß sie Tränen in den Augen hat, denn jetzt kommt ihr Geburtstagsgeschenk: eine riesengroße Torte mit einer gar nicht zu übersehenden goldenen 60! Alle lachen und applaudieren. Ich bedanke mich bei Frieda.

»Das ist wirklich sehr aufmerksam!« denke ich.

Nach und nach verabschieden sich meine Gäste, bis auf Georges, Dédé, Oscar und François. Sie rühren sich nicht von der Stelle. Einer schaut den anderen herausfordernd an. In ihren Augen steht: Hau schon ab, du hast hier doch kein Glück. Wie ein lieber alter Papa küßt mich Boncour auf die Lippen und geht fort. Hartnäckig sitzen die ehemaligen und der neueste Verehrer da. Bis ich schließlich dem ein Ende mache und sie herzlich, einen nach dem anderen, verabschiede. Jeder flüstert mir etwas Charmantes ins Ohr.

Nur François ist noch da. Er reißt mich an sich. Ich wehre mich nicht, wozu? Und er sagt mir leise:

»Chérie, willst du denn heute Abend nicht etwas Warmes, Liebes in deinen Armen halten?«

Ich schaue ihn an, daß es ihm durch und durch geht und sage zärtlich:

»Aber gewiß, mon Chéri, meine Wärmflasche!«

Was bleibt ihm übrig, als mit mir zu lachen. So werde ich auch ihn los.

Nun haben sie mich also in die 60 hineingekriegt. Ach, ich weiß, ich bin nicht mehr die Jüngste, aber ich fühle mich jung, und darauf kommt es an, und ich muß Bernhard Shaw recht geben, wenn er sagt:

»Die Jugend ist an die Jugend verschwendet!«

Namensregister